D1209483

Gerhard Wagner

Wer's glaubt
wird selig!

Redewendungen aus der Bibel

Für meine Eltern

Gerhard Wagner

Wer's glaubt wird selig!

Redewendungen aus der Bibel

Vom selben Autor sind erschienen:
„Schwein gehabt! Redewendungen des Mittelalters" (2010)
„Das wissen die Götter! Redewendungen aus der Antike" (2012)

Gerhard Wagner, Wer's glaubt wird selig!
14. Auflage
Copyright © Regionalia Verlag GmbH, Rheinbach
Alle Rechte vorbehalten
Einbandgestaltung: A. Aspropoulos, agilmedien Niederkassel
Layout & Satz: A. Aspropoulos

Printed in Poland 2015
ISBN 978-3-939722-36-6

www.regionalia-verlag.de

Inhalt

Vorwort 7

Kapitel 1: Altes Testament – Die Bücher Mose 11

„Das ist ja vorsintflutlich!"
Von Sündenböcken und goldenen Kälbern

Kapitel 2: Altes Testament – Geschichtsbücher / Lehrbücher / Propheten 49

„Ein Ende mit Schrecken"
Von Elfenbeintürmen und zweischneidigen Schwertern

Kapitel 3: Neues Testament – Die Evangelien 79

„Perlen vor die Säue"
Von Paternostern und Himmelfahrtskommandos

Kapitel 4: Neues Testament – Apostelgeschichte / Briefe / Offenbarung 109

„Ein Buch mit sieben Siegeln"
Von Engelszungen und dienstbaren Geistern

Alphabetisches Stichwortverzeichnis 122

Literaturverzeichnis 127

Bildnachweis 127

Vorwort

Ein Buch mit sieben Siegeln –
Biblische Spuren in der Sprache

Redewendungen sind seltsam. Sie sind wie kleine Inseln im breiten Fluss der Sprache, die aus anderen Zeiten oder Kulturen in die moderne Sprache hineinragen. Vor allem aus dem späten Mittelalter und der frühen Neuzeit haben sich viele Redewendungen wie *Auf großem Fuße leben* oder *Sich wie gerädert fühlen* bis heute erhalten. Bei der Recherche zu meinem Buch „Schwein gehabt – Redewendungen des Mittelalters" stieß ich aber auch immer wieder auf Redensarten, die ihren Ursprung in der Bibel haben. Selbst oberflächlich Bibelkundige werden Ausdrücke wie *Vom Saulus zum Paulus werden* oder *Wie Sodom und Gomorrha* dem Kontext des Neuen oder Alten Testaments zuordnen können. Es stellte sich aber auch heraus, dass Ausdrücke, die sich völlig neutral anhören wie *Im stillen Kämmerlein* oder *Etwas übertreiben*, auf Stellen in der Bibel zurückgehen.

Meist haben sich die Zitate, aus denen sich Redewendungen gebildet haben, verselbständigt, und außer, wenn es überdeutlich ist wie im Fall *Bei Adam und Eva anfangen,* haben die Benutzer gar keine Ahnung mehr, dass die Bibel der Ursprung war. Diese Redensarten gehören dann so fest zu unserer Sprache, dass wir viele gar nicht mehr als solche erkennen. Auch sind viele Bezüge, auf die diese Redensarten zurückgehen, heute in Vergessenheit geraten. Wer wüsste schon noch, dass ein *Damaskus–Erlebnis* nichts mit der heutigen Hauptstadt von Syrien, dafür um so mehr mit dem Apostel Paulus zu tun hat? Wer hat jemals etwas *unter den Scheffel gestellt*, wer könnte noch mit einem *Scherflein* bezahlen, und wer hätte eine Verwendung für ein *Feigenblatt?*

Im Unterschied zu Redewendungen aus dem Mittelalter gehen solche aus der Bibel meist nicht auf historische Tätigkeiten oder Gegenstände zurück, sondern Luther hat damals Formulierungen aus der Alltagssprache aufgegriffen und für seinen Bibeltext verwendet. Insofern sind solche Redewendungen wie *Etwas in sich hineinfressen* oder *Jemandem sein Herz ausschütten* auch heute noch verständlich. Anders ist es mit Redensarten, die spezielle Bezüge in der Kultur des Judentums haben. Wenn man von einem Zeitgenossen behauptet, er *rede wie ein Pharisäer* oder er sei *ein Koloss auf tönernen Füßen*, dann ist dies schon erklärungsbedürftig.

David gegen Goliath – Luthers deutsche Bibel

Die Allgegenwart von Redewendungen aus dem biblischen Kontext hat etwas mit der überragenden Bedeutung zu tun, die die Heilige Schrift für die Entwicklung der deutschen Sprache hat. Wichtig für die richtige Einschätzung dieses Einflusses ist, dass das Alte und Neue Testament bis weit ins Mittelalter auf Geheiß der Kirche fast ausschließlich in lateinischer Sprache vorlag. In den Gottesdiensten wurden die Lesungen aus der Bibel auf Lateinisch vorgenommen, der einfache Mann konnte also die Heilige Schrift nicht selbst lesen.

Martin Luther setzte sich zum Ziel, die Bibel neu zu übersetzen, und zwar nicht wort-wörtlich, sondern nach seinem berühmt gewordenen Grundsatz „Dem Volk aufs Maul sehen". Er strebte vor allem einen für die Gläubigen flüssig zu lesenden Text an, was zweifellos zu dem großen Erfolg seiner Bibelübersetzung beigetragen hat. Selbst spätere katholische Bibelübersetzungen sind auch von seiner Bibelsprache beeinflusst worden, obwohl die römische Kirche ja im Allgemeinen ein eher distanziertes Verhältnis zu dem Reformator hat. Aber auch sie wird Luther nicht das Verdienst absprechen, einer der ganz wichtigen Väter der deutschen Hochsprache zu sein.

Zu Luthers Zeit gab es noch keine überregional gesprochene, verbindliche deutsche Nationalsprache. Man muss sich das so vorstellen, als wenn heute noch überall die Dialekte in ausgeprägter Form im Gebrauch wären – und zwar ausschließlich! Luther erkannte das damit zusammenhängende Problem der allgemeinen Verständlichkeit seiner Übersetzung und wählte das ihm vertraute Ostmitteldeutsch, in dem nord- und süddeutsche Dialekte zur so genannten Meißner Kanzleisprache verschmolzen waren, als Basis für seine Verschriftlichung. Luther war durch die immense überregionale Verbreitung seiner „Biblia: das ist Die gantze Heilige Schrift: Deutsch Auffs New zugericht" zweifellos einer der wichtigsten Geburtshelfer der neuhochdeutschen Schriftsprache, denn durch seine Bibel entwickelte sich der verwendete Dialekt zum gemeinsamen Hochdeutsch, weil aus ihr immer und überall im deutschen Sprachraum gelesen, zitiert und gebetet wurde.

Luthers Methode, zeitgenössische Ausdrücke und Termini für seine Übersetzung zu verwenden, hat diese wie in einer Zeitkapsel konserviert. Wörter wie „Scheffel" oder „Scherflein", die sonst längst vergessen wären, sind als Bestandteile von Redewendungen im deutschen Wortschatz erhalten geblieben. In seinen Texten hat er originale griechische oder hebräische Wendungen durch parallele aus der deutschen Sprache ersetzt, aber auch manchmal die originalen wörtlich übersetzt und dadurch neue deutsche geschaffen. Gleichzeitig hat Luther, indem er Begriffe aus dem Vokabular der Urbibel unübersetzt übernahm, auch neue Fremdwörter wie *Mammon, Menetekel* oder *Belzebub* geschaffen. Dass auch Verse aus nicht so bekannten Bibelstellen sich zu Redewendungen entwickeln konnten, zeigt, welche Rolle das Alte und Neue Testament in früheren Zeiten spielte. In sehr vielen Haushalten war die Bibel das einzige Buch, man las jeden Tag darin und führte Zitate daraus ständig im Munde. Kein Wunder, dass sie sich zu selbstverständlichen Bestandteilen der Sprache entwickelten.

Es werde Licht! – Ein Buch mit Augenzwinkern

Bei diesem Buch handelt es sich nicht um eine wissenschaftliche Abhandlung; es will vielmehr auf unterhaltsame Weise zeigen, dass man viele Redewendungen auf Bibelstellen zurückführen kann, wie diese im Original lauten und wo sie im Alten und Neuen Testament zu finden sind. Wenn nicht ausdrücklich anders bemerkt, habe ich dafür die Textfassung von 1912 benutzt, wo der Text gegenüber der Ausgabe der Luther-Bibel von 1545 über Jahrhunderte nur wenig verändert worden ist. Die zugrunde liegenden Bibelstellen werden im Anschluss an die Zitate durch die allgemein üblichen Abkürzungen in Klammern nachgewiesen.

Es war auch nicht Ziel der Untersuchung zu differenzieren, ob es sich bei der jeweiligen Redewendung um eine luthersche Neuschöpfung handelt oder ob Luther sich nur im vorhandenen Sprachschatz seiner Zeit bedient hat. Es wird kein Unterschied gemacht, ob die fragliche Redewendung zu seiner Zeit populär war oder eher selten, ob sie tatsächlich im Bibeloriginal ihren Ursprung hat oder ob sie nicht vielmehr schon bestand und Luther sie nur aufgegriffen hat. Diese Untersuchung nimmt den von Luther mit Hilfe seiner sprach- und bibelkundigen Freunde wie Philipp Melanchthon erstellten Bibeltext als Ausgangspunkt — seine Sprache ist entscheidend, nicht die ursprüngliche Bedeutung des Wortes oder Textes. Deshalb ist auch die Verifizierung der Luther-Texte anhand der griechischen, lateinischen, hebräischen oder gar aramäischen Quellen nicht vorgenommen worden. So sind die Zitate ausdrücklich nicht als „Gottes Wort" untersucht worden, sondern als „Luthers Worte", denn er hat diese Formulierungen, Ausdrücke oder Vokabeln entweder geprägt oder dem Volksmund entnommen. Des gleichen wird auch nicht die historische Korrektheit der in der Bibel, vor allem der im Alten Testament geschilderten Ereignisse hinterfragt. Kurzum: Es geht hier nicht um die Bibel selbst, sondern um Luthers Sprache und Sprachbilder und ihre Auswirkungen auf unsere Sprache bis heute.

Das Buch will die Augen dafür öffnen, dass die Sprache viele ihrer Elemente aus der Bibel genommen hat; damit ist diese eine der ganz wichtigen Quellen, auch wenn sie heute bei weitem nicht mehr die überragende Rolle spielt wie vor 500 Jahren. Wenn dabei ab und an etwas Augenzwinkern im Spiel ist, sollte man nicht *jedes Wort auf die Goldwaage legen.*

Bevor also die *babylonische Sprachverwirrung* überhand nimmt und niemand mehr weiß, woher der *Paternoster* seinen Namen hat, will dieses Buch *die Spreu vom Weizen trennen,* bis allen *ein Licht aufgeht.* Denn auch wenn wir *im Dunkeln tappen,* sind wir ja nicht *mit Blindheit geschlagen!* Noch ist nicht *Matthäi am Letzten,* und bevor wir *in die Wüste geschickt* werden oder gar *über den Jordan gehen,* werden wir *die Zeichen der Zeit* erkennen und *Himmel und Erde in Bewegung setzen.* Dann hat *die liebe Seele Ruh.*

Ein Buch mit sieben Siegeln? Wer's glaubt, wird selig ...

Gerhard Wagner

9

Kapitel 1:

Altes Testament – Die Bücher Mose

„Das ist ja vorsintflutlich!"
Von Sündenböcken und goldenen Kälbern

„Ein einziges Tohuwabohu"

ein großes Durcheinander

In einigen unserer Redewendungen, die auf das Alte oder Neue Testament zurückgehen, kommen Wörter vor, die eindeutig nicht der deutschen Sprache entstammen. Zum Beispiel ist das *Tohuwabohu*, vielleicht weil es sich wie das Gemeinte anhört, in der deutschen Sprache heimisch geworden als Bezeichnung für ein großes Durcheinander. „Tohu wa bohu" heißt auf Deutsch „wüst und leer", und die allerersten Worte der Genesis beschreiben so den Zustand der Welt vor Beginn der Schöpfung: „Am Anfang schuf Gott Himmel und Erde. Und die Erde war wüst und leer". Den der hebräischen Urfassung entnommenen Begriff „Tohuwabohu" haben zuerst Gelehrte, die die Bibel im Original gelesen hatten, verwendet, dann ist er in den allgemeinen Sprachgebrauch übergegangen. Es ist ein Vorurteil, dass in der Sprache der ordnungsliebenden Deutschen ein Wort für das Unaufgeräumte fehlt und sie deshalb gezwungen sind, Fremdwörter wie das hebräische „Tohuwabohu" oder das griechische „Chaos" zu verwenden.

„Es werde Licht!"

Bitte die Beleuchtung einschalten!

Die neueste Technik erlaubt es nicht nur, über das Internet den Inhalt des Kühlschranks abzufragen, sondern auch, per Zuruf die Beleuchtung ein- oder auszuschalten, sowohl im Haus wie auch im Auto. Nur sehr Selbstbewusste werden dafür den klassischen Imperativ „Es werde Licht!" verwenden, mit dem laut 1 Mos 1,3 Gott seinen sechstägigen Schöpfungsakt eingeleitet hat. Hier ist nicht der Ort, darüber zu sinnieren, was eigentlich vor dem entscheidenden Eingriff des Schöpfers los war. Der aktuellen Theorie vom Urknall kommt dieses „Es werde Licht" zwar durchaus nahe; es bleibt aber das Problem, dass unsere Welt wahrscheinlich nur eine Zwischenstation in einem sich in Äonen-Abständen ausdehnenden und zusammenziehenden Universum ist. Hierzu schweigt der Verfasser der Genesis; zu seiner Entschuldigung sei daran erinnert, dass er ein paar Jahrtausende vor den Erkenntnissen der modernen Astrophysik tätig war.

„Bei Adam und Eva anfangen"

überflüssig weit ausholen

Die meisten überlieferten Quellen sind sicher vorher mündlich weitergegeben worden, bevor sie von archaischen Historikern schriftlich festgehalten wurden. Das gilt für das klassische Altertum — Beispiel Herodot — genauso wie für die alttestamentarischen Erzählungen. Nach biblischem Verständnis sind die frühesten historischen Fakten, die mit Menschen zu tun haben, die Ereignisse im Paradies. Hier lebten laut 1 Mos 2,25 die ersten Menschen, beide nicht geboren, sondern von Gott persönlich geschaffen — der Beginn der Geschichte. Wenn also jemand in einem Referat „bei Adam und Eva" anfängt, erzählt er, völlig überflüssigerweise, weil allgemein bekannt, Grundkenntnisse über den Gegenstand des Vortrags. Die Redewendung *Wie die ersten Menschen,* die meist die Bewohner unaufgeräumter Wohnungen betrifft, bezieht sich übrigens nicht auf unsere Stammeltern, sondern meint den frühen Homo sapiens, der nicht im Paradies, sondern in unaufgeräumten Höhlen hauste.

„Wie im Paradies"

in einer idealen Welt

Das Paradies — das Lehnwort aus dem Persischen bedeutet eigentlich nur „Park" oder „Garten mit Bäumen" (1 Mos 2,9) — wird gemeinhin analog zum Garten Eden verwendet (1 Mose 2,9) und ist in der Vorstellung der Menschen ein idealer Ort, nicht so verdorben wie das Schlaraffenland, wo bekanntlich die Sünden der Völlerei und Faulheit wesentliche Punkte seiner Anziehungskraft ausmachen, sondern in jeder Hinsicht perfekt. Hier lebt jeder nach seinen Bedürfnissen, störende menschliche Eigenschaften wie Geiz, Neid, Lüge etc. sind unbekannt. Hier herrscht Frieden zwischen Mensch und Tier, gegenseitiger Respekt. Jeder ist wunschlos glücklich. Diese paradiesischen Zustände sind bekanntlich durch den Sündenfall aus der realen Welt verschwunden; auch dem Kommunismus ist es leider nicht gelungen, uns das *Paradies auf Erden* wiederzugeben.

„Paradiesische Zustände"

wunschlos glücklich

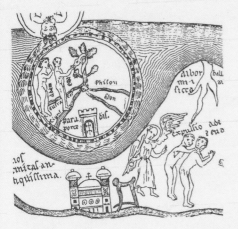

Nach jüdischer Tradition galt das Paradies als Aufenthaltsort für die Verstorbenen, die sich die ewige Seligkeit verdient hatten, zwischen ihrem Tod und der allgemeinen Auferstehung. Es war also nicht so wie bei uns heute, wo das Paradies gemeinhin der Aufenthaltsort für alle Ewigkeit ist – jedenfalls für die Guten. Viele schlichtere Menschen können sich nicht vorstellen, was über die Wonnen des Paradieses noch hinausgehen könnte, weshalb die gängige Vorstellung vom Himmel den „paradiesischen Zuständen" meist sehr nahe kommt. Auch wenn man auf Erden kaum die Chance hat, irgendwo ein hundertprozentiges Paradies zu finden – selbst auf scheinbar „paradiesischen" Inseln gibt es bekanntlich Stechmücken – ein Hoffnungsschimmer für das Leben nach dem Tod besteht: Im Neuen Testament verspricht Jesus am Kreuz dem reumütigen der beiden Mitgekreuzigten, dass er nach dem Tode ins Paradies eingehen werde (Lk 23,43).

„Ein Garten Eden"

ein wunderschönes Stückchen Erde

„Garten in Eden" ist die biblische Bezeichnung für das Paradies und wird in der Genesis so genannt (1 Mos 2,8). Auch die Muslime kennen diesen Ort – in der deutschen Übersetzung des Korans ist in Sure 19,61 ebenfalls vom „Garten von Eden" die Rede – als Endstation nach dem Tode. Sie streben es besonders erwartungsvoll an, weil dort die, „die Gott nahe stehen" – natürlich ist nur von Männern die Rede – "auf golddurchwirkten Ruhebetten liegen", und „großäugige Houris – das sind besonders liebreizende Jungfrauen – zu ihrer Verfügung haben, in ihrer Schönheit wohlverwahrten Perlen zu vergleichen" (Sure 56,15-23). In der Mohammed-Legende wird sogar erzählt, dass der Prophet den Gläubigen – wie gesagt: Männern – auf die Frage "Werden wir im Paradies geschlechtliche Freuden erleben?" antwortete: "Es wird heftiger und aufregender Verkehr sein. Und hinterher wird sie wieder rein und jungfräulich werden, wie zuvor." Ein Garten Eden – für Männer …

„Herumlaufen wie Adam und Eva"

auf jede Bekleidung verzichten

D ie Freikörperkultur ist aus Reformbewegungen des frühen 20. Jahrhunderts entstanden. Die Zeitgenossen der wilhelminischen Ära, meist äußerst prüde erzogen, konnten solche Umtriebe nur kopf-
schüttelnd zur Kenntnis nehmen, kommentierten diese „Lichtbäder" ohne jedwedes Kleidungsstück aber
natürlich hinter vorgehaltener Hand. Meist nannte man das — passend zum Zeitalter des Kolonialismus
— „wie die Wilden". Tolerantere verglichen es mit der Mode von Adam und Eva vor dem Zwischenfall
mit der Schlange, was das Nacktsein einigermaßen entschuldigte; immerhin sind die beiden unsere
Stammeltern und gelten auch heute noch als nudistische Avantgarde (1 Mos. 2,25). Bemerkenswerter-
weise stellt man sich Adam und Eva immer nackt vor; auch in der Schöpfungsgeschichte erobert aber später die Mode das Terrain, und die beiden tragen zuerst selbstgeflochtene Schürzen aus Blättern, kurz
darauf von Gott besorgte Kleider aus Fellen.

„Im Adamskostüm dastehen"

völlig unbekleidet sein

Z uerst wird im Text der Schöpfungsgeschichte gar
nichts darüber gesagt, dass Gott neben dem
Menschenpaar nicht auch eine Modeboutique geschaffen
hat, so dass die beiden zwangsläufig — wahrscheinlich aber
auch freiwillig — der Freikörperkultur anhingen. Erst als die
Sünde auf den Plan trat, „erkannten sie, dass sie nackt
waren" (1 Mos 3,7). Seitdem wird Nacktheit von den meisten Menschen nicht als etwas Selbstverständliches hingenommen, trotz aller Versuche in den Medien, dieses Tabu
zu überwinden. Wenn jemand unbekleidet dasteht, spricht
deshalb so mancher Verklemmte vom „Adamskostüm",
wenn er betont locker sein will. Von einem „Evaskostüm"
wird übrigens nicht gesprochen, vielleicht, weil Frauen
öfter als Männer auch in der Öffentlichkeit (fast) nackt
auftreten, oder weil eine „Eva" stets eine ganze Reihe von
Kostümen im Schrank hat …

„Wie eine listige Schlange"

verlogen und hinterhältig

Auch heute werden Frauen gern mit Kosenamen aus dem Tierreich bedacht. „Mäuschen" und „Häschen" stehen für positive, „dumme Kuh" und „alte Ziege" für negative Varianten. Eine Frau „listige Schlange" zu nennen, geht wohl auf die bekannte Situation im Paradies unter dem Baum der Erkenntnis zurück, wo das Kriechtier erst Eva verführt, von den Früchten von diesem Baum zu essen, die dann diese an Adam weitergibt (1 Mos 3,1). Ob tatsächlich eine rhetorische List der Schlange oder die Anfälligkeit Evas für unlautere Werbung der Grund für ihre Verfehlung war, müsste noch mal geprüft werden. Dass ausschließlich Frauen als „listige Schlange" bezeichnet werden, obwohl auch Männer durchaus diese Eigenschaft zeigen können, wird wohl auf die merkwürdigerweise nicht im Maskulinum vorkommende Bezeichnung dieses Tieres zurückgehen.

„Verbotene Früchte"

nicht erlaubte Genüsse

Der bekannte Liedermacher Wolf Biermann hat in seiner gleichnamigen Ballade den Satz geprägt: „Was verboten ist, das macht uns grade scharf". Auch die Erzählung von dem Baum der Versuchung im Paradies enthält ein gutes Beispiel dafür, dass dies in biblischen Zeiten schon galt. Der Versucher, der sich biotopisch glaubwürdig in die Gestalt einer Schlange gehüllt hat und den Paradiesbewohnern eine Frucht von dem besagten verbotenen Baum andrehen will, fängt sein Vertretergespräch mit der Bemerkung an, ob es stimme, dass seine Kunden, also Adam und Eva, tatsächlich von keinem Baum des Gartens essen dürften (1 Mos 3,1). Das weist Eva wahrheitsgemäß zurück, aber der Versucher hat ihre Aufmerksamkeit geweckt, dass es da etwas gibt, das sie nicht dürfen, und es ist nicht überraschend, dass gerade diese Frucht Evas – und danach auch Adams – Verlangen weckt. Aller Überfluss an sonstigem exotischem Obst kann es nicht verhindern, dass man nun gerade diesen Apfel – oder was es auch immer war – probieren will. Die Folgen sind nur allzu bekannt.

„Eine Evastochter sein"

eine verführerische Frau sein

Eigentlich sind alle Frauen „Evastöchter", jedenfalls, wenn man, wie viele amerikanische Fundamentalisten, die Bibel wörtlich nimmt. Eigenartigerweise hat aber diese Bezeichnung einen leicht diffamierenden Unterton. Damit werden nämlich Frauen bezeichnet, die keinen lupenreinen Charakter haben. Bezug nimmt diese Bezeichnung natürlich auf die durch 1 Mos 3,6 bekannte Szene im Paradies, durch die unsere Stammmutter für alle Zeiten ihren Ruf ruiniert hat. Auch heute noch wird wegen dieser legendären Handlung Mädchen oder Frauen, die besonders verführerisch – und daher gefährlich – sind, ein diesbezügliches Eva-Gen nachgesagt. Übrigens hatte Eva zuerst gar keinen Namen, sondern der erste Mensch, bekanntlich ein Mann, nannte sie laut 1 Mos 2,23 bzw. Luther „Männin", weil Gott sie aus einer männlichen Rippe gemacht hatte.

„Einen Adamsapfel haben"

einen auffälligen Kehlkopf besitzen

Es ist merkwürdig, wie eigentlich recht bizarre Bezeichnungen im täglichen Sprachgebrauch ganz selbstverständlich benutzt werden. Ein schönes Beispiel ist das Wort *Kotflügel,* unter dem sich kein Mensch das vorstellt, was es wörtlich heißt. Es hat sich als Begriff eigenen Wertes verselbständigt. So ging es auch dem Adamsapfel, der ja gar nichts mit einem Apfel zu tun hat, sondern unter dem man bekanntlich den bei Männern hervorspringenden Abschnitt des Kehlkopf-Schildknorpels versteht, durch dessen spitzwinkliges Vorwachsen die Stimmlippen in die Länge gezogen werden, wodurch die männliche Stimme tiefer wird. Die dafür verwendete Bezeichnung geht auf den Volksglauben zurück, dass beim Sündenfall Adam der verbotene Apfel vom Baum der Erkenntnis - in Mitteleuropa wurde unter dieser Frucht zumeist das hier am weitesten verbreitete Baumobst verstanden – im Halse stecken geblieben sei, als er davon aß; seither seien Männer mit diesem Mal gezeichnet.

„Ein Feigenblatt tragen"

eine Wahrheit verbergen

Früher, als noch Tabus galten, war die Szenerie im Paradies für viele Künstler sehr nützlich, konnten doch hier unter dem Deckmäntelchen der Illustration von Bibelstelle solche Tabus gebrochen werden. Die damaligen Künstler konnten zwar Adam und Eva als nackte Menschen darstellen, ihre primären Geschlechtsorgane aber waren meist tabu. Man behalf sich damit, Adam und Eva im Moment vor dem Sündenfall, also nackt, so abzubilden, dass wie zufällig irgendwelche Zweige ihre Blätter oder Früchte vor den kritischen Stellen hängen ließen. Bei Statuen war das natürlich nicht möglich, weshalb man hier so tat, als ob ein Blatt eines nahöstlichen Baumes, also zum Beispiel eines Feigenbaums, herab gefallen und wie zufällig vor den unanständigen Quadratzentimetern hängen geblieben wäre. Die übertragene Bedeutung hat sich gebildet, weil hinter einem Feigenblatt meist eine verborgene Wahrheit steckt ...

„Im Schweiße meines Angesichts"

mit großer Anstrengung

Nachdem der "Sündenfall" passiert ist, zeigt sich Gott erstmals als Strafender. Er verbannt die beiden Missetäter aus ihrem schönen Garten, der bisher hinsichtlich der Versorgung mit Lebensmitteln keine große Mühe gekostet hat. Und nicht nur das: Er verschärft die Strafversetzung in eine deutlich unwirtlichere Gegend noch, indem er die landwirtschaftlich nutzbare Fläche mit einem Fluch belegt und damit Generationen von Gärtnern heute noch in Rage bringt. In 1 Mos 3,19 heißt es: "Verflucht sei der Acker um deinetwillen! Mit Mühsal sollst du dich von ihm nähren dein Leben lang. Dornen und Disteln soll er dir tragen, und du sollst das Kraut auf dem Felde essen. Im Schweiße deines Angesichts sollst du dein Brot essen, bis du wieder zu Erde werdest, davon du genommen bist." Eine harte Strafe, denn sowohl Adam als auch Eva dürften bis dahin die Landwirtschaft eher hobbymäßig betrieben haben. Aber sie haben es geschafft, sonst wären die Menschen ja sofort nach ihrer Werdung wieder ausgestorben.

„Meines Bruders Hüter"

verantwortlich für einen anderen

Bruderzwist ist ein Phänomen, das sich durch die gesamte Mythengeschichte zieht: Romulus und Remus waren eines der Brüderpaare, das sich nicht grün war. Als in der biblischen Tradition berühmtestes, um nicht zu sagen berüchtigtstes Brüderpaar gelten wohl Kain und Abel. Eifersucht hat zwischen Geschwistern zwar immer schon eine Rolle gespielt; dass es aber hier die Eifersucht war, wer das schönste Brandopfer zuwege bringt, ist uns heute eher fremd. Jedenfalls bringt Kain seinen Bruder Abel bekanntlich um, ob im Affekt oder mit Vorsatz, würde eine Mordkommission ermitteln müssen. Einigen wir uns mal auf Totschlag, was aber zur damaligen Zeit keinen Unterschied machte. Gott eröffnet das Verhör des Tatverdächtigen mit der berühmten Frage „Wo ist dein Bruder Abel?", und erhält darauf die patzige, ja unverschämte, aber sprichwörtlich gewordene Antwort "Soll ich meines Bruders Hüter sein?" (1 Mos 4,9). Damit entschuldigen sich noch heute Menschen, die für jemanden verantwortlich waren und es an Fürsorge haben fehlen lassen.

„Himmelschreiendes Unrecht"

nicht wieder gutzumachende Ungerechtigkeit

Bei der Schuld, die Kain, ob Mord oder Totschlag, zweifellos auf sich geladen hat, handelt es sich immerhin darum, dass zum ersten Mal ein Mensch einen anderen ums Leben gebracht hat, sogar einen Blutsverwandten. Kain bringt Abel noch dazu ohne ersichtlichen Grund ums Leben, denn dieser hat ihm, soweit wir wissen, persönlich nichts getan. Das Mordmotiv kann höchstens daraus abgeleitet werden, dass Gott Abels Brandopfer besser gefallen hat und Kain damit ein Problem hatte. Aber deshalb den Bruder umbringen? Gott, der Kain vor der Tat noch zur Selbstbeherrschung ermahnt hat, ist die Untat des Älteren natürlich nicht verborgen geblieben – Gott sieht alles, wie wir wissen. Er selbst drückt das so aus: "Was hast du getan? Die Stimme des Blutes deines Bruders schreit zu mir von der Erde" (1 Mos 4,10).

„Ein Kainsmal tragen"

ein Zeichen der Schuld tragen

Nachdem Kain seinen Bruder erschlagen und Gott den Täter gestellt hat, lässt er im Strafverfahren Gnade vor Recht ergehen und verurteilt Kain zu Lebenslang auf Bewährung; man darf also davon ausgehen, dass Gott mildernde Umstände gelten lässt. Aber trotz erwiesener Schuld entzieht Gott Kain doch nicht ganz seinen Schutz. Immerhin repräsentiert Kain einen ganz erheblichen Teil der damaligen, aus den Mitgliedern einer einzigen Familie bestehenden Weltbevölkerung, wenn man der Schöpfungsgeschichte glauben darf. Er soll zwar „unstet und flüchtig" sein, damit aber niemand Rache übt und den Brudermörder erschlägt, versieht Gott Kain mit einem Zeichen; um ihm eine Chance zur Bewährung zu geben, gibt er ihm gewissermaßen einen Freibrief: "Und der Herr machte ein Zeichen an Kain, dass ihn niemand erschlüge, der ihn fände" (1 Mos 4,15). Damals war das Kainsmal also ein Schutz, heute bezeichnet man mit diesem Begriff einen Makel, denn durch das beschützende Zeichen steht gleichzeitig die Schuld an der Stirn geschrieben …

„Jenseits von Eden"

in sündiger Umgebung

Der bekannte Hollywood-Film „Jenseits von Eden", einer der drei Filme mit James Dean, entstand nach einem Roman des amerikanischen Literatur-Nobelpreisträgers John Steinbeck. Der eigenartige Titel nimmt Bezug auf die tragische Geschichte von Kain und Abel, denn nach der Genesis wanderte der von Gott gezeichnete Brudermörder Kain aus und wohnte später „im Lande Nod, jenseits von Eden, gegen Osten" (1 Mos 4,16). Ein tragisches, fast tödliches Verhängnis zwischen Brüdern steht gleich zwei Mal im Mittelpunkt auch des Romans. Steinbeck weckt bewusst Assoziationen zur bekannten Bibelstelle, indem er die Anfangsbuchstaben der Protagonisten mit C und A beziehungsreich wählt, wobei man wissen muss, dass in der englischen Bibel der Bruder von Abel „Cain" geschrieben wird. Diese Bezüge werden noch verstärkt, als Steinbeck den Vater fragen lässt, wo sein Sohn sei, und zur Antwort bekommt: „Muss ich denn auf ihn aufpassen?"

„So alt wie Methusalem"

schätzungsweise über hundert Jahre alt

Alt wie Methusalem. Das sagt man bei sehr hohen Geburtstagen so leicht hin, meist auch etwas abschätzig mit dem Unterton, dass da jemand so alt geworden ist, dass er sich selbst überlebt hat. Der biblische Methusalem, dessen hebräischer Originalname übrigens „Metuschelach" lautet, wurde nach dem Alten Testament unglaubliche 969 Jahre alt. Methusalem – bleiben wir bei diesem mit der Redewendung fest verbundenen Namen dieses Prototyps des Uralten – ist der älteste der Ur- oder Erzväter vor der Sintflut. Nach den Angaben des I. Buches Mose in Kapitel 5 betrug die Lebenszeit der „vorsintflutlichen" Urväter von Adam bis Noah siebenhundert bis tausend Jahre, von Noah bis Abraham zweihundert bis sechshundert Jahre, für die Patriarchen einhundert bis zweihundert Jahre. Allerdings scheinen solche Lebensalter nur in dieser Phase der menschlichen Geschichte erreichbar gewesen zu sein …

„Ein biblisches Alter erreichen"

eine überdurchschnittlich lange Lebensdauer haben

Bei hohen Alterszahlen hört man oft ehrfürchtig, dass der Betreffende ein geradezu „biblisches Alter" erreicht habe. Damit will man sagen, dass hier die allgemein übliche Lebensdauer erheblich überschritten wurde. Die tatsächlichen „biblischen" Alterszahlen werden allerdings auch von den ältesten heutigen Zeitgenossen nicht annähernd erreicht, denn einige der Urväter sollen es laut 1 Mos 5 auf sechs-, sieben oder sogar neunhundert Jahre gebracht haben. Es mag ja Menschen geben, die die Bibel wörtlich nehmen – bei diesen Altersangaben fällt das schwer. Man muss vielmehr theologisch an die Sache herangehen. Die Verfasser der biblischen Texte glaubten nämlich, dass die Menschen in unterschiedlichen Epochen unterschiedlich lange gelebt hätten; das abnehmende Alter bei zunehmender Entfernung vom Beginn der Schöpfung sollte die zunehmende Entfremdung des Geschöpfes von seinem Schöpfer widerspiegeln.

„Und ward nicht mehr gesehen"

Jemand ist plötzlich verschwunden.

Als Herkunft dieser Redewendung, die ähnlich wie *Da verließen sie ihn* eher ein flapsiger Spruch der Gegenwartssprache zu sein scheint, dürfte kaum jemand die Bibel vermuten. Diese Ausdrücke sind dermaßen assimiliert, dass ihr alttestamentarischer Hintergrund völlig vergessen ist. Außerdem stammt jedenfalls diese Redensart aus einer ziemlich unbekannten Passage des 1. Buch Mose, aus der diese Worte tatsächlich als wörtliches Zitat entnommen sind. In Kapitel 5,24 ist nämlich Folgendes zu lesen: „Und weil er mit Gott wandelte, nahm ihn Gott hinweg, und er ward nicht mehr gesehen." Die Rede ist von Henoch, dem Vater des Methusalem, der am Ende seines Lebens anscheinend von Gott direkt zu sich genommen wurde. Ursprünglich meinte dieser zur Redensart gewordene Satz also, dass jemand von der Erdoberfläche verschwunden war, also wohl gestorben. Heute benutzt man diesen Satz gern, wenn man das plötzliche Untertauchen eines Menschen lakonisch kommentieren will.

„Das ist vorsintflutlich!"

Das ist völlig überholt!

Die Steigerung von *von gestern* ist *vorsintflut-lich*. Dieser Begriff wird gern verwendet, wenn Dinge, Ansichten und Moden veraltet oder, wie man es heute formulieren würde, „nicht mehr angesagt" sind. In unserer schnelllebigen Zeit gelten mittlerweile schon elektronische Geräte, die zwei oder drei Jahre alt sind, als vorsintflut-lich, und wenn man diesen Stress nicht mitmacht, ständig up to date zu sein, gilt dieses vernichten-de Urteil bald für einen selbst. Die namengeben-de Sintflut, vor der der gemeinte Zustand dann wohl geherrscht haben soll, gilt in der Tat als sehr wichtiger Einschnitt in der Weltgeschichte, denn nach ihr war nichts mehr so wie zuvor. Den Grund allerdings, warum Gott die Sintflut über die Erde kommen ließ, nämlich „dass der Menschen Bosheit groß war auf Erden und alles Dichten und Trachten ihres Herzens nur böse war immerdar" (1 Mos 6,5), diese vorsintflutliche Eigenschaft der Menschen scheint leider doch nicht so ganz von der Flut dahingerafft worden zu sein.

„sintflutartige" Regenfälle
unermesslich heftige Niederschläge

D ie Sintflut, die nach heutigem Erkenntnisstand möglicherweise auf den Durchbruch der Dardanellen und die damit verbundene katastrophale Überflutung der Küstenregionen des Schwarzen Meeres zurückzuführen ist, hat in der kollektiven Erinnerung der Menschen tiefe Spuren hinterlassen. Hier ist nicht der Ort, Gottes Strafgericht zu kommentieren und ob es gerecht war, wie in 1 Mos 6,14 geschildert, sämtliches Leben auf der Erde, also auch das der unbeteiligten Tiere, gewissermaßen als Kollateralschaden bei der „Vertilgung" der sündhaften Menschen von der Erde zu vernichten. Und auch wenn die meisten Nutzer dieser Redewendung glauben werden, dass das Wort „Sint" mit „Sünde" zusammenhängt, so leitet es sich vielmehr von der althochdeutschen Wurzel „sin" ab, die soviel wie „groß, ausdauernd, unendlich" bedeutet. Die Sintflut war also eine „riesige Flut". Deshalb sind auch die sprichwörtlichen sintflutartigen Regenfälle nicht enden wollende Niederschläge.

„Eine Arche sein"
ein Reservat für bedrohte Arten bilden

D as Wort „Arche" leitet sich von dem lateinischen Wort „arca = Kasten" ab. Gemäß 1 Mos 6 hat Noah auf Gottes Geheiß einen großen Kasten gebaut, um der angedrohten großen Flut zu entkommen: „Mache dir einen Kasten von Tannenholz und mache Kammern darin und verpiche ihn mit Pech innen und außen. Und mache ihn so: Dreihundert Ellen sei die Länge, fünfzig Ellen die Breite und dreißig Ellen die Höhe." In diesem gigantischen Rettungsboot – 140 Meter lang, 20 Meter breit und 25 Meter hoch – soll Noah ein Paar von allen Tieren mitgenommen und vor dem Ertrinken bewahrt haben, so dass wir ihm das Überleben der Tierwelt verdanken. Auch heute spricht man noch von einer „Arche", wenn Naturschützer versuchen, Pflanzensamen oder eingefrorene tierische Samenzellen von bedrohten Arten zu konservieren und für die Nachwelt zu erhalten. Auch soziale Projekte, die sich für Schutzbefohlene einsetzen, nehmen gern diesen Namen an.

„Männchen und Weibchen"

männliche und weibliche Tiere

Um das Überleben der Natur nach der großen Flut zu sichern, befiehlt Gott dem Noah, und so steht es in Luthers Bibeltext von 1545: „Aus allerley reinem Vieh nim zu dir / je sieben vnd sieben / das Menlin vnd sein Frewlin. Von dem vnreinen Vieh aber je ein Par / das Menlin vnd sein Frewlin" (1 Mos 7,2). Später wurde diese Stelle sprachlich angeglichen und aus „Menlin vnd Frewlin" wurde „Männchen und Weibchen". Diese eigentümlich verharmlosenden Begriffe für Maskulinum und Femininum bei Tieren werden seitdem in der Biologie angewendet, gleichgültig ob damit die unterschiedlichen Geschlechter bei Stubenfliegen oder afrikanischen Elefanten gemeint sind.

„Nach uns die Sintflut"

Uns ist alles egal!

Diese Redewendung findet sich so nicht in der Bibel, nimmt aber mit dem Wort „Sintflut" Bezug auf die entsprechende Geschichte, die im 1. Buch Mose ab Kapitel 6 nachzulesen ist. Die zerstörerische Gewalt dieser legendären Flut muss auch bei vergleichsweise weniger schlimmem Hochwasser immer mal wieder zu Vergleichen herhalten, aber auch als Metapher für andere Katastrophen. So geht die Redewendung „Nach uns die Sintflut" als wörtliche Übersetzung auf einen Ausspruch der Marquise de Pompadour, der Mätresse Ludwigs XV., zurück, die nach einer 1757 gegen die Preußen verlorenen Schlacht gesagt haben soll: „Après nous le déluge!" Die Marquise hat diesen Ausspruch offenbar nicht so gemeint, wie er heute gebraucht wird, nämlich arrogant bis ignorant, sondern die Dame scheint eher von dunklen Vorahnungen erfüllt gewesen zu sein. Heute scheinen vor allem solche Zeitgenossen diesen Spruch im Munde zu führen, denen der Zustand der Welt nach ihrem eigenen Ableben völlig gleichgültig ist.

„Ein großer Nimrod"

ein erfolgreicher Jäger

Im Jagdschloss Konopiště südlich von Prag befindet sich eine riesige Sammlung von Jagdtrophäen. Es ist belegt, dass der Eigentümer, Erzherzog Franz Ferdinand von Österreich, zwischen 1872 und seiner Ermordung 1914 in Sarajevo unglaubliche 277.769 Stück Wild erlegt hat - fast 7000 Tiere im Jahr oder durchschnittlich 19 am Tag! Schützen, die einer exzessiven Jagdleidenschaft frönen, werden gemeinhin als Nimrod bezeichnet. Der biblische Nimrod war ein in der Genesis erwähnter Held und Jäger, möglicherweise sogar eine historische Persönlichkeit. Gemäß 1 Mos 10 war Nimrod, ein Urenkel Noahs, „der Erste, der Macht gewann auf Erden, und war ein gewaltiger Jäger vor dem Herrn. Daher spricht man: Das ist ein gewaltiger Jäger vor dem Herrn wie Nimrod." Er soll der erste Mensch gewesen sein, der sich zum König machte. Auf dem berühmten Gemälde von Pieter Bruegel d. Ä. ist König Nimrod sogar als Auftraggeber des Turmbaus zu Babel abgebildet.

„Sich einen Namen machen"

prominent sein wollen

In der Geschichte vom Turmbau zu Babel, genauer: Babylon, wird ein frühes Beispiel von Imponiergehabe geschildert. In 1 Mose 11,4 steht, dass das Motiv der Auftraggeber war, „eine Stadt und einen Turm zu bauen, dessen Spitze an den Himmel reiche, damit wir uns einen Namen machen." Geltungssucht also, sogar Größenwahn. Sie wollten „sein wie Gott". Das konnte nicht gutgehen. Das Ende der Geschichte ist bekannt: die sprichwörtliche babylonische Sprachverwirrung. Weniger bekannt ist, dass es im Babylon des siebten vorchristlichen Jahrhunderts tatsächlich einen Aufsehen erregenden Turmbau gab, der 1913 archäologisch erschlossen werden konnte. Es handelte sich aber wohl weniger um ein Statussymbol als um eine Tempelanlage mit einer Höhe von etwa 90 Metern, abgestuft in mehrere Plateaus. Nebukadnezar II. vollendete ihn, Alexander der Große fand später seine Ruine, wurde aber durch seinen Tod davon abgehalten, den Turm wie geplant neu zu errichten.

„Babylonische Sprachverwirrung"

Anfang aller Verständigungsprobleme

Der berühmteste Turm der Welt ist nicht der Eiffelturm. Und auch keiner der neuen himmelstürmenden Wolkenkratzer wird den geradezu legendären Ruf dieses Turms erreichen. Nein, der berühmteste Turm ist ein Bauwerk, dessen Höhe nicht genau bekannt ist, das aber gemäß 1 Mose 11,9 schuld ist an allen Verständigungsproblemen der Welt und damit am damals noch unbekannten Berufsstand der Dolmetscher: der Turmbau zu Babel. Bei dessen Bau soll Gott selbst eingegriffen haben, der wohl – etwas ungöttlich – Angst hatte, die Menschen könnten den Himmel erreichen und werden wie er selbst. Gott griff, anstatt das Bauwerk einfach durch Erdbeben zu zerstören, zu einer perfiden List: Er ließ plötzlich jeden am Bau Beteiligten in einer anderen Sprache reden, so dass ein multilinguales Durcheinander geherrscht haben muss wie auf einer heutigen Baustelle mit Arbeitern aus zwanzig Ländern. Im Gegensatz zu heute kam das Bauwerk zum Stillstand und Gott konnte im Himmel unter sich bleiben.

„Babel"

Vielvölkergemisch

Nach dem Eingreifen Gottes konnte der Turmbau zu Babel bekanntlich nicht mehr zu Ende geführt werden, weil die Arbeiter mit plötzlich auftretenden Verständigungsproblemen zu kämpfen hatten. Der Name des Ortes gilt seitdem als Inbegriff des Durcheinanders. Die Vorstellung, dass es in „Babel" nach der linguistischen Notbremse Gottes von Sprachen nur so gewimmelt haben muss, hat dazu geführt, dass heute Weltstädte wie New York oder London, die von großen Einwandererzahlen geprägt sind und in denen die Bewohner oft in ihrer Heimatsprache kommunizieren, als „Babel" bezeichnet werden. In Douglas Adams' genialer SF-Parodie „Per Anhalter ins All" fungiert ein „Babelfisch" sogar als universelles Übersetzungsmedium. Die in 1 Mose 11,9 gelieferte Namenserklärung von „Babel" – „Daher heißt ihr Name Babel, weil der Herr daselbst verwirrt hat aller Länder Sprache und sie von dort zerstreut hat in alle Länder." – ist aber keine Übersetzung, sondern bezieht sich auf die dortige Sprachverwirrung.

„Mit Blindheit geschlagen"

unfähig, das Naheliegende zu erkennen

Wenn jemand „mit Blindheit geschlagen" ist, kann er das Offensichtliche nicht erkennen. Er ist also nicht wirklich blind, sondern wohl eher umnachtet. Die Redewendung ist einer Stelle in der Geschichte von Sodom und Gomorrha entnommen, in der auch nicht von echter Blindheit die Rede ist. In der betreffenden Passage geht es darum, dass Lot, ein Neffe Abrahams, zwei Boten Gottes beherbergt, die ihn vor dem drohenden Untergang der Stadt Sodom warnen wollen. Weil er die Heiligkeit der Gastfreundschaft über alles achtet, will er seine Gäste vor aufdringlichen Annäherungsversuchen der Bewohner Sodoms schützen, sogar seine jungfräulichen Töchter bietet er den Belagerern als Ersatz an. Kurz bevor er dem Druck nachgeben muss, schlagen die Boten Gottes „die Leute vor der Tür des Hauses, Klein und Groß, mit Blindheit, sodass sie es aufgaben, die Tür zu finden" (1 Mos 19,11).

„Wie Sodom und Gomorrha"

im höchsten Maße unmoralisch

Die Geschichte, auf die diese Redewendung zurückgeht, ist eine ziemlich brutale, denn schließlich handelt sie von der Vernichtung zweier ganzer Städte durch Gottes Strafgericht zur Zeit Abrahams. Wenn auch die Städte des Altertums einwohnermäßig mit modernen überhaupt nicht vergleichbar sind, ist uns die Tragweite eines solchen Ereignisses bewusst. In 1 Mos 18 wird die sittliche Verderbtheit der Bewohner zweier Städte, eben Sodom und Gomorrha, als Grund für ihren Untergang genannt. Deren ausnahmslose Sittenlosigkeit ist bis heute sprichwörtlich geblieben, nach biblischem Bericht fanden sich in jeder Stadt noch nicht einmal zehn Aufrechte, so dass Gott von der Vernichtung aller Einwohner auch durch Abrahams Bitten nicht abzubringen war. Welcher Art diese berüchtigten Verfehlungen waren, kann nur gemutmaßt werden. Dass vom Namen der einen Ortschaft unser heutiger Begriff *Sodomie* abgeleitet ist, lässt von den Sünden der anderen auch einiges vermuten.

„Zur Salzsäule erstarren"

vor Entsetzen wie gelähmt sein

Wenn jemand „zur Salzsäule erstarrt", ist er von einer Sekunde zur anderen vor Entsetzen wie gelähmt. Diese Schockstarre hat mit dem ursprünglichen biblischen Zusammenhang nur noch wenig zu tun. Denn bevor Gott Schwefel und Feuer auf die beiden sündigen Städte Sodom und Gomorrha regnen ließ, rettete er auf Bitten Abrahams dessen Neffen Lot, den einzigen Gerechten in der Stadt, und seine Familie, indem er sie von Engeln vor dem bevorstehenden Unheil warnen ließ. "Rette dein Leben und sieh nicht hinter dich", so lautete der Befehl an Lot und seine Leute. Doch seine Frau, klischeehaft neugierig, konnte nicht widerstehen. Was mit ihr daraufhin passierte, schildert die Bibel mit den bis heute geläufigen Worten "Und Lots Weib sah hinter sich und ward zur Salzsäule" (1 Mos 19,26). Es ist allerdings eine Legende, dass Sodom und Gomorrha am Toten Meer gelegen haben sollen, auch wenn dort bis heute eine merkwürdig geformte Steinnadel als "Lots Frau" gezeigt wird.

„Heimgesucht werden"

von einem Unglück betroffen werden

In der katholischen Kirche wird heute noch das Fest Mariä Heimsuchung gefeiert, das an den Besuch der späteren Gottesmutter bei ihrer Verwandten Elisabeth erinnert. Hier ist „Heimsuchung" noch im ursprünglichen Sinn verwendet und meint neutral einen Besuch. Später, als Begriff aus der Rechtsprache, meinte er eine schwere Form des Hausfriedensbruchs. Daraus entwickelte sich wahrscheinlich die heutige Gewohnheit, diesen Begriff in Zusammenhang mit Katastrophen zu verwenden, von denen Menschen *heimgesucht* werden. In seiner Übersetzung des 21. Kapitels im 1. Buch Mose verwendet ihn Luther aber anders. Hier geht es darum, dass Gott Abrahams Frau Sara, ebenso wie er selbst „alt und hochbetagt", also längst jenseits der Wechseljahre, noch einen Sohn verspricht. Es heißt dort: „Und der Herr suchte Sara heim, wie er gesagt hatte, und tat an ihr, wie er geredet hatte. Und Sara ward schwanger und gebar dem Abraham in seinem Alter einen Sohn um die Zeit, von der Gott zu ihm geredet hatte."

„Etwas für ein Linsengericht hergeben"

einen ungünstigen Tausch machen

Man mag es kaum glauben: In Zeiten, in denen es fast nichts Wichtigeres auf Erden gab, als der Erstgeborene zu sein, lässt sich Esau, Isaaks Ältester, dieses Vorrecht von seinem Bruder Jakob gegen einen Teller Linsensuppe abhandeln. Dieser Esau scheint entweder jemand gewesen zu sein, dem das Magenknurren das Gehirn vernebelte, oder er hatte eine realistisch-zynische Art, denn er sagt laut 1 Mos 25,32: „Siehe, ich muss doch sterben; was soll mir da die Erstgeburt?" Rote Linsen waren in der Mittelmeerregion eine schmackhafte, aber alltägliche Speise, also nichts Besonderes. Deshalb hat sich bis heute diese, allerdings nur noch selten gebrauchte Redensart gehalten, wenn jemand etwas Wertvolles für etwas im Moment Verlockendes, aber Geringwertiges hergibt. Der Name der hessischen Gemeinde Linsengericht geht aber nicht auf diese Bibelstelle zurück, sondern auf eine Gerichtsgemeinde von 1240, auf deren Gebiet viele Linsen angebaut wurden.

„Das schwarze Schaf"

der Außenseiter in der Familie

Fast in jeder Familie ist einer – oder eine! – das so genannte *schwarze Schaf.* Meist handelt es sich um Menschen, die in den Augen ihrer Mitmenschen ungeraten sind. Die Bezeichnung verdankt ihren Ursprung tatsächlich echten biblischen Schafen. Schwarze und gefleckte Schafe wurden nicht gern gesehen, weil sich ihre Wolle nicht so färben lässt wie die der hellen Artgenossen. Aber Jakob, der Sohn Isaaks, vereinbarte mit seinem Schwiegervater Laban, dass ihm als Lohn für 14 Jahre Arbeit „alle gefleckten und bunten Schafe und alle schwarzen Schafe und die bunten und gefleckten Ziegen" (1 Mos 30) gehören sollten, in der Gewissheit, dass ihm Laban diese wertloseren Tiere gern überlassen werde. Tatsächlich hatte der gewitzte Jakob dafür gesorgt, dass es durch gezielte Zucht in den Herden Labans überdurchschnittlich viele „schwarze Schafe" gab, so dass er mit dieser List – der zweiten nach der berühmten Erschleichung des Erstgeburtssegens – zu nicht geringem Wohlstand kam.

„Etwas übertreiben"

die Wahrheit übersteigern

Dieser Ausdruck scheint auf den ersten Blick ein ganz normales Verb zu sein. Aber wieso über-treiben wir eigentlich etwas, wenn wir die Wahrheit etwas überdehnen oder unvernünftig handeln? Was hat das mit Treiben zu tun? Folgende Herleitung könnte die Erklärung sein: Als Jakob, der Sohn Isaaks, aus seinem Exil nach Hause zurückkehrte und sich mit seinem von ihm betrogenen Bruder Esau versöhnt hatte, lud ihn dieser beim Zusammentreffen ein, mit ihm zu seinem etwas entfernten Heim zu ziehen. Jakob, der ja eine erhebliche Zahl Menschen und Vieh mit sich führte, vertröstete Esau mit dem Argument, „dass ich zarte Kinder bei mir habe, dazu säugende Schafe und Kühe; wenn sie auch nur einen Tag übertrieben werden, würde mir die ganze Herde sterben" (1 Mos 33,13). Er treibt die Herde ja seit Wochen durch das Land, und ein verantwortungsbewusster Hirte muss Rücksicht nehmen auf die Lämmer und Kälbchen, die „übertrieben" weite Märsche nicht überleben würden.

„Vom Stamme Nimm sein"

habgierig sein

Der Erzvater Jakob hatte bekanntlich zwölf Söhne (1 Mos 29,31). Nur wenige wissen, dass er diese vielen Kinder mit zwei Hauptfrauen und zwei Nebenfrauen, eigentlich Dienerinnen, zeugte – Polygamie war damals normal. Die Namen der Söhne sind außerhalb des Judentums heute auch bei bibelfesten Christen nicht präsent: Ruben, Simeon, Issachar, Sebulon, Dan, Naftali, Gad und Ascher kennt heute kaum noch jemand, Levi und Juda nur dem Namen nach. Ganz im Gegenteil zu Josef und Benjamin, die, der eine wegen seiner Erlebnisse in Ägypten – Stichwort: Frau des Potiphar -, der andere wegen seines Namens als Jüngster, heute noch populär sind. Von den Zwölfen sollen sich die zwölf Stämme Israels ableiten; so sind die Leviten die Angehörigen des Stammes Levi, der späteren Priesterkaste. Der Stamm „Nimm" ist dagegen nicht biblisch, sondern spielt scherzhaft mit dem hebräisch klingenden Wort und der Vielzahl der Stämme Israels.

„Ein Auge auf jemanden werfen"

jemanden interessant finden

D iese Redensart kommt einem durchaus neuzeitlich vor, sie scheint aus einem jugendlichen Slang zu stammen. Erstaunlicherweise aber scheint man auch schon zur Zeit Luthers auf jemanden *ein Auge geworfen* zu haben. Der Bibelübersetzer hat jedenfalls diesen Ausdruck dafür verwendet, dass die Frau des Kämmerers eines ägyptischen Pharaos Gefallen an dem Sklaven Josef, einem der zwölf Söhne Jakobs, gefunden hat, der „schön an Gestalt und hübsch von Angesicht" ist. Es passiert also Josef, dass diese Dame, deren Libido offenbar von ihrem Gemahl nicht gestillt wird, „ire augen auff Joseph warff / vnd sprach / Schlaffe bey mir." (1 Mos 39,7, Fassung von 1545). Josef scheint diese direkte Art nicht gefallen zu haben, denn er entzieht sich dem lüsternen Weibe und gilt seither als der *keusche Josef.*

„Die fetten Jahre sind vorbei"

Es ist Zeit zu sparen.

W enn man im Alten Testament nach dieser Redewendung sucht, stößt man im 1. Buch Mose im Kapitel 41 auf die wichtigste Episode in der Geschichte von Josef in Ägypten. Der sitzt zur Zeit des fraglichen Ereignisses wegen des bekannten Vorfalls mit der Frau des Potiphar im Gefängnis. Der Pharao nun hat einen merkwürdigen Traum, in dem sieben fette Kühe zur Verwunderung des Träumenden von sieben mageren Kühen gefressen werden und danach sieben dicke Kornähren von sieben mageren. Da alle Traumdeuter des Landes mit diesem Traum nichts anfangen können, fragt man Josef, der sich bereits auf diesem Gebiet bewährt hat. Er erklärt dem Pharao, dass Kühe und Ähren Jahre bedeuten, und er sei gut beraten, wenn er den Mehrertrag der sieben guten Jahre als Vorrat anlegen und so für die sieben Notjahre vorsorgen würde — ein guter Rat. In unserer zukunftsgläubigen Zeit werden in guten Jahren Schulden gemacht in der Hoffnung, dass die Zukunft fetter sein wird als die Gegenwart …

Der „Landesvater"

ein leutseliger Regierungschef

Vor allem Ministerpräsidenten lassen sich gern in der Attitüde eines *Landesvaters* portraitieren, der leutselig seinen Untertanen seine Huld schenkt. Dabei vergessen sie leicht, dass sie vom Volk gewählte Menschen aus eben diesem Volk sind, die ein gnädiges Schicksal – oder ein Parteitag – in diese hohe Position gebracht hat. Der Begriff „Landesvater" geht zurück auf die Geschichte Josefs in Ägypten, der bekanntlich seinem Pharao den nicht mit Geld aufzuwiegenden Rat mit der Vorratshaltung gegeben und so das ägyptische Volk vor einer Hungersnot gerettet hatte. Der Pharao dankte es ihm großzügig, indem er ihn zu seinem Stellvertreter machte; „er ließ ihn auf seinem zweiten Wagen fahren und ließ vor ihm her ausrufen: Der ist des Landes Vater!" (1 Mos 41,43). Ein Regierungschef und ein Ratgeber, die aufgrund ihrer verantwortungsvollen Politik beide den Ehrentitel „Landesvater" verdient hatten.

„Wie Sand am Meer"

in unzähligen Mengen

Da Sandkörner nun mal in der Regel nicht einzeln, sondern in Massen auftreten, ist der Vergleich einer sehr großen Menge mit „Sand am Meer" recht aussagekräftig. Auch bei den Israeliten des Alten Bundes war dieser Vergleich beliebt und kommt im Alten Testament sehr häufig vor, zum Beispiel in der Episode, als Gott dem Abraham, der in grenzenlosem Gottvertrauen sogar seinen Sohn Isaak geopfert hätte, verspricht, dass er ihn „zum großen Volk" machen werde (1 Mos 22,16-18). Oft werden in der Bibel unübersehbare Menschenmassen, zum Beispiel Völker oder Heere, mit Sand verglichen, so Josuas Feinde (Jos 11,4), die Philister (1. Sam 13,5), aber auch Israels Heer (2. Sam 17,11). Meist aber geht es um die in Aussicht gestellte Größe des jüdischen Volkes, unter anderem in 1. Kön 4,20, Jes 10,22, Jer 33,22, Hos 2,1. Besonders dramatisch ist der Vergleich, wenn es in Jer 15,8 heißt: „Es wurden mehr Frauen zu Witwen unter ihnen, als Sand am Meer ist".

„Gehabt euch wohl!"

Lasst es euch gut gehen!

In der Geschichte von Josef und seinen Brüdern gibt es die etwas verwirrende Szene, dass Josef seine Brüder, die ihn in seiner Eigenschaft als ägyptischer Pharao-Stellvertreter nicht erkannt haben, dadurch ängstigt, dass er ihnen Geld, das sie für Getreide zahlen wollten, heimlich wieder in ihre Säcke legen lässt. Als sie dies bei ihm anzeigen, beruhigt er sie. Luther wählt dafür in seiner Übersetzung von 1545 folgende Worte: „Er aber sprach / Gehabt euch wol / fürcht euch nicht / ewer Gott vnd ewers vaters Gott hat euch einen Schatz gegeben in ewer secke / Ewer geld ist mir worden" (1 Mos 43,23).

Dieses „Gehabt euch wohl!" entsprach damals wohl unserem heutigen „Fühlt euch wohl", denn die Übersetzung von 1912 lautet „Seid guten Mutes". Das „Gehabt euch wohl!" wird heute bisweilen noch als leicht theatralische Abschiedsformel verwendet im Sinne von „Lasst es euch gut ergehen!", wie es in der Übersetzung der Apostelgeschichte auch von Luther 1545 schon verwendet wurde.

Der „Benjamin" sein

das jüngste Kind sein

Heutzutage werden Kinder nach Film- oder Popstars benannt. Früher hatten Namen eine konkrete Bedeutung. Vor gar nicht langer Zeit war der Mädchenname Melanie beliebt, und paradoxerweise hießen auch blonde Kinder so, was altphilologisch Gebildete den Kopf schütteln ließ, denn auf Griechisch heißt Melanie so viel wie „die Schwarzhaarige". Der Jungenname Benjamin wurde früher nur dem jüngsten Sohn gegeben, denn allen war bekannt, dass Jakob zwölf Söhne hatte, deren jüngster eben Benjamin hieß. Die Redewendung *Das ist unser Benjamin,* mit der Eltern ihren jüngsten Sprössling vorstellen, kommt heute noch oft vor, auch wenn der Sohnemann Marvin oder Paul heißt. Hätte der letzte Sohn Jakobs den ihm ursprünglich gegebenen Namen behalten, so hießen heute alle Benjamins „Ben-Oni". Denn die Mutter starb nach der schweren Geburt und nannte ihn „Sohn meines Unglücks" (1 Mos 35,18); Jakob dagegen taufte ihn um in „Sohn meines Glücks", eben Ben-Jamin.

„Das Leben sauer machen"

Schwierigkeiten bereiten

Nachdem sie auf Einladung Josefs nach Ägypten ausgewandert waren, vermehrten sich die Nachkommen Jakobs gemäß dem Versprechen Gottes, ihn zum Stammvater eines großen Volkes zu machen. Die Ägypter entwickelten gegenüber den in ihrem Land siedelnden, aber nicht assimilierten Israeliten das, was wir heute als Ressentiments bezeichnen. Vor allem, weil sich die Juden zu einer ernstzunehmenden Minderheit entwickelten, kam die Befürchtung auf, sie könnten sich im Kriegsfall auf die Seite des Feindes schlagen. Deshalb, so schildert es das 2. Buch Mose, setzten die Ägypter, wohl um das Jahr 1200 vor unserer Zeitrechnung, Fronvögte ein, die das Volk Israel durch Zwangsarbeit niederhalten sollten: „Da zwangen die Ägypter die Israeliten unbarmherzig zum Dienst und machten ihnen ihr Leben sauer mit schwerer Arbeit in Ton und Ziegelei und mit mancherlei Frondienst auf dem Felde, mit all ihrer Arbeit, die sie ihnen auferlegten ohne Erbarmen" (2 Mos 1,14).

„Ein Land, wo Milch und Honig fließt"

ein Leben ohne materielle Not

Man muss sich ein Land, in dem Milch und Honig fließt, nicht so vorstellen wie das Schlaraffenland, sondern das „fließen" ist abgeleitet von „Überfluss". Für uns heute, im Zeitalter der Turbokühe, ist der Überfluss an Milch eher ein Problem, aber für die Nomaden der Zeit Moses, die Milch ausschließlich von Ziegen kannten und um Honig mit wilden Bienen kämpfen mussten, müssen das rare Delikatessen gewesen sein. Aus dem berühmten brennenden Dornbusch heraus versprach Gott Mose: „Und ich bin herniedergefahren, dass ich sie errette aus der Ägypter Hand und sie herausführe aus diesem Lande in ein gutes und weites Land, in ein Land, darin Milch und Honig fließt" (2 Mos 3,8). Diese Verheißung kommt in den Büchern Mose immer wieder vor — kein Wunder, war doch das Volk Israel insgesamt vierzig Jahre auf der Wanderung, bis es das „gelobte Land" Kanaan erreichte. Auch noch zur Zeit Luthers gehörten übrigens Milch und Honig für das gemeine Volk zu den seltenen Genüssen.

„Sich etwas zu Herzen nehmen"

sich ernste Gedanken oder Sorgen machen

Nachdem das Volk Israel, in Ägypten unterdrückt, lange Jahre nicht ins Land seiner Väter hatte zurückziehen dürfen, obwohl Mose mehrmals den Pharao dazu zu bewegen versuchte, verlor er irgendwann die Geduld. Er drohte im Namen Gottes dem Pharao an, zur Warnung zehn Plagen über sein Land kommen zu lassen, und im 2. Buch Mose wird davon berichtet, was dann tatsächlich in Ägypten geschah. Als erstes verwandelte sich das Wasser des Nils, der Lebensader des Landes, in Blut; „und die Fische im Strom starben und der Strom wurde stinkend, sodass die Ägypter das Wasser aus dem Nil nicht trinken konnten; und es war Blut in ganz Ägyptenland." Dies wussten aber die Magier des Pharao zu kontern; sie schienen ebenfalls Wasser in Blut verwandeln zu können, worauf Moses Warnungen den Pharao kalt ließen: „Und der Pharao wandte sich und ging heim und nahm's nicht zu Herzen" (2 Mos 7,23). Er nahm Moses Drohungen stattdessen auf die leichte Schulter — ein Fehler, wie sich herausstellte.

„Wie Heuschrecken über etwas herfallen"

etwas skrupellos ausbeuten

In Europa kommt es eher selten vor, dass Heuschreckenschwärme ganze Landstriche kahl fressen. Wir wissen aber von Kaiser Karl IV., dass er im Jahre 1338 von dem Ruf „Der Jüngste Tag ist da, denn die ganze Welt ist voller Heuschrecken" geweckt wurde. Er ritt einen ganzen Tag in diesem Schwarm, ohne dessen Ende zu erreichen. In den nordafrikanischen Ländern kommen solche Naturphänomene bisweilen vor, vor allem, wenn Nahrungsmangel die Tiere zwingt, ihren normalen Lebensraum zu verlassen. Ein solcher Schwarm ist vermutlich die natürliche Erklärung für die achte von zehn Plagen, die Gott auf Bitten von Mose über Ägypten kommen ließ (2 Mos 10,13). Im Zusammenhang mit den Auswüchsen des Kapitalismus, besonders mit dem aggressiven Finanzgebaren der Investmentfonds, ist häufig die Rede von Investoren, die wie Heuschrecken über Firmen und ganze Volkswirtschaften herfallen, sie skrupellos ausbeuten und eine wirtschaftliche Wüste hinterlassen.

„Ägyptische Finsternis"

totale Dunkelheit

D as Land am Nil ist nicht unbedingt bekannt für besonders dunkle Nächte, jedenfalls sind sie nicht finsterer als die Libyens. Wie kam es also zu einer solchen Redewendung? Nachdem Mose und Aaron dem ägyptischen Pharao gedroht hatten, dass ihr Gott sein Land mit Plagen überziehen werde, wenn er das Volk Israel nicht in die Freiheit ziehen lasse, kommt – nach Blutwasser, Fröschen, Stechmücken, Fliegen, Viehpest, Blattern, Hagel und Heuschrecken – als neunte Plage eine dreitägige Finsternis, „dass niemand den andern sah noch aufstand von dem Ort, da er war, in drei Tagen" (2 Mos 10,21). Man muss nicht ausdrücklich erwähnen, dass von dieser legendären Dunkelheit die Israeliten ausgenommen waren, denn bei denen „war es licht in ihren Wohnungen." Außerdem dürfte bekannt sein, dass auch diese Plage nicht zum Einlenken des Pharaos führte, so dass eine zehnte, die schlimmste Katastrophe erforderlich war, der Tod der Erstgeborenen.

„Sein Mütchen kühlen"

Aggressionen austoben

N achdem Mose seine Kinder Israels durch das Rote Meer geführt hat – bis heute rätselt die Wissenschaft darüber, welche natürliche Erklärung es dafür geben könnte –, findet im Lager der Israeliten natürlich ein großes Freudenfest statt. Dabei stimmt Mose ein Loblied auf den „rechten Kriegsmann, Herr ist sein Name" an; darin schildert er Gott fast wie einen römischen Kriegsgott: „Herr, deine rechte Hand hat die Feinde zerschlagen. Und mit deiner großen Herrlichkeit hast du deine Widersacher gestürzt; denn als du deinen Grimm ausließest, verzehrte er sie wie Stoppeln." Die bis heute gebrauchte Redewendung kommt dann an der Stelle im Lied vor, wo die Ägypter beschließen, den Israeliten durch das Meer zu folgen: „Der Feind gedachte: Ich will nachjagen und ergreifen und den Raub austeilen und meinen Mut an ihnen kühlen" (2 Mos 15,9). Wer dann gekühlt wird, wissen wir, denn die Armee des Pharao geht in den wieder zusammenschlagenden Fluten unter.

„Manna"

wohlschmeckendes Backwerk

Auch heute wird etwas himmlisch Schmeckendes gelegentlich als „Manna" bezeichnet. Dieses „Himmelsbrot" kommt im 16. Kapitel des 2. Buches Mose vor. Es handelt sich um die sagenhafte Speise, die das Volk Israel nach dem Auszug aus Ägypten auf seiner Wanderschaft durch die Wüste Sinai vor dem Hungertod rettete. Die Situation für Mose war damals brenzlig, denn das Volk, in der Wüste ohne Nahrung, „murrte" gegen seine Anführer und fing an, sich nach den „Fleischtöpfen Ägyptens" zurück zu sehnen. Da ließ Gott abends einen Schwarm Wachteln im Lager niedergehen und morgens, „siehe, da lag's in der Wüste rund und klein wie Reif auf der Erde"; laut Bibel hatte es einen Geschmack wie Honigbrötchen. Die Israeliten nannten es „Manna", vermutlich nach dem hebräischen Ausdruck „man hu – was ist das?". Forscher haben die ernüchternde Erklärung, dass es sich bei dem „Himmelsbrot" um das zuckerreiche Ausscheidungssekret der Schildläuse gehandelt haben könnte …

„Sabbat"

Ruhezeit

Der Sabbat ist im Judentum als siebter Wochentag bekanntlich der Tag, an dem keine Arbeit verrichtet werden soll. Diese Regel wird von zwei wichtigen Stellen in der Tora abgeleitet; in 1 Mos 2,3 heißt es: „Und Gott segnete den siebenten Tag und heiligte ihn, weil er an ihm ruhte von allen seinen Werken, die Gott geschaffen und gemacht hatte", und in 2 Mos 20,8, als viertes der Zehn Gebote: „Gedenke des Sabbattages, dass du ihn heiligest. Sechs Tage sollst du arbeiten und alle deine Werke tun. Aber am siebenten Tage ist der Sabbat des Herrn, deines Gottes." Der Sabbat trägt als einziger Wochentag im Hebräischen einen eigenen Namen, während die anderen nur nummeriert sind. Heute wird der Begriff auch von Nichtjuden vor allem beim *Sabbatjahr* oder *Sabbatical* verwendet, wo er im übertragenen Sinn ein Jahr der Teilzeitarbeit oder einer Auszeit im Beruf bezeichnet. Mit *Jetzt ist aber Sabbat!* drücken auch Nicht-Juden aus, dass ab sofort Ruhe herrschen soll.

„Auge um Auge, Zahn um Zahn"
Gleiches mit Gleichem vergelten

Das Alte Testament ist nicht in einer kurzen Periode niedergeschrieben worden, sondern seine Entstehung hat sich über Jahrhunderte hingezogen. Den Wandel in den Moralvorstellungen seiner unterschiedlichen Entstehungsphasen kann man anhand von Textstellen noch gut erkennen. Zum Beispiel war ursprünglich auch bei den frühen Juden verbreitet, dass man erlittene Schäden hart ahndete, wie es im 1. Buch Mose im so genannten Lamech-Lied beschrieben wird. Später, in 2 Mos 21, 3 Mos 24 und 5 Mos 12–26, ab 700 v. Chr. entstanden, lautet die Formel „Auge um Auge" – eigentlich „Auge für Auge" – und schreibt nur vor, Erlittenes gleichwertig, durchaus auch finanziell, zu vergelten, ein großer Fortschritt im Kampf gegen die archaische Blutrache. Leider hört man diesen Spruch heute oft noch aus dem Munde von gar nicht so bibelfesten Zeitgenossen, wenn es gilt, nach dem Motto *Wie du mir, so ich dir* ordentlich zurückzuschlagen.

„Der Tanz um das goldene Kalb"
der Kult um materielle Werte

Das Volk Israel, auf seiner Wanderung am Sinai lagernd, wartete auf seinen Anführer und wurde unruhig, als Mose 40 Tage lang nicht vom Berg herunter kam. Ohne ihn fühlte es sich gottlos, denn Mose war der Garant für den Bund mit Gott. Gottlosigkeit bedeutet damals auch Schutzlosigkeit, und konsequenterweise forderte das Volk von Aaron, dem Bruder Moses, Ersatz. Dieser ließ sich die goldenen Ringe der Frauen bringen. "Und er nahm sie von ihren Händen und bildete das Gold in einer Form und machte ein gegossenes Kalb" (2 Mos 32,4). Das Kalb in dieser Redewendung hat deshalb nichts mit den heiligen Kühen in Indien zu tun, sondern Stiergötzen waren bei den Nachbarvölkern nicht unüblich, auch Kreta war ja für seinen Stierkult bekannt; insofern dürfte das goldene Kalb der Juden wohl eher ein Stier gewesen sein. Heute steht der *Tanz um das Goldene Kalb* für die Verherrlichung, die materiellen Werten von vielen Zeitgenossen entgegengebracht wird.

„Von Angesicht zu Angesicht"

auf gleicher Augenhöhe

W enn zwei Menschen „von Angesicht zu Angesicht" miteinander verkehren, sprechen sie Auge in Auge, ohne Umwege. Luther gebraucht diese Formulierung, um auszudrücken, wie vertraulich Mose mit Gott sprechen konnte. Mose hatte abseits des Lagers der Israeliten eine separate Hütte errichten lassen, in der ihm der direkte Kontakt zu Gott, der in Gestalt einer Wolkensäule anwesend war, möglich war. „Und alles Volk sah die Wolkensäule in der Tür der Stiftshütte stehen, und sie standen auf und neigten sich, ein jeder in seines Zeltes Tür. Der Herr aber redete mit Mose von Angesicht zu Angesicht, wie ein Mann mit seinem Freunde redet" (2 Mos 33,10). Das ist kaum zu glauben – Mose muss wahrlich eine Persönlichkeit gewesen sein. Auf mittelalterlichen Darstellungen ist er irritierenderweise oft mit Hörnern zu sehen, Folge eines Übersetzungsfehlers vom Hebräischen ins Lateinische: „cornuta = gehörnt" statt "coronata = strahlend"; sogar Michelangelo stellte ihn gehörnt dar ...

„Zehn Gebote"

Grundregeln

D as 2. Buch Mose enthält eine der zentralen Episoden des Alten Testaments. Die darin beschriebenen zehn Gebote, die Gott selbst Mose übergibt, haben tiefe Spuren in der Moralgeschichte des Abendlandes hinterlassen. Wenn sich alle Menschen an diese Vorschriften halten würden, wären nach Überzeugung vieler Christen keine weiteren Gesetze, Verordnungen oder Verbote mehr nötig. Ihr Inhalt gilt als so umfassend und allgemeingültig, dass sich der Begriff *Zehn Gebote* als Terminus für universell gültige Regeln eingebürgert hat, auch wenn es sich dabei nicht unbedingt um genau zehn Stück handeln muss. Zum Beispiel sind die „Zehn Gebote der Werbewirtschaft" Grundregeln, ohne die jeder Public-Relations-Manager Schiffbruch erleiden würde. Dass im Karneval die Zahl Elf eine so große Rolle spielt, hat übrigens damit zu tun, dass die Zahl der Zehn Gebote in der Fünften Jahreszeit schelmisch um eines überschritten wird.

„Nicht ganz koscher"

bedenklich

Jeder weiß, dass gläubige Juden kein Schweinefleisch essen. Darüber hinaus gibt es eine ganze Reihe religionsgesetzlicher Vorschriften für die Zubereitung und den Genuss von Speisen und Getränken. Erlaubte Lebensmittel werden mit dem jiddischen Wort „koscher", nicht erlaubte als „treife" bezeichnet. In 3 Mos 11 steht eine lange Liste von Vorschriften, die Gott Mose übergibt und an die sich das Volk Israel künftig halten soll. Dabei steht die Unterscheidung von erlaubten und nicht erlaubten Tieren im Vordergrund. In übertragener Bedeutung in unseren Wortschatz übergegangen ist nur „koscher"; es wird im Sinne von „einwandfrei" oder „unbedenklich" benutzt. Merkwürdigerweise wird etwas, das bedenklich oder nicht geheuer ist, nicht konsequent „treife" genannt, sondern „nicht ganz koscher". Die Befolgung der Gebote im heutigen jüdischen Kulturkreis ist sehr unterschiedlich, von striktester Einhaltung durch Orthodoxe bis Ignorierung durch Nichtreligiöse.

„Ein Moloch"

ein alles verschlingendes Ungeheuer

Auch heute noch klingt „Moloch" nach etwas Unersättlichem. Und tatsächlich wird im Alten Testament damit ein Götze benannt, dem Menschenopfer dargebracht worden sein sollen. Ursprünglich waren mit diesem Wort wohl phönizisch-kanaanäische Opferriten gemeint. Aus Gründen der Abgrenzung gegenüber den benachbarten Völkern ist dieser Begriff von den Verfassern der Tora dann wohl zu einem Götzennamen umgewandelt worden, um unbotmäßigen Angehörigen des eigenen Volkes damit zu drohen. Im Alten Testament kommt der Name Moloch häufig vor, allein im Buch Leviticus, dem 3. Buch Mose, zwei Mal. Immer steht seine Nennung in Verbindung mit der Opferung von Kindern, und die Israeliten werden eindringlich davor gewarnt, dem Moloch-Kult anzuhängen: „Wer unter den Israeliten oder den Fremdlingen in Israel eins seiner Kinder dem Moloch gibt, der soll des Todes sterben; das Volk des Landes soll ihn steinigen" (3 Mos 20,2).

„Zum Sündenbock machen"

jemandem für alles die Schuld geben

Diese Redewendung klingt nicht nur so, sondern hat tatsächlich etwas mit einem Ziegenbock zu tun, genauer gesagt mit zweien. In 3 Mos 16 steht beschrieben, wie die Israeliten mit ihren Sünden umgingen. Am höchsten jüdischen Feiertag Jom Kippur, dem „Versöhnungsfest", war es üblich, zwei Böcke als „Sündenböcke" auszuwählen. Der eine wurde geschlachtet und Gott als Sühneopfer dargebracht, eine damals übliche und nicht nur bei den Juden verbreitete Sitte. Diese Methode, die Himmlischen milde zu stimmen, hat allerdings das Altertum nicht überlebt. Die Methode, jemanden anderen für die eigenen Verfehlungen verantwortlich zu machen, allerdings schon. Im Dritten Reich waren es zum Beispiel neben anderen Minderheiten die Juden, die als Sündenböcke für die schlechte Lage herhalten mussten. Auch heute noch wird leider zu oft ein Sündenbock gesucht, der die Schuld an allem trägt. Auf das Schicksal des zweiten der beiden Ziegenböcke nimmt die Redewendung *Jemanden in die Wüste schicken* Bezug.

„In die Wüste schicken"

eine Beziehung beenden

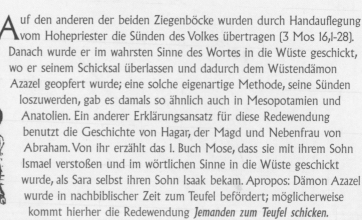

Auf den anderen der beiden Ziegenböcke wurden durch Handauflegung vom Hohepriester die Sünden des Volkes übertragen (3 Mos 16,1-28). Danach wurde er im wahrsten Sinne des Wortes in die Wüste geschickt, wo er seinem Schicksal überlassen und dadurch dem Wüstendämon Azazel geopfert wurde; eine solche eigenartige Methode, seine Sünden loszuwerden, gab es damals so ähnlich auch in Mesopotamien und Anatolien. Ein anderer Erklärungsansatz für diese Redewendung benutzt die Geschichte von Hagar, der Magd und Nebenfrau von Abraham. Von ihr erzählt das 1. Buch Mose, dass sie mit ihrem Sohn Ismael verstoßen und im wörtlichen Sinne in die Wüste geschickt wurde, als Sara selbst ihren Sohn Isaak bekam. Apropos: Dämon Azazel wurde in nachbiblischer Zeit zum Teufel befördert; möglicherweise kommt hierher die Redewendung *Jemanden zum Teufel schicken*.

„Alle Jubeljahre einmal"

ziemlich selten

D as religiöse Leben des Volkes Israel war von zahllosen Gesetzen und Vorschriften geregelt. Unter anderem gab es nicht nur Feier-Tage, sondern auch ein ganzes Jahr konnte einen besonderen Charakter haben. Dieses Jahr nannte man „Jobel-Jahr", abgeleitet davon, dass dieses besondere Jahr mit Widderhörnern, auf Hebräisch „Jobel", eröffnet wurde. In 3 Mos 25,10 ist davon die Rede, dass alle fünfzig Jahre solch ein Erlassjahr begangen werden sollte. Gemäß dessen erstaunlichen Bestimmungen sollte jeder, der durch widrige Umstände zum Beispiel seinen Acker oder gar seine Freiheit verloren hatte, diese nun wiedererlangen; Schulden mussten erlassen werden und Sklaven freikommen. Ob tatsächlich diese ehrenwerten, aber für viele ungemütlichen Vorschriften befolgt wurden, ist unbekannt. Dass sich das Wort „Jobeljahr" zum „Jubeljahr" entwickelt hat, liegt sicher an seiner phonetischen Ähnlichkeit mit dem "Jubilieren", das aber aus dem Lateinischen kommt.

„Jemandem die Leviten lesen"

energisch zur Ordnung rufen

J akob hatte bekanntlich zwölf Söhne, von denen Levi der dritte war. Dessen Nachkommen wurden von Gott zum Tempeldienst bestimmt. Dort waren die Leviten unter anderem für die Einhaltung der Regeln im 3. Buch Mose zuständig, das daher auch seinen lateinischen Namen „Leviticus" trägt. Im Mittelalter, aus dieser Zeit stammt die Redewendung, wurde das 26. Kapitel Leviticus häufig als Grundlage für Strafpredigten eingesetzt, denn hier droht Gott dem Volk Israel grauenhafte Strafgerichte an: „Werdet ihr mir aber nicht gehorchen und nicht alle diese Gebote tun (…) so will auch ich euch dieses tun: Ich will euch heimsuchen mit Schrecken, mit Auszehrung und Fieber, dass euch die Augen erlöschen und das Leben hinschwindet"; Gott geht sogar so weit, wahrhaft drakonische Strafen anzudrohen: „Und ich will wilde Tiere unter euch senden, die sollen eure Kinder fressen und euer Vieh zerreißen und euch vermindern, und eure Straßen sollen verlassen sein."

„Von jemandem die Hand abziehen"

jemanden nicht mehr beschützen

Die Beziehung zwischen Gott und seinem auserwählten Volk ist geprägt von Frustrationen. Auch die Redewendung, um die es hier geht, kommt in einem der vielen Zerwürfnisse zwischen den beiden vor. Als nämlich Kundschafter erzählen, dass im Gelobten Land zwar tatsächlich Milch und Honig fließen, aber leider wehrhafte Einwohner etwas gegen Eindringlinge haben, möchten die Israeliten doch lieber wieder zurück nach Ägypten. Gott hat nun zum wiederholten Male keine Lust mehr auf dieses Volk und ist drauf und dran, ihm die Pest an den Hals zu schicken. Mose muss all seine Überredungskunst anwenden, wobei er Gott auch bei seiner Eitelkeit packt: „Würdest du nun dies Volk töten wie einen Mann, so würden die Völker, die solch ein Gerücht über dich hören, sagen: Der Herr vermochte es nicht, dies Volk in das Land zu bringen, das er ihnen zu geben geschworen hatte" (4 Mos 14,15). Er schafft es, Gott ein weiteres Mal zu besänftigen; aber der droht, dass ihnen Schreckliches passiert, „wenn ich die Hand abziehe" (4 Mos 14,34).

„Ein Dorn im Auge, ein Stachel im Fleisch sein"

stören, ärgern

Wenn etwas *ins Auge geht,* tut es sehr weh. Da reicht schon ein Staubkorn, ganz zu schweigen von einem Dorn! Das gleiche gilt auch für einen Stachel, zum Beispiel von einem Kaktus, der tief in der Haut sitzt. Beides stört und muss sofort entfernt werden. Diese Metaphern benutzt Gott, als er das Volk Israel auffordert, bei der Besitznahme im Gelobten Land nicht zimperlich zu sein. In unseren heutigen Augen widerspricht diese Vorgehensweise dem Völkerrecht: „Wenn ihr aber die Bewohner des Landes nicht vor euch her vertreibt, so werden euch die, die ihr übrig lasst, zu Dornen in euren Augen werden und zu Stacheln in euren Seiten" (4 Mos 33,55). Diese Landnahme war zwar ziemlich brutal, aber damals gang und gäbe. Heute ist die Bedeutung dieser Redewendung doch stark entschärft. Wenn wir von einem störenden Dorn im Auge oder einem Stachel im Fleisch sprechen, meinen wir meist Personen oder Dinge, die mit etwas Toleranz durchaus hingenommen werden könnten.

„Ohne Ansehen der Person"

unparteiisch

Das 5. Buch Mose beschäftigt sich in erster Linie mit Vorschriften, die Mose dem Volk Israel mitgibt auf seinem Weg ins Gelobte Land. Er selbst darf ja wie alle anderen Israeliten seines Alters nicht mit *über den Jordan,* denn Gott verwehrt seiner ganzen Generation, die damals in der Wüste an ihm gezweifelt hatte, Kanaan zu betreten. In einer der besagten Regeln geht es um juristische Personen, und Mose gibt im Auftrag Gottes recht moderne Kriterien für Richter und Amtleute vor: „Du sollst das Recht nicht beugen und sollst auch die Person nicht ansehen und keine Geschenke nehmen; denn Geschenke machen die Weisen blind und verdrehen die Sache der Gerechten" [5 Mos 16,19]. Diese Forderung an die Juristen, zu urteilen, ohne die beteiligten Personen anzusehen, findet eine Parallele in der seit dem 16. Jahrhundert üblichen Darstellung der Justitia, der Göttin der Gerechtigkeit, die als Symbol ihrer Unparteilichkeit eine Augenbinde trägt.

„Im Dunkeln tappen"

keine Erklärung finden

Der Bund zwischen Gott und dem Volk Israel wird als freiwilliger Vertrag beschrieben, der nicht unter Druck zustande gekommen ist. Die Flüche, die Gott Mose dem Volk gegenüber androhen lässt für den Fall, dass es ihm nicht gehorcht, lassen aber an der Entscheidungsfreiheit der Israeliten zweifeln. Nun kann es ja sein, dass die Menschen jener Zeit etwas störrisch waren. Aber musste Gott deshalb zu so fürchterlichen Drohungen greifen wie den im 5. Buch Mose zitierten? Im Falle der Abkehr will Gott nämlich Stadt, Acker, Korb und Backtrog, Leibesfrucht und Jungvieh verfluchen. Mit Pest, Auszehrung, Entzündung, Fieber, „ägyptischem Geschwür", Pocken, „Grind und Krätze", Wahnsinn, Blindheit und Verwirrung des Geistes droht er, „und du wirst tappen am Mittag, wie ein Blinder tappt im Dunkeln" [5 Mos 28,29]. Und nicht nur das: „Mit einem Mädchen wirst du dich verloben; aber ein anderer wird es sich nehmen" — entsetzlich.

„Wie seinen Augapfel hüten"

besonders gut aufpassen

D as Auge ist ein sehr gefährdeter Körperteil, weil die Oberfläche dieser kleinen Kugel, die gern mit einem Apfel verglichen wird, nicht mit einer widerstandsfähigen Haut überzogen ist, sondern hier empfindlich bloßliegt. Jeder Mensch wird peinlich genau darauf achten, dass seine Augen nicht verletzt werden können, zumal Angehörige von Wüstenvölkern, wo nicht nur Sandstürme, sondern auch das gleißende Licht der Sonne eine Gefahr darstellen. Wenn es also in einem im 5. Buch Mose zitierten Lied, das Gott Mose singen lässt, von dem Verhältnis zwischen Gott und Jakob heißt: „Er umfing ihn und hatte Acht auf ihn. Er behütete ihn wie seinen Augapfel" (5 Mos 32,10), so soll das ausdrücken, dass Jakob in Gottes Augen ein sehr wertvoller Mensch gewesen ist. Auch der Verfasser des 17. Psalms bittet Gott: "Behüte mich wie einen Augapfel im Auge." Der Vergleich mit dem Auge leuchtete sicher jedem Israeliten in der Wüste ein.

„Gift und Galle spucken"

vor Wut unbeherrscht argumentieren

W enn man die Beziehung zwischen Gott und seinem auserwählten Volk über längere Zeit verfolgt, so fällt auf, dass diese nicht ungetrübt war. Immer wieder wurden die Israeliten ihren religiösen Führern untreu, ignorierten die göttlichen Gebote und erwiesen sich als wankelmütig. In einem Lied, in dem Mose mit dem Volk Israel nicht gerade freundlich umging, erinnerte er kurz vor seinem Tod noch einmal an die Undankbarkeit der Israeliten gegenüber ihrem Gott, der sie aus der Knechtschaft Ägyptens befreit hatte, und zieh sie in verschiedenen Metaphern der Dummheit und Falschheit. Luthers Originaltext von 1545 muss man zur Herleitung dieser Redewendung heranziehen: „Denn jr Weinstock ist des weinstocks zu Sodom / vnd von dem acker Gomorra / Jre Drauben sind gall / Sie haben bittere beere. Jr wein ist Trachengifft / Vnd wütiger Ottern gall" (5 Mos 32,33). Galle als Synonym für bitteren Geschmack ergibt zusammen mit Gift einen der im Mittelalter beliebten Stabreime.

„Mann Gottes!"

Du bist aber begriffsstutzig!

Die Generation, der Mose angehörte, durfte nicht mit ins Gelobte Land, weil sie an Gott gezweifelt hatte. Deshalb musste das Volk Israel vierzig Jahre lang durch die Wüste irren, bis auch die letzten dieser Generation gestorben waren. Allein Mose gewährte Gott die Gnade, wenigstens von einem Berg aus das Land Kanaan jenseits des Jordans zu sehen. Kurz vor seinem Tod segnete Mose das Volk Israel noch einmal; dieser Segen wird im 33. Kapitel des 5. Buches folgendermaßen angekündigt: „Dies ist der Segen, mit dem Mose, der Mann Gottes, die Israeliten vor seinem Tode segnete" (5 Mose 33,1). Der Ehrentitel „Mann Gottes" wurde später auch Samuel, David, Elia und anderen Propheten verliehen, und auch Engel wurden so genannt. Heute ist diese Bezeichnung negativ besetzt; wenn man zu jemanden „Mann Gottes!" sagt, so geschieht das meist in vorwurfsvollem oder ungeduldigem Tonfall nach dem Motto: Nun ist dieser Mensch schon mal ein Geschöpf Gottes und trotzdem so begriffsstutzig!

„Seinen Fuß auf den Nacken setzen"

jemanden demütigen

Die Geste, besiegten Feinden den Fuß in den Nacken zu setzen, war bereits zu Zeiten des Volkes Israel ein übliches Zeichen der Unterwerfung. In den Segenssprüchen für die Stämme Israels im 33. Kapitel des 5. Buches Mose kommt folgende Stelle vor: „Wer ist dir gleich, du Volk, gerettet durch den Herrn, den Schild, der dir hilft, deine Hoheit, wenn das Schwert kommt? Deine Feinde werden sich vor dir erniedrigen und du setzt deinen Fuß auf ihre Nacken." Auch später in der Geschichte des Volkes heißt es: „Als sie vor Josua standen, rief dieser alle Männer Israels herbei und sagte zu den Anführern des Heeres: 'Kommt her und setzt euren Fuß auf den Nacken dieser Könige!'" (Josua 10,23). Auch wenn es heute sicherlich die gute Kinderstube verbietet, so ist bestimmt noch vielen Zeitgenossen besonders im Geschäftsleben manchmal danach, dem unterlegenen Konkurrenten den Fuß in den Nacken zu setzen …

Kapitel 2:

Altes Testament –
Geschichtsbücher / Lehrbücher / Propheten

„Ein Ende mit Schrecken"

Von Elfenbeintürmen und zweischneidigen Schwertern

„Jemandem sein Herz ausschütten"

jemandem seine Sorgen anvertrauen

Im 1. Buch Samuel wird von der Geburt des Propheten Samuel, ungefähr im 11. Jahrhundert v. Chr., berichtet. Seine Mutter Hanna litt unter ihrer Unfruchtbarkeit, denn keine Kinder bekommen zu können, war damals der schlimmste Schicksalsschlag für eine Frau. Als sie deshalb inbrünstig zu Gott betete, dass er ihr ein Kind schenken möge, wurde der Hohepriester Eli auf sie aufmerksam. „Da meinte Eli, sie wäre betrunken, und sprach zu ihr: Wie lange willst du betrunken sein? Gib den Wein von dir, den du getrunken hast! Hanna aber antwortete und sprach: Nein, mein Herr, ich bin ein betrübtes Weib. Wein und starkes Getränk habe ich nicht getrunken, sondern habe mein Herz vor dem Herrn ausgeschüttet". Diesen Vergleich des Herzens mit einer übervollen Kanne benutzt Luther auch noch an anderen Stellen, zum Beispiel heißt es in Psalm 62,9: „Hoffet auf ihn allezeit, liebe Leute, / schüttet euer Herz vor ihm aus; Gott ist unsre Zuversicht."

„Was das Herz begehrt"

was man sich insgeheim wünscht

Der Zusammenhang, in dem diese zur Redewendung gewordene Formulierung im 1. Buch Samuel vorkommt, hilft nicht weiter bei der Suche nach der Bedeutung. Es handelt sich um die Schilderung, wie „ruchlose Männer" in der Umgebung des Tempels entgegen der üblichen Sitte den Gläubigen Fleisch zum eigenen Gebrauch abnahmen, das eigentlich als Brandopfer vorgesehen war. In diesem Kontext steht folgender Satz: „Lass erst das Fett in Rauch aufgehen und nimm dann, was dein Herz begehrt" (1 Sam 2,16). Nicht das Gehirn, sondern das menschliche Herz ist zu allen Zeiten als Sitz des Gefühls und damit des Begehrens betrachtet worden, was sicher damit zusammenhängt, dass jeder Mensch sein Herz heftiger schlagen fühlt, wenn er die Möglichkeit sieht, ein Verlangen zu befriedigen. In diesem Fall handelt es sich nicht so sehr um die von gewissen körperlichen Faktoren ausgelöste Begierde, sondern eher um das Begehren, das von Wünschen oder Träumen ausgelöst wird.

„Wie David gegen Goliath"

ein unfairer Kampf

Dies ist eines der bekanntesten Figurenpaare der Bibel, ja der gesamten Mythologie. Es steht, im Hollywood-Film später unzählige Male im modernen Kontext nachvollzogen, für den gerechten Kampf eines scheinbar unterlegenen, aber mutigen Helden gegen einen großmäuligen, anscheinend weit stärkeren Gegner. So muss man diesem David, einem Hirtenjungen, der nicht als Soldat, sondern wegen seines Harfenspiels am Hofe König Sauls lebt, unbedingten Respekt zollen. Er duldet die Beleidigungen des hünenhaften Philisters nicht und greift zu einer hirtentypischen, allerdings in der Haager Landkriegsordnung nicht vorgesehenen Waffe: der Schleuder. Dagegen kann Goliath seinen Rüstungsvorsprung nicht nutzen, und die unkonventionelle „Geheimwaffe" verschafft David, wie in 1 Sam 17 geschildert, den Sieg. Wenn heute dieser Vergleich angewandt wird, hofft man meist, dass sich der Underdog, dem natürlich die Sympathien gehören, ebenso durchsetzen wird wie weiland David gegen Goliath.

„Krethi und Plethi"

gemeines Volk

Im 2. Buch Samuel wird im 8. Kapitel geschildert, wie David König wurde. Es wird beschrieben, mit welchen Leuten er die wichtigsten Positionen der Regierung besetzte, wer Kriegsminister, wer Kanzler und wer Schreiber wurde. Und dann folgt in Vers 18 eine merkwürdige Erwähnung: „Benaja, der Sohn Jojadas, war über die Kreter und Pleter gesetzt". Diese in Luthers Original von 1545 noch „Crethi vnd Plethi" Geschriebenen könnten ein aus Fremdenlegionären bestehender Teil der Leibgarde gewesen sein, möglicherweise Philister. Es war zwar früher nicht ungewöhnlich, Ausländer als Leibwache des Herrschers einzusetzen, wenn dieser, wie im antiken Rom geschehen, meinte, dem eigenen Volk nicht trauen zu können. Aber gerade für David wäre es kaum ratsam gewesen, sein Leben Philistern anzuvertrauen. Es wird sich deshalb wohl um eine von Luther unterlassene Übersetzung der hebräischen Wörter für Scharfrichter und Eilboten handeln. Dies würde die im heutigen übertragenen Sinn enthaltene eher negative Bedeutung erklären.

„Sich Asche aufs Haupt streuen"

etwas bereuen

Diese Redensart hat ihre Wurzel in einer eher fragwürdigen Episode des Alten Testaments. Es handelt sich um den Inzest zwischen einem der Söhne König Davids, Amnon, und dessen Halbschwester Tamar – David hatte ja eine ganze Reihe Kinder mit mehreren Frauen. Nachdem dieser Amnon seine Schwester vergewaltigt hatte, verlor er jedes Interesse an ihr, ja „sein Widerwille war größer als vorher seine Liebe" (2 Sam 13,15). Für eine Jungfrau der damaligen Zeit war es eine Katastrophe, ihrer Ehre beraubt zu sein: „Und als sein Diener sie hinausgetrieben und die Tür hinter ihr zugeschlossen hatte, warf Tamar Asche auf ihr Haupt und zerriss das Ärmelkleid, das sie anhatte, und legte ihre Hand auf das Haupt und ging laut schreiend davon" (2 Sam 13,19). Die Asche wird hier als Symbol der Vergänglichkeit gebraucht, ähnlich wie bei *In Sack und Asche gehen.* Erst im Neuen Testament kommt der Aspekt der Buße hinzu, der heute diese Redewendung dominiert.

„Vom Scheitel bis zur Sohle"

den gesamten Körper betreffend

Der Kontext dieser Redewendung ist etwas haarig, denn es geht hier um das besonders schöne Haupthaar eines der Söhne Davids. In 2 Samuel 14,25 heißt es zuerst: "Es war aber in ganz Israel kein Mann so schön wie Absalom und er hatte dieses Lob vor allen; von der Fußsohle bis zum Scheitel war nicht ein Fehl an ihm." Dann werden seine wunderbaren Haare gelobt, und es wird ausdrücklich erwähnt, dass sie – fast schon schändlich für einen damaligen Mann – geschoren werden mussten, weil sie zu schwer zum lang Tragen waren: „So wog sein Haupthaar zweihundert Lot nach dem königlichen Gewicht." Kenner der Geschichte wissen, dass Absalom diese langen Haare schließlich zum Verhängnis wurden. Auf der Flucht vor den Soldaten seines Vaters, den er vom Thron stürzen wollte, blieb er mit seinen wehenden Haaren im Geäst eines Baumes hängen und wurde aufgespießt. „Von der Sohle bis zum Scheitel" wird heute in umgekehrter Richtung benutzt, meint aber immer noch dasselbe.

„Ein salomonisches Urteil fällen"

weise urteilen

Auf See und vor Gericht ist man in Gottes Hand, so eine verbreitete Meinung. Von einem wirklich weisen Urteil im 10. Jahrhundert v. Chr., dessen sich auch Bert Brecht in seinem Theaterstück „Der Kaukasische Kreidekreis" angenommen hat, wird im 3. Kapitel des Buches der Könige erzählt. König Salomo, der Sohn Davids, wurde eines Tages mit einem Streit konfrontiert, dessen Schlichtung durch eben diesen Salomo legendär wurde. Wie allgemein bekannt sein dürfte, ging es um den Streit zweier Frauen um ein Kind, das nur einer von ihnen gehören konnte. Salomo fand die echte Mutter heraus, indem er scheinbar die Aufteilung des Kindes zwischen den beiden anordnete, worauf die echte Mutter lieber auf das Kind verzichtete, damit es am Leben bleiben konnte. Über Salomo heißt es dann im Vers 28: "Und ganz Israel hörte von dem Urteil, das der König gefällt hatte, und sie fürchteten den König; denn sie sahen, dass die Weisheit Gottes in ihm war, Gericht zu halten."

„Über den Jordan gehen"

sterben

Für die Juden war dieser Fluss immer schicksalhaft: "Wenn ihr über den Jordan gegangen seid in das Land Kanaan … Dann nehmt das Land in Besitz und lasst euch darin nieder; denn ich habe es euch zum Besitz gegeben" (4. Buch Mose 33,51). Diese Redewendung bezieht sich aber eher auf Stellen im Alten Testament, in denen der Fluss wie eine Grenze zwischen Leben und Tod wirkt. Im 2. Kapitel des 2. Buches der Könige wird zum Beispiel geschildert, dass der Prophet Elia „über den Jordan" geht, um auf der anderen Seite, im verheißenen Land, in den Himmel entrückt zu werden. Auch in 1 Mose 50 lässt Josef den in Ägypten gestorbenen Jakob „über den Jordan" bringen und in Kanaan, dem Land der Verheißung, beisetzen. Vielleicht ließ die Erwartung, dass auf der anderen Seite des Jordan „Milch und Honig fließen" würden, das Land jenseits wie das Paradies erscheinen, nach christlichem Verständnis wie den Himmel. Wer über den Jordan geht, gelangt in den Himmel, er stirbt also.

„Der feurige Elias"

eine Funken sprühende Dampflokomotive

Elia, der in der katholischen Tradition Elias genannt wird, in anderen Übersetzungen auch Elija oder Ilia, gilt nach Mose als der bedeutendste Prophet des Alten Bundes. Ihm werden einige erstaunliche Wunder zugeschrieben, darunter eine Lebensmittelvermehrung und die Erweckung eines Kindes von den Toten. Geradezu legendär aber wurde Elia, weil er gemäß 2 Kön 2,11 nicht starb, sondern auf außergewöhnliche Weise in den Himmel aufgenommen wurde: „Siehe, da kam ein feuriger Wagen mit feurigen Rossen, die schieden die beiden voneinander. Und Elia fuhr im Wetter gen Himmel." Der für augenzwinkernden Humor bekannte Volksmund nannte beim Aufkommen der Dampfkraft wegen dieser Bibelstelle die Funken sprühenden Lokomotiven gern „feuriger Elias". Die 1890 gebaute Werksbahn zwischen Hochöfen in Dortmund-Hörde wurde sogar offiziell „Eliasbahn" genannt - sehr treffend, da hier die fauchende Lokomotive auch noch Wagen mit glutflüssigem Eisen zog.

Ein „Torhüter" sein

im Fußballtor stehen

Der Begriff „Torhüter" hat zwei Bedeutungen, die sehr stark von der Epoche, in der er gebraucht wird, abhängen. Heute verbindet jeder mit diesem Wort selbstverständlich den letzten Mann in einer Fußballmannschaft, den Torwart oder Tormann. Im Mittelalter, als das erst Mitte des 19. Jahrhunderts erfundene Fußballspiel noch völlig unbekannt war, waren die Städte mit Stadtmauern umgeben. An den Stadttoren wachten Torwächter, die auch Torhüter genannt wurden. Luther benutzt diesen Begriff im 2. Buch der Könige deshalb ganz selbstverständlich auch für die Tore von Samaria: „Und als sie kamen, riefen sie die Torhüter der Stadt und sagten's ihnen an […]. Da riefen es die Torhüter aus und man sagte es drinnen im Hause des Königs an." Selbstverständlich haben die einen mit den anderen Torhütern kaum etwas zu tun außer, dass sie in ihre jeweiligen Tore nichts hinlassen sollen, was nicht hinein gehört.

„Das wächst mir über den Kopf"

Damit bin ich überfordert.

Zum ersten Mal scheint einem jüdischen Priester namens Esra *etwas über den Kopf gewachsen* zu sein. Der bemerkte nämlich nach der Rückkehr aus der babylonischen Gefangenschaft die zunehmende Vermischung der Israeliten mit Mitgliedern der Nachbarvölker. Da dies wegen der damit verbundenen Gefahr der Übernahme heidnischer Gebräuche und des Abfalls vom einen Gott sehr gefährlich war, zumal sich offenbar auch die Oberschicht an dieser Fraternisierung beteiligt hatte, war Esra entsetzt, zerriss nach damaliger Sitte aus Trauer sein Gewand und zerraufte Bart und Haupthaar. Dann bekannte er Gott: „Unsere Missetat ist über unser Haupt gewachsen, und unsere Schuld ist groß bis an den Himmel" (Esra 9,6). Die reuigen Israeliten beschließen nun, sich von den „fremden Frauen" zu scheiden und fürderhin unter sich zu bleiben. Wenn heute jemandem etwas über den Kopf wächst, wird es ihm zuviel; Folge ist oft ein Nervenzusammenbruch.

„Treuhänder sein"

fremdes Eigentum verwalten

Es gibt Episoden im Alten Testament, die nicht zu den typischen „biblischen Geschichten" gehören, die man im Unterricht oder im Gottesdienst gehört hat. Auch in den so genannten Büchern der Makkabäer, die um 100 v. Chr. als Geschichtsbücher verfasst wurden, finden sich solche Erzählungen. Eine davon ist die Geschichte von der Bedrohung des Tempelschatzes durch Heliodor, den Kanzler des phönizischen Königs. Dieser hatte erfahren, dass große Schätze in Jerusalem im Tempel lägen, und wollte sie beschlagnahmen. Der Hohepriester Onias erklärte dem Heliodor, dass der Schatz nicht dem Tempel gehöre, sondern von diesem nur „treuhänderisch" verwaltet werde. Dieser Begriff kommt heute häufig in Vormundschaftszusammenhängen vor und hört sich ganz modern an. Aber in der Antwort des Onias, was es mit dem Tempelschatz auf sich habe, steht tatsächlich wörtlich: „Es ist Geld, das Witwen und Waisen gehört, hinterlegt zu treuer Hand" (2 Makk 3,10).

„In den letzten Zügen liegen"

dem Tode nahe sein

Die im 2. Makkabäer-Buch erzählte Geschichte um die Absicht des Kanzlers Heliodor, den Jerusalemer Tempelschatz zu beschlagnahmen, enthält eine weitere durchaus modern anmutende Formulierung. Als nämlich der Phönizier den Schatz — es handelte sich immerhin um „nicht mehr als vierhundert Zentner Silber und zweihundert Zentner Gold" (Vers 11) — beschlagnahmen wollte, beteten alle Einwohner inbrünstig. Man denkt unwillkürlich an die heute in der Fantasy-Literatur grassierenden Vermutungen über die Kräfte der Bundeslade, wenn man liest, was dann passierte: Als nämlich Heliodor die Schatzkammer des Tempels betrat, erschienen ein goldener Reiter auf einem Pferd und zwei „starke und schöne" junge Männer, die den Eindringling so lange schlugen, bis er ohnmächtig umfiel und, so das Kapitel 3, Vers 31, „in den letzten Zügen lag".

„Eine Hiobsbotschaft bekommen"

Nachricht von einem Unglück erhalten

Das Buch Hiob ist sehr merkwürdig, stellt es doch Gott und Satan bei einer Wette dar: Kann dieser Hiob, in anderen Bibelübersetzungen auch Ijob oder Job genannt, dazu gebracht werden, von Gott abzufallen? Es ist der Gott des Alten Testaments, der es zulässt, dass ein „frommer und gottesfürchtiger" Mann mit dermaßen schrecklichen Schicksalsschlägen traktiert wird, um ihn auf die Probe zu stellen. Nicht nur, dass ihm nach und nach die sprichwörtlichen *Hiobsbotschaften* über den Verlust seines Hab und Guts erreichen, sondern auch solche über den Tod aller seiner Kinder — immerhin sieben Söhne und drei Töchter. Dass er trotz dieser Katastrophen seinem Gott die Treue hält und in Kapitel 1,21 die sprichwörtlich gewordenen Sätze spricht: „Der Herr hat's gegeben, der Herr hat's genommen; der Name des Herrn sei gelobt", wird ihm von Gott hoch angerechnet und hat ihm in der Galerie der biblischen Vorbilder, aber auch in der Sprache einen dauerhaften Platz verschafft.

„Die Haare stehen zu Berge"

Es ist gruselig.

Diesen psychosomatischen Effekt kennt sicher jeder, und er ist bestimmt älter als die Bibel. Die körperliche Reaktion des Haare-Aufstellens wird durch ein Ereignis, eine Nachricht oder auch nur durch einen Gedanken ausgelöst und ist eine urtümliche Abwehrreaktion. Das plastische Sprachbild von den „zu Berge stehenden" Haaren, das sich seitdem in den Sprachgebrauch eingenistet hat, geht zurück auf das 4. Kapitel im Buch Hiob. Im Vers 15 kommt es in der Schilderung einer nächtlichen Offenbarung vor. Elifas erzählt, dass er sich mit der Frage nach dem Warum des Leides, das seinem Freund Hiob widerfuhr, beschäftigt habe. Da, so Elifas, fuhr „ein Hauch an mir vorüber; es standen mir die Haare zu Berge an meinem Leibe." Wen jemals in einer unheimlichen Umgebung ein kalter Hauch gestreift hat, kann es gewiss nachvollziehen: nicht nur das Nackenhaar, sondern die Haare am ganzen Körper stellen sich senkrecht, „zu Berge".

„(Nicht) von gestern sein"

(keine) überholte Ansichten haben

"Nichts ist so alt wie die Zeitung von gestern". Wenn man alte Magazine durchblättert, bemerkt man, wie überholt die Informationen schon kurze Zeit später waren. Können in unserer schnelllebigen Zeit Fakten „von gestern" schon veraltet sein? Unsere Kultur mit ihrem Jugendlichkeitswahn hat es sogar dahin gebracht, dass Ratschläge älterer Menschen ignoriert werden – sie sind eben *von gestern*. Nur ganz wenige Ausnahmen werden als elder statesmen geachtet und ihr Rat gehört. Die Stelle in der Bibel, auf die diese Redewendung zurückgeht, meint aber genau das. Hier gilt jemand, der von „gestern" ist, sogar noch als unerfahren. Er fordert dazu auf, auf Erfahrungen von „vorgestern" und noch früher zurückzugreifen. Bildad, ein Freund Hiobs, sagt es so: „Frage die früheren Geschlechter und merke auf das, was ihre Väter erforscht haben, denn wir sind von gestern her und wissen nichts" (Hiob 8,9). Vielleicht werden irgendwann Menschen, die vor dem Jahr 2000 geboren sind, hoch geachtet, denn sie sind ja „vom vorigen Jahrhundert" …

„Jugendsünden"

längst vergangene Missetaten

Jugendsünden gelten im Allgemeinen als lässlich, das heißt, man geht davon aus, dass diese Missetaten im jugendlichen Überschwang begangen worden sind. Daher ist man bereit, ein Auge zuzudrücken, mildernde Umstände, beispielsweise das Wallen der Hormone, zuzubilligen. Auch im Alten Testament scheint Hiob, der übrigens von der Forschung nicht den historischen Figuren zugerechnet wird, im gleichnamigen Buch von Gott zu verlangen, seine „Jugendsünden", die er bezeichnenderweise „Sünden meiner Jugend" nennt, seiner Unerfahrenheit anzurechnen: „Wie groß ist meine Schuld und Sünde? Lass mich wissen meine Übertretung und Sünde. (…) Willst du ein verwehendes Blatt schrecken und einen dürren Halm verfolgen, dass du so Bitteres über mich verhängst und über mich bringst die Sünden meiner Jugend?" (Hiob 13,23).

„Auf keinen grünen Zweig kommen"

erfolglos sein

In seinen ausführlichen, seinen tiefen Glauben rechtfertigenden Antworten auf Fragen seiner Freunde benutzt Hiob verschiedene Gleichnisse und Bilder. Im 20. Vers des 15. Kapitels beschreibt er, was dem Gottlosen und dem Tyrannen geschehen wird, die ständig um ihr Leben fürchten müssen, denn „der Gottlose bebt sein Leben lang, und dem Tyrannen ist die Zahl seiner Jahre verborgen." Schließlich wird sie die gerechte Strafe ereilen: „Er wird der Finsternis nicht entrinnen. Die Flamme wird seine Zweige verdorren, und Gott wird ihn durch den Hauch seines Mundes wegraffen. Er traue nicht auf Trug, sonst wird er betrogen sein, und Trug wird sein Lohn werden. Er wird ihm voll ausgezahlt werden noch vor der Zeit, und sein Zweig wird nicht mehr grünen" (30-32). Die Redewendung war im Mittelalter auch auf das symbolische Überreichen eines in einer Erdscholle steckenden grünen Zweiges beim Landverkauf bezogen.

„Mit etwas schwanger gehen"

etwas vorhaben

In der Übersetzung der Rede des Hiob benutzt Luther den Ausdruck „schwanger gehen" als Metapher für den Zustand, in dem sich der Gottlose befindet: „Er gleicht dem Weinstock, der die Trauben unreif abstößt, und dem Ölbaum, der seine Blüte abwirft. Denn die Rotte der Ruchlosen wird unfruchtbar bleiben, und das Feuer wird die Hütten der Bestechlichen fressen. Sie gehen schwanger mit Mühsal und gebären Unglück, und ihr Schoß bringt Trug zur Welt" (Hiob 15,33-35). Nun wurde Schwangerschaft zu allen Zeiten positiv gesehen; insofern ist die Metapher vielleicht etwas verunglückt. Aber die Redewendung hat sich in der übertragenen Bedeutung, einen Plan zu haben, ein Vorhaben durchführen zu wollen, bis heute gehalten. Dabei kann dieser Plan durchaus positiven wie negativen Charakter haben.

„Gewissensbisse haben"

sich bewusst sein, unrecht gehandelt zu haben

Der von Thomas Mann in seinem Roman „Buddenbrooks" zitierte Wahlspruch solider Kaufleute - mach bei Tag nur solche Geschäfte, dass du bei Nacht ruhig schlafen kannst — kann durchaus übertragen werden auch auf die Politik, die Wissenschaft und eigentlich alle Bereiche, in denen Moral und Ethik eine Rolle spielen. Das Gewissen ist, wenn es ruhig ist, ein gutes Ruhekissen; andernfalls kann es aber auch ganz schön zubeißen. Nun ist dieses Gewissen kein Hund, trotzdem kann es ungemütlich schmerzen. Luther verwendet in seiner Übersetzung der Rede des Hiob im Kapitel 27 den Biss als treffende Metapher und schreibt in Vers 4-6: „Meine Lippen reden nichts Unrechtes, und meine Zunge sagt keinen Betrug. (…) An meiner Gerechtigkeit halte ich fest und lasse sie nicht; mein Gewissen beißt mich nicht wegen eines meiner Tage." Hundebisse tun immer weh, aber leider gibt es heutzutage immer mehr Menschen, die gegen die Bisse des Gewissens immun sind — falls sie überhaupt noch eines haben.

„Die Zunge klebt am Gaumen"

Jemand hat großen Durst.

Wenn die Zunge tatsächlich am Gaumen klebt, kann das eigentlich nur zwei Gründe haben. Entweder man hat Durst, oder die Spannung steigt dermaßen, dass man einen trockenen Mund bekommt. Durst wird Hiob kaum gemeint haben, wenn er im 29. Kapitel ab Vers 7 in poetischer Sprache schildert, welch angesehener Bürger er gewesen war, bevor Satan Gott zu der bekannten makabren Wette überredete: „Wenn ich ausging zum Tor der Stadt und meinen Platz auf dem Markt einnahm, dann sahen mich die Jungen und verbargen sich scheu, und die Alten standen vor mir auf, die Oberen hörten auf zu reden und legten ihre Hand auf ihren Mund, die Fürsten hielten ihre Stimme zurück, und ihre Zunge klebte an ihrem Gaumen." Das letztere kann eigentlich nur dasselbe bedeutet haben wie die „Hand auf ihrem Mund": sie pressten die Zunge unter den Gaumen und schwiegen aus Höflichkeit. Heute meint die Redensart, wenn nicht gerade eine Krankheit im Spiel ist, hauptsächlich wieder den Durst als Verursacher.

„Auf Herz und Nieren prüfen"

etwas sehr gründlich untersuchen

Im Mittelalter – und Luther lebte ja in der Endphase dieser Epoche – galten die Nieren, ebenso wie das Herz, als Sitz der Lebenskraft und standen sinnbildlich für das Innerste des Menschen. Beim Herzen denken wir immer noch an Liebe und Leben, weil man es schlagen fühlt, solange ein Mensch lebt. Dagegen sind die Nieren heutzutage eher als saures Tellergericht bekannt, aber immer noch in Redewendungen wie *Das geht mir an die Nieren* oder eben *Auf Herz und Nieren prüfen* präsent. Letzteres entstammt dem 7. Psalm, wo der Beter im Vers 10, ähnlich wie in Jeremia 11,20, an Gott die Worte richtet: „Lass der Gottlosen Bosheit ein Ende nehmen, aber die Gerechten lass bestehen; denn du, gerechter Gott, prüfest Herzen und Nieren". Damit will er sagen, dass Gott jeden Menschen genau unter die Lupe nimmt, um zu erkennen, ob er gut oder böse ist. Heute werden sogar Autos auf Herz und Nieren geprüft, obwohl hier kaum von gut und böse gesprochen werden kann.

„Etwas in sich hineinfressen"

Gefühle unterdrücken

Das Buch der Psalmen, auch Psalter genannt, ist eine rund 3000 Jahre alte Sammlung von Gebeten, Liedern und Gedichten. Im 39. Psalm, König Davids „Bittruf angesichts der menschlichen Vergänglichkeit", beteuert er in Vers 3, dass er sich hüten will, mit Worten zu sündigen. Deshalb will er seinem Mund ein Zaumzeug anlegen, ihn also zügeln, „solange ich den Gottlosen vor mir sehen muss. Ich bin verstummt und still und schweige fern der Freude und muss mein Leid in mich fressen." Auch heute noch hat die Redewendung einen ganz ähnlichen Sinn. Auch heute noch frisst man, entweder aus Scham, Wut, Trauer oder Verzweiflung, etwas in sich hinein, das man besser herauslassen sollte. Die Redensart ist nicht zu verwechseln mit der ähnlichen *Etwas hinunter schlucken*. Denn wenn man zum Beispiel Ärger hinunterschluckt, ist er gegessen, also fast schon vorbei. Außer, er kommt einem wieder hoch …

„Mit Füßen treten"

verachten

In einem weiteren Psalm Davids, der als Gebet für den Fall einer Krankheit gedacht ist, heißt es, dass Gott den Frommen erretten wird, während seine Feinde böse über ihn reden und nur auf seinen Tod warten: „Meine Feinde reden Arges wider mich: Wann wird er sterben und sein Name vergehen?'" Aber nicht nur die Feinde, von denen das ja nicht anders zu erwarten ist, wünschen ihm nichts Gutes, sondern „auch mein Freund, dem ich vertraute, der mein Brot aß, tritt mich mit Füßen" (Ps 41,10). Es ist anzunehmen, dass dies schon damals nicht wörtlich gemeint war, sondern in dem Sinne, dass man das verachtet, was man mit den Füßen tritt wie den Schmutz unter den Schuhen. Das Treten, beispielsweise in dem Sinnzusammenhang *Das Recht mit Füßen treten,* gilt auch heute noch als Ausdruck von äußerster Geringschätzung.

„Unter seine Fittiche nehmen"

auf jemanden aufpassen, jemanden führen

Im Alten Testament wird an einigen Stellen darum gebetet, dass Gott den Gläubigen „unter seine Fittiche nehmen" solle. Hier wird Bezug auf die Tatsache genommen, dass an der Bundeslade, die nach der Überlieferung die Zehn Gebote aufbewahrte und das Heiligste war, das die Juden hatten, Figuren von zwei Cherubim angebracht waren. Luther hat dieses hebräische Wort im Buch Exodus nicht übersetzt, sondern im Original stehen lassen. Bei den Cherubim, Plural von „Cherub", handelt es sich um Engel von hohem Rang, geflügelte Fabelwesen, die man sich in Tiergestalt und mit Menschenkopf vorstellte, im Unterschied zu den Seraphim, die einen menschlichen Körper haben. Über die Flügel der Cherubim heißt es in 2 Mose 25, 17: „Und die Cherubim sollen ihre Flügel nach oben ausbreiten, dass sie mit ihren Flügeln den Gnadenthron bedecken". Auf diese Flügel, „Fittiche", wie Luther sie in den Psalmen 61 und 91 nennt, bezieht sich der Schutz Gottes, denn was könnte besser beschützen als Engelsflügel!

„Ein Ende mit Schrecken"

ein unglücklicher Ausgang

In den Psalmen werden immer wieder die Gläubigen, die an der Gnade Gottes zweifeln, damit getröstet, dass die Gottlosen eines Tages von Gott gestraft werden. Auch wenn den Missetätern in der Welt anscheinend Reichtum und Glück zufallen, wird Gott sie doch plötzlich und unerwartet zu Fall bringen: „Ja, du stellst sie auf schlüpfrigen Grund und stürzest sie zu Boden. Wie werden sie so plötzlich zunichte! Sie gehen unter und nehmen ein Ende mit Schrecken" (Ps 73,19). Auch heute wünscht man gelegentlich Menschen, die ganz offensichtlich auf betrügerische Weise zu Wohlstand gekommen sind, ein Strafgericht und ein „Ende mit Schrecken" an den Hals, was aber leider aufgrund von guten Rechtsanwälten oder geschickt eingesetztem Schmiergeld nicht allzu oft stattfindet. Unsere heutige Redensart *Lieber ein Ende mit Schrecken als ein Schrecken ohne Ende* stammt nicht aus der Bibel, sondern greift die Redensart auf und spielt mit der Verwechslung der Begriffe.

„Jemanden auf Händen tragen"

eine Frau verehren

E s ist ein verbreitetes Klischee über die Hochzeitsnacht, dass sie damit beginnt, dass der Bräutigam seine frisch Angetraute über die Schwelle des Schlafzimmers trägt. Mal ganz abgesehen davon, dass dies entscheidend von der jeweiligen Konstitution – oder vom Alkoholpegel – abhängt, ist es gar nicht so einfach, einen erwachsenen Menschen *auf Händen zu tragen.* Heute wird diese Redewendung auch nur noch im übertragenen Sinne gebraucht, und zwar ebenfalls im zwischenmenschlichen Bereich, wenn nämlich ein Mann seiner Angebeteten jeden Wunsch von den Augen abliest und sie „auf Händen trägt". Ursprünglich kommt der Ausdruck aus dem Psalter, in diesem Falle aus dem 91. Psalm. Ab Vers 11 heißt es: „Denn er hat seinen Engeln befohlen, dass sie dich behüten auf allen deinen Wegen, dass sie dich auf den Händen tragen und du deinen Fuß nicht an einen Stein stoßest." Hier wird zwar nicht eine bestimmte Frau angesprochen, aber dasselbe gemeint.

„Den Seinen gibt's der Herr im Schlaf"

Gottvertrauen zahlt sich aus.

M an müht sich ab, ein Ziel zu erreichen, während es anderen in den Schoß fällt, ob Lotteriegewinn oder Arbeitsstelle. Der legendäre Donald-Duck-Zeichner Carl Barks hat solchen Glückspilzen in der Figur des Gustav Gans ein spaßiges Denkmal gesetzt. Nun aber einfach auch nur auf sein Glück oder den Zufall zu vertrauen nach dem Motto *Wer nur den lieben Gott lässt walten,* würde mit Sicherheit nicht funktionieren. Die betreffende Bibelstelle steht vielmehr bei Luther unter der Überschrift "An Gottes Segen ist alles gelegen" und lautet: "Wenn der Herr nicht die Stadt behütet, so wacht der Wächter umsonst. Es ist umsonst, dass ihr früh aufsteht und hernach lange sitzet und esset euer Brot mit Sorgen; denn seinen Freunden gibt er es im Schlaf" (Psalm127,2). Einige Bibelforscher fragen sich, ob sich bei der Übersetzung aus dem Hebräischen ein Grammatikfehler eingeschlichen haben könnte; dann nämlich würde es lauten „denn seinen Freunden gibt er den Schlaf" und wäre im Zusammenhang nicht unlogisch.

„Das ist ein zweischneidiges Schwert"

eine Sache mit Vor-, aber auch Nachteilen

Der Vergleich mit einem „zweischneidigen Schwert" kommt sowohl im Alten wie im Neuen Testament recht oft vor. Im Brief an die Hebräer heißt es: „Denn das Wort Gottes ist lebendig und kräftig und schärfer als jedes zweischneidige Schwert …" (Hebr 4,12). Auch in der Offenbarung des Johannes kommt so eine Waffe vor: „…und aus seinem Munde ging ein scharfes, zweischneidiges Schwert" (Offb 1,16). Allerdings wird dieses Schwert nicht in der heutigen Bedeutung gebraucht, sondern als Metapher für Gefährlichkeit. Möglicherweise ist der heute übliche Sinn von den zwiespältigen Erfahrungen mit einer verführerischen Frau abgeleitet, von der es in den Sprüchen 5 heißt: „Denn die Lippen der fremden Frau sind süß wie Honigseim, und ihre Kehle ist glatter als Öl, hernach aber ist sie bitter wie Wermut und scharf wie ein zweischneidiges Schwert." Zwar steht auch hier das Schwert wieder nur für die negativen Eigenschaften der Dame, aber bei oberflächlichem Lesen könnte man die ganze Frau für ein „zweischneidiges Schwert" halten.

„Ein Nimmersatt sein"

nicht genug bekommen können

Vor allem die Anfangssentenz des Buches Kohelet, auch Prediger genannt, dass nämlich „alles ganz eitel" sei, ist sehr bekannt geworden und unter Kulturpessimisten eine stehende Redensart. Wir verstehen heute unter dem Begriff „Eitelkeit" den unangenehmen Charakterzug von eingebildeten, gleichzeitig oberflächlichen Menschen. Die Bibelübersetzung Martin Luthers verwendet „eitel" aber noch im ursprünglichen Sinne von „nichtig". Im 1. Kapitel heißt es: „Es ist alles ganz eitel, sprach der Prediger, es ist alles ganz eitel. Was hat der Mensch für Gewinn von all seiner Mühe, die er hat unter der Sonne? Ein Geschlecht vergeht, das andere kommt; die Erde aber bleibt immer bestehen." Und in Vers 8: „Alles Reden ist so voll Mühe, dass niemand damit zu Ende kommt. Das Auge sieht sich niemals satt, und das Ohr hört sich niemals satt." Aus dieser Formulierung soll sich unser, meist bei ewig hungrigen Kindern gebrauchtes spöttisches „Nimmersatt" gebildet haben.

„Nichts Neues unter der Sonne"

alles schon mal da gewesen

Beim Buch Prediger handelt es sich um eine Sammlung von weisen Sprüchen, Ratschlägen und Warnungen. Über weite Strecken scheint eine pessimistische Grundstimmung zu herrschen. Auch in der Textpassage im 9. Vers des 1. Kapitels, in der davon gesprochen wird, dass „alles ganz eitel", das heißt nichts wert sei, geht es darum, dass alles schon mal da gewesen sein soll: „Was geschehen ist, eben das wird hernach sein. Was man getan hat, eben das tut man hernach wieder, und es geschieht nichts Neues unter der Sonne. Geschieht etwas, von dem man sagen könnte: Sieh, das ist neu? Es ist längst vorher auch geschehen in den Zeiten, die vor uns gewesen sind." Sicher spielt bei dieser Weltsicht eine Rolle, dass zur Entstehungszeit, nämlich im 3. Jahrhundert vor Christus, der Fortschritt wesentlich langsamer vorankam als heute. Generationen lang veränderte sich wenig, so dass es tatsächlich *nichts neues unter der Sonne* zu geben schien.

„Alles zu seiner Zeit"

in der richtigen Reihenfolge

Die meist von Leuten, die nicht in ihrer Ruhe gestört werden wollen, gebrauchte und in der Regel von einer abwehrenden Handbewegung begleitete Bemerkung dürfte, leicht abgewandelt, von einer bekannten Stelle im Buch Prediger 3,1 herrühren. Die betreffenden Verse werden oft bei Beerdigungen als tröstende Lesung genutzt, um das Vorbestimmte im menschlichen Leben zu betonen: „Ein jegliches hat seine Zeit, und alles Vorhaben unter dem Himmel hat seine Stunde: geboren werden hat seine Zeit, sterben hat seine Zeit; pflanzen hat seine Zeit, ausreißen, was gepflanzt ist, hat seine Zeit; töten hat seine Zeit, heilen hat seine Zeit; abbrechen hat seine Zeit, bauen hat seine Zeit; weinen hat seine Zeit, lachen hat seine Zeit; klagen hat seine Zeit, tanzen hat seine Zeit;" – danach kommt eine Aufzählung vieler weiterer Dinge und Tätigkeiten, die „ihre Zeit haben". Heute wird die Redewendung im Sinne von *Nicht den zweiten Schritt vor dem ersten tun* gebraucht.

„Im Elfenbeinturm leben"

weltfremd sein

Das berühmte „Hohelied" ist eine Sammlung von Liebesgedichten. Entstanden angeblich zur Zeit Salomos oder sogar durch ihn selbst, geht der Titel auf Luther zurück; im hebräischen Original lautet er „Lied der Lieder". Nachdem man sich früher erotische Textpassagen in der Bibel nicht vorstellen konnte und sie allegorisch deutete, erkennt man heute das manchmal deftige Hohelied als echte Liebeslyrik an. Auf eine seiner Passagen spielt die Redewendung vom Elfenbeinturm an: „Dein Hals ist wie ein Turm von Elfenbein. Deine Augen sind wie Teiche von Heschbon am Tor Bat-Rabbim. (…) Wie schön und lieblich bist du, du Liebe voller Wonne!" (7, 5-7). Von der ursprünglichen Aussage, die einen ästhetischen Vergleich zieht, ist nichts erhalten. Heute versteht man unter Menschen im Elfenbeinturm Gelehrte oder Künstler, die abgeschieden von der Welt nur ihrer Passion leben. Leider ist der Elfenbeinturm auch die Wohnstatt mancher weltfremder Politiker.

„In den Himmel heben"

überschwänglich loben

Das Buch Jesus Sirach, ungefähr 180 v. Chr. verfasst, wird zu den Büchern der Weisheitsliteratur gezählt. Zu Recht, denn einige der dort niedergeschriebenen Weisheiten sind offenbar zeitlos. So wird beispielsweise im Kapitel 13 vor dem Umgang mit Reichen und Mächtigen gewarnt. Schon damals hatte es sich herumgesprochen: „Wenn der Reiche zu fallen droht, so stützen ihn seine Freunde; wenn der Arme fällt, stoßen ihn selbst seine Freunde zu Boden" (Sir 13,25). Etwas weiter im Text folgt eine weitere immer noch gültige Erkenntnis: „Wenn der Reiche redet, so schweigen alle, und seine Worte hebt man in den Himmel. Wenn aber der Arme redet, so fragt man: Wer ist denn das?, und wenn er Anstoß erregt, so fallen sie über ihn her." Dass die Rede des Reichen kritiklos bejubelt wird, kann man besonders gut in Monarchien beobachten, wo jedes Wort, das Königliche Hoheiten fallen lassen, von der umstehenden Menge mit devotem Nicken und einfältigem Lachen beklatscht wird.

„Jedes Wort auf die Goldwaage legen"

jedes Wort sorgfältig überlegen

Luther hat zwei Bibelstellen im Buch Jesus Sirach mit einer Wendung übersetzt, die nicht nur im Mittelalter, sondern auch schon viel früher aussagekräftig war: „Die Schwätzer reden, wovon sie nichts verstehen; die Weisen aber wägen ihre Worte mit der Goldwaage" (21,27) und „Du wägst dein Silber und Gold, bevor du es aufbewahrst; warum wägst du nicht auch deine Worte auf der Goldwaage?" (28, 29). Der Goldschmied hatte es nämlich mit teuren Edelmetallen zu tun. Zum Abmessen gab es spezielle Waagen, von denen die Goldwaage eines der genauesten Messgeräte ihrer Zeit war; sie zeigte schon kleinste Mengen an. Kein Wunder, dass sich aus der sprichwörtlichen Empfindlichkeit dieser Waage schon früh eine Redewendung entwickelt hat. Wie auch bei anderen Redensarten hat Luther hier entscheidend zur Popularität dieser Redewendung beigetragen; sie ist seit dieser Zeit beliebt, um eine übertriebene Pedanterie bei der Wortwahl zu karikieren.

„Jemanden sitzen lassen"

eine Beziehung beenden

Einige Redewendungen hören sich so frisch und aktuell an, dass man nicht glauben mag, dass sie schon 500 Jahre alt sind. Auch das *Sitzen lassen* ist so in unseren Sprachgebrauch übergegangen, dass man ihm sein Alter nicht anhört. Aber schon Luther hat mit diesem Ausdruck eine Handlung übersetzt, die für die biblischen Protagonistinnen, aber sicher auch noch für seine eigenen Zeitgenossinnen ein großes Problem war. Im 22. Kapitel des Buches Jesus Sirach ist die Rede von „ungeratenen Kindern". Da heißt es in Vers 4: „Eine vernünftige Tochter kriegt einen Mann; aber eine Tochter, die sich schändlich aufführt, bleibt sitzen und sie macht ihrem Vater Kummer; und welche frech ist, die ist für den Vater wie den Mann eine Schande und wird von beiden verachtet." Nun gut, Zickigkeit gilt heute als attraktiv und wird sogar von Männern goutiert, aber „sitzengelassen zu werden" ist auch heute für die wenigsten Frauen ein erstrebenswerter Zustand.

„Sich die Augen ausweinen"

seinen Tränen freien Lauf lassen

Im Allgemeinen geht man davon aus, dass der Mensch das einzige Lebewesen ist, das lachen, aber auch weinen kann. Nur Menschen weinen, wenn auch die Wissenschaft bisher keine einleuchtende Erklärung hat, welchen Zweck das eigentlich hat. Weinen ist auch nicht an eine bestimmte Emotion gebunden; bei Schmerz, Angst oder Wut können Tränen fließen – doch Tränen kann man auch lachen! Aber sicher wird aus Trauer am häufigsten geweint, und Traurigkeit und Schmerz gehen ja oft Hand in Hand. Auch im Falle des hier anwendbaren Bibelzitats geht es darum. In den „Klageliedern" heißt es über die Verwüstung Jerusalems: „Ich habe mir fast die Augen ausgeweint, mein Leib tut mir weh, mein Herz ist auf die Erde ausgeschüttet über dem Jammer der Tochter meines Volks, weil die Säuglinge und Unmündigen auf den Gassen in der Stadt verschmachten" (Klgl 2,11). Früher dachte man, das Tränenwasser sei in den Augen enthalten, so dass man sich diese irgendwann leer geweint habe.

„Der Stein des Anstoßes"

etwas, das Ärger hervorruft

Ein bekannter Kabarettist hat gesagt, dass die Höhe der Gürtellinie von Zeit zu Zeit neu definiert werden müsse. Gemeint war damit, dass heute etwas als völlig normal gilt, was noch vor wenigen Jahren als anstößig angesehen worden wäre. Nur wenn der Anlass des Anstoßes immer ausgefallener wird, kann er noch Aufsehen auslösen. Damit ist nicht unbedingt der Tatbestand der Unanständigkeit gemeint, sondern Aufmerksamkeit kann ja auch dadurch erregt werden, dass man unbequeme Dinge anspricht oder beim Namen nennt. Genau darauf bezieht sich die Stelle bei Jesaja, auf die diese Redewendung zurückgeht und die sich hier allerdings auf Gott selbst bezieht: „Er wird ein Fallstrick sein und ein Stein des Anstoßes und ein Fels des Ärgernisses für die beiden Häuser Israel, ein Fallstrick und eine Schlinge für die Bürger Jerusalems, dass viele von ihnen sich daran stoßen, fallen, zerschmettern, verstrickt und gefangen werden" (Jesaja 8,14).

„Nur ein Lippenbekenntnis ablegen"

unzuverlässig sein

Bekenner sind tapfere Menschen, die, auch wenn der Zeitgeist eine andere Richtung vorgibt, offen ihre Zugehörigkeit zu einem Glauben, einer Partei oder auch einer Person zeigen. Wenn jemand ein Lippenbekenntnis ablegt, heißt das, dass er nur mit dem Mund bekennt, nicht aber mit dem Herzen. Ein solcher nicht im Innern überzeugter Mitläufer kann bei nächster Gelegenheit die Seite wechseln. Das Zitat, von dem sich diese Redensart ableitet, entstammt einer Klage des Propheten Jesaja über die Verblendung des Volkes Israel, dem er, wie so viele vor ihm, das Strafgericht Gottes androht: „Und der Herr sprach: Weil dies Volk mir naht mit seinem Munde und mit seinen Lippen mich ehrt, aber ihr Herz fern von mir ist und sie mich fürchten nur nach Menschengeboten, die man sie lehrt, darum will ich auch hinfort mit diesem Volk wunderlich umgehen, aufs Wunderlichste und Seltsamste, dass die Weisheit seiner Weisen vergehe und der Verstand seiner Klugen sich verbergen müsse" (Jesaja 29,13).

„Wie ein Rufer in der Wüste"

ein vergeblich Warnender

Diese Redewendung, mit der meist jemand beschrieben wird, der einsam seine Stimme gegen ein drohendes Unheil erhebt, aber überhört wird, hat ihre Popularität nicht aufgrund der Stelle im Alten Testament, auf die sie sich bezieht. Vielmehr hat der Anfang des Matthäus-Evangeliums mit einem Zitat aus dem Propheten Jesaja seine Spuren im Volksmund hinterlassen. Hier wird Johannes der Täufer als Vorläufer Jesu folgendermaßen vorgestellt: „Denn dieser ist's, von dem der Prophet Jesaja gesprochen und gesagt hat: ‚Es ist eine Stimme eines Predigers in der Wüste: Bereitet dem Herrn den Weg und macht eben seine Steige!'" (Mt 3,1 ff.) Bei Jesaja allerdings befindet sich nicht der Prediger selbst in der Wüste, sondern in der Wüste soll dem Herrn der Weg bereitet werden: „Es ruft eine Stimme: In der Wüste bereitet dem Herrn den Weg, macht in der Steppe eine ebene Bahn unserm Gott!" (Jes 40,3). Bleibt die Frage: Wer hat nicht korrekt zitiert – Matthäus oder Luther?

„Den Kopf hängen lassen"

traurig oder mutlos sein

Der Kontext der Stelle im Propheten Jesaja, wo diese Redewendung vorkommt, tut für ihr Verständnis relativ wenig zur Sache. Es geht dabei um falsches und echtes Fasten, und Gott kritisiert die Israeliten dafür, dass sie sich kasteien, um ihm zu gefallen, andererseits aber gleichzeitig ihren Geschäften nachgehen, ihre Arbeiter unterdrücken, streiten und sich sogar prügeln. Weil aber bei Auseinandersetzungen meist einer der Gewinner, der andere aber der Verlierer ist, der „den Kopf hängen lässt", findet Gott durch Jesaja eine schöne Metapher: „Soll das ein Fasten sein, an dem ich Gefallen habe, ein Tag, an dem man sich kasteit, wenn ein Mensch seinen Kopf hängen lässt wie Schilf und in Sack und Asche sich bettet?" (Jes 58,5). Der Kopf des Schilfs, also die Blütenrispe der Schilfrohrpflanze, die ja eine Grasart ist, ist ziemlich faserig und hängt leicht geneigt herab – ein passender Vergleich. Auf „Sack und Asche" wird an anderer Stelle eingegangen.

„Einen Lockvogel benutzen"

einen Köder auslegen

Luther nimmt mit dieser Formulierung in Jeremia 5 auf eine im Mittelalter übliche Praxis Bezug, Singvögel zu fangen. Einige davon wurden zur Unterhaltung in Käfigen gehalten, vor allem Finken, da diese schön singen. Viele Kleinvögel wurden aber auf die Speisekarte gesetzt, teilweise, um im Winter die nahrungsarme Zeit zu überstehen, aber auch als Delikatesse. Die Vogelfänger arbeiteten in der Regel entweder mit Netzen oder mit Ruten, die mit Leim oder Pech bestrichen waren. Lockvögel in einem daneben gestellten Käfig suggerierten den Artgenossen die Harmlosigkeit der Leimrute, und die kleinen Sänger blieben kleben – Pechvögel eben. Ab Vers 26 findet sich folgender Text, in dem einmal mehr die Verderbtheit der Israeliten beklagt wird: „Man findet unter meinem Volk Gottlose, die den Leuten nachstellen und Fallen zurichten, um sie zu fangen, wie's die Vogelfänger tun. Ihre Häuser sind voller Tücke, wie ein Vogelbauer voller Lockvögel ist."

„Aus dem Herzen keine Mördergrube machen"

deutliche Worte finden

Im 7. Kapitel lässt Gott seinen Propheten Jeremia eine Tempelrede halten, in der er die Juden darauf hinweist, dass sie nicht einerseits „Diebe, Mörder, Ehebrecher und Meineidige" sein können, andererseits zu seinem Tempel kommen und sich dort geborgen fühlen, während sie weiter sündigen. Luther übersetzt 1545: „Halt jr denn dis Haus / das nach meinem Namen genennet ist / fur eine Mördergruben?" (Jer 7,11). Luther hat den Ausdruck „Mördergrube" – in späteren Fassungen wurde er an beiden Stellen durch den etwas harmloseren Ausdruck „Räuberhöhle" ersetzt – noch einmal im Zusammenhang der berühmten Tempelreinigung Jesu verwendet, wo dieser die Händler und Geldwechsler anherrscht: „Es stehet geschrieben / Mein Haus sol ein Bethaus heissen / Jr aber habt eine Mördergruben draus gemacht" (Mt 21,13). Unsere Redewendung will also ausdrücken, dass derjenige, der so handelt, in seinem Herzen keine schlimmen Vorwürfe zurückhält.

„Brief und Siegel geben"

Gewissheit vermitteln

Das Wort „Brief" leitet sich vom lat. „brevis libellus - kurzes Schreiben" ab und meinte ursprünglich eine Urkunde, einen Erlass. Diese Bedeutung ist noch in Begriffen wie Meisterbrief, Kraftfahrzeugbrief und, besonders signifikant, Steckbrief enthalten, die ja alle nicht von übertriebener Eloquenz strotzen. Früher wäre ein amtliches Dokument ohne Unterschrift und Siegel des Landesherrn das Papier nicht wert gewesen, auf dem es geschrieben stand. Wenn man also etwas „verbrieft" und mit Siegel bekam, war es offiziell gültig. Luther nennt diese zu seiner Zeit absolut üblichen Beurkundungsmittel in einer Bibelstelle, in der vom Erwerben von Äckern durch die Israeliten die Rede ist: „Man wird Äcker um Geld kaufen und verbriefen, versiegeln und Zeugen dazu nehmen im Lande Benjamin und um Jerusalem her und in den Städten Judas" (Jer 32,44).

„Sich unterstehen"

sich erdreisten, etwas zu tun

Die heute fast nur noch in der Warnung *Untersteh dich!* gebrauchte Redewendung kommt zwar in der aktuellen Fassung der Bibel nicht mehr vor, aber in Luthers Übersetzung von 1545: „Aber der Herr spricht / Jch erkenne seinen zorn wol / das er nicht so viel vermag / vnd vnterstehet sich mehr zu thun / denn sein vermügen ist" (Jer 48,30). Sie steht in dem Kontext, wo der Prophet Jeremia, der um das Jahr 600 v. Chr. in Jerusalem wirkte, über den Hochmut und die darauf folgende Bestrafung des Königreichs Moab, eines Nachbarstaates der Juden auf dem Gebiet des heutigen Jordanien, spricht. Die Moabiter hatten einen Nationalgott namens Kemosch, der von den Juden als Bedrohung empfunden wurde, weil offenbar die männlichen Israeliten immer mal wieder kein Problem damit hatten, sich moabitischen Frauen zu nähern und bei dieser Gelegenheit am Kemosch-Kult teilzunehmen. Jeremia prophezeite den Juden wegen ihrer Sünden jahrelang die Zerstörung des Tempels, die im Jahr 586 v. Chr. tatsächlich geschah.

„In alle Winde zerstreut"

verteilt über die ganze Erde

Die Aufgabe eines Propheten ist es, sein Volk vor kommendem Unheil zu warnen. Der Prophet Jeremia warnte auch benachbarte Kommunen, hier zum Beispiel die Stadt Hazor, vor einer drohenden Eroberung: „Flieht, hebt euch eilends davon, verkriecht euch tief, ihr Einwohner von Hazor, spricht der Herr; denn Nebukadnezar, der König von Babel, hat etwas im Sinn wider euch und plant etwas gegen euch" (Jer 49,30). In diesem Kontext steht die fragliche Redewendung: „Ihre Kamele sollen geraubt und die Menge ihres Viehs genommen werden, und in alle Winde will ich die zerstreuen, die das Haar rundherum abscheren, und von allen Seiten her will ich ihr Unglück über sie kommen lassen, spricht der Herr" (Jer 49,32). Dass die bittere Erfahrung einer „Zerstreuung in alle Winde" auch diejenigen, die das Haar nach göttlichem Gebot lang trugen, nämlich das Volk Israel selbst, nach dem Aufstand gegen die Römer 135 n. Chr. würden machen müssen, konnte dieser Prophet wohl nicht ahnen.

„Babylonische Gefangenschaft"

unfreiwillige Abhängigkeit

Der Begriff „babylonische Gefangenschaft" taucht gelegentlich in der politischen Berichterstattung auf und meint die Abhängigkeit einer Partei, die sich in eine alternativlose Koalition mit einer anderen begibt bzw. begeben muss. Als „babylonische Gefangenschaft", wie im Buch Daniel geschildert, gilt eine Epoche in der Geschichte Israels, die 598 v. Chr. mit der Eroberung Jerusalems durch Nebukadnezar II. begann und bis zur Eroberung Babylons 539 v. Chr. durch die Perser dauerte. Allerdings handelte es sich wohl mehr um ein erzwungenes Exil. Wie andere unterworfene Völker auch, wurden die Juden nach Babylon verschleppt, konnten aber dort einigermaßen normal leben. Allerdings empfanden sie diesen Zustand als religiöse Strafe: „An den Wassern zu Babel saßen wir und weinten, wenn wir an Zion gedachten" (Psalm 137).

„Ein Koloss auf tönernen Füßen"

beeindruckend, aber wehrlos

Ein Traum König Nebukadnezars II., der von 605 bis 562 v. Chr. in Babylon regierte, ist die Wurzel dieser Redewendung. Laut dem Buch Daniel soll er sehr realistisch, aber rätselhaft gewesen sein, so dass ihn keiner seiner Wahrsager deuten konnte. Nur Daniel, ein junger Angehöriger des im Exil lebenden jüdischen Volkes, der eine Ausbildung am Hofe erhielt, war dazu in der Lage. In Kapitel 2, 31 beschreibt Daniel den Gegenstand des Traumes, eine menschenähnliche, beeindruckende Statue, die einen Kopf aus Gold, eine Brust aus Silber, einen Bauch aus Kupfer und Schenkel aus Eisen hat; nur seine Füße sind teils aus Eisen und teils aus Ton. Daniel interpretiert den Traum so, dass das Reich des Königs in immer schwächere Teilreiche zerfallen werde, die, auf unsicherer Basis stehend, schließlich durch ein anderes Reich abgelöst würden. Auch für uns heute hat die Redewendung von den tönernen Füßen noch dieselbe Bedeutung: Was Ton als Basis hat, wird kaum Bestand behalten.

„Das ist ein Menetekel"

Das ist eine unheilvolle Prophezeiung.

In der englischsprachigen Popmusik kommt, neben weiteren Floskeln wie „the seven seas" oder „to judgement's day" recht oft der Ausdruck „the writing on the wall" vor. Diese im Deutschen nicht so häufig gebrauchte Redewendung von der „Schrift an der Wand" geht auf eine im Buch Daniel 5,25 geschilderte dramatische Begebenheit zurück. Danach schändete Belsazar, historisch nicht ganz korrekt als babylonischer König bezeichnet, bei einem Gelage die aus Jerusalem geraubten Zeremonialgeräte. Nach diesem Frevel erschienen an der Wand Zeichen, die niemand außer dem Propheten Daniel deuten konnte. Demnach lautete die Schrift "Mene mene tekel u-par-sin" und bedeutete, dass Gott Belsazar töten lassen, sein Königtum beenden und sein Reich seinen Feinden geben werde. Belsazar scheint diese düstere Ankündigung auf die leichte Schulter genommen zu haben, wurde aber noch in derselben Nacht getötet — seine Leute hatten das „Menetekel" offenbar durchaus ernst genommen.

„In Sack und Asche gehen"

etwas tief bereuen

Der Prophet Daniel lebte zu einer Zeit, als Jerusalem und sein Tempel zerstört waren, in Babylon. Er hatte zwar laut Altem Testament eine hohe Stellung im Reich des Königs Darius inne, vergaß aber seinen Glauben und das religiöse Zentrum des Judentums nicht. In einem Bußgebet betrauerte er, dass Jerusalem verwüstet war und es auch laut der Weissagung des Jeremia siebzig Jahre lang bleiben sollte. „Und ich kehrte mich zu Gott, dem Herrn, um zu beten und zu flehen unter Fasten und in Sack und Asche" (Dan 9,3). Sich in einen Sack zu kleiden und in der Asche zu sitzen, wurde damals als Ausdruck tiefer Trauer verstanden, ähnlich wie wenn man sich *Asche aufs Haupt* streute. Im Neuen Testament — „Wären solche Taten in Tyrus und Sidon geschehen, wie sie bei euch geschehen sind, sie hätten längst in Sack und Asche Buße getan" (Mt 11,21) — verändert sich dann der Sinn der Redewendung in Richtung Buße, so wie er heute noch gilt.

„Schwerter zu Pflugscharen machen"

abrüsten

Diese Redewendung wurde durch die Friedensbewegung der 1980er-Jahre populär. Dabei stand „Schwerter" für die Rüstung, die in dieser Zeit einen absurden Höhepunkt erreichte, während „Pflugscharen" für eine Welt ohne Waffen stand. Das Bibelzitat wurde seit 1980 in der damaligen DDR zum Symbol staatsunabhängiger Abrüstungsinitiativen. Graphisch umgesetzt, wurde es massenhaft in Umlauf gebracht, wobei pfiffigerweise eine diesbezügliche Bronzeskulptur abgebildet wurde, die die Sowjetunion 1959 der UNO geschenkt hatte; sie steht heute noch im Garten des UNO-Hauptgebäudes in New York. Zurück geht der Ausdruck auf Prophezeiungen von Jesaja und Micha, wobei es der zweite deutlicher ausdrückt: „Sie werden ihre Schwerter zu Pflugscharen und ihre Spieße zu Sicheln machen. Es wird kein Volk wider das andere das Schwert erheben, und sie werden hinfort nicht mehr lernen, Krieg zu führen" (Micha 4,3). Bis heute ist leider noch nichts davon eingetroffen.

„Himmel und Erde in Bewegung setzen"

alles tun, um ein Ziel zu erreichen

Zuerst muss wieder einmal festgestellt werden, dass sich diese Redewendung nicht auf die heutige deutschsprachige Fassung der Bibel bezieht, sondern auf Luthers Original von 1545. Heißt es heute „Denn so spricht der Herr Zebaoth: Es ist nur noch eine kleine Weile, so werde ich Himmel und Erde, das Meer und das Trockene erschüttern" (Hag 2,6), so hieß dieselbe Stelle damals: „Denn so spricht der Herr Zebaoth / Es ist noch ein kleines dahin / Das ich Himel vnd Erden / das Meer vnd Trocken bewegen werde". Auf diese alte Fassung bezieht sich unser heutiger Ausdruck, der aber gegenüber der ursprünglichen Bedeutung den Sinn gewechselt hat. Stand er noch bei Luther für Gottes Gewalt gegen Israels Feinde – „Ja, alle Heiden will ich erschüttern" –, so ist heute eher davon die Rede, dass man um jeden Preis etwas erreichen will, wenn man *Himmel und Erde in Bewegung setzt*.

„Nicht mehr wissen, wo rechts oder links ist"

orientierungslos sein

Nachdem der Prophet Jona, bekannt durch sein Erlebnis mit dem Walfisch, den offenbar ziemlich verdorbenen Einwohnern der assyrischen Stadt Ninive ihren Untergang angekündigt hatte, ließ sich Gott, anders als damals vor der Vernichtung von Sodom und Gomorrha, durch die Reue der Einwohner umstimmen und verschonte die Stadt diesmal. Das ärgerte nun wieder Jona, der der Stadt wohl eher eine Strafaktion gewünscht hätte. Gott erklärte dem Propheten seinen Sinneswandel mit den Worten: „Mich sollte nicht jammern Ninive, eine so große Stadt, in der mehr als hundertundzwanzigtausend Menschen sind, die nicht wissen, was rechts oder links ist, dazu auch viele Tiere?" (Jona 4,11). Wäre somit eine Rechts-Links-Schwäche der Grund für die angedrohte Vernichtung gewesen? Luthers Text von 1545 hilft vielleicht weiter, denn hier steht noch „recht oder linck", was auch als „richtig oder falsch" verstanden werden kann. Ninive wurde übrigens doch noch zerstört, aber erst rund 150 Jahre später.

„Einen Denkzettel verpassen"

etwas nachdrücklich in Erinnerung rufen

Ursprünglich stammt das Wort „Denkzettel" aus dem Rechtsvokabular des 15. Jahrhunderts, wo es Nachricht, aber auch Mahnung oder sogar Klageschrift bedeuten konnte. Da ist es kein Wunder, dass Luther diese Redewendung in seiner im Jahre 1545 herausgegebenen Erstübersetzung der Bibel benutzte; in späteren Ausgaben wurde einer anderen Formulierung der Vorzug gegeben. Während in der aktuellen Fassung über diejenigen, die Gott fürchten, gesagt wird: „Der Herr merkt und hört es, und es wird vor ihm ein Gedenkbuch geschrieben für die, welche den Herrn fürchten und an seinen Namen gedenken" (Mal 3,16), heißt es im O-Ton von 1545 an gleicher Stelle: „Der Herr merckts vnd hörets / vnd ist fur jm ein Denckzedel / geschrieben fur die / so den Herrn fürchten / vnd an seinen Namen gedencken." Bis heute wird ja manchmal ungehorsamen Kindern als ultimative Drohung erzählt, dass ihre Missetaten im Himmel in einem großen Buch aufgeschrieben werden, um sie ihnen beim Jüngsten Gericht vorzuhalten.

Kapitel 3:

Neues Testament – Die Evangelien

„Perlen vor die Säue"

Von Paternostern und Himmelfahrtskommandos

„Jemandem geht ein Licht auf"

Jemand beginnt zu begreifen oder hat einen Einfall.

D ie lustigste Version dieser Redewendung hat der amerikanische Comic-Zeichner Carl Barks kreiert, der Donald Duck, wenn er eine Idee hat, eine leuchtende Glühbirne über dem Kopf zeichnete - eine Erleuchtung eben. Damit ist sehr einleuchtend erklärt, wie diese Redewendung heute gebraucht wird: im übertragenen Sinne. Aber auch in ihrem Ursprung war sie schon nicht wörtlich gemeint gewesen. Im Bericht über Jesus, der mit dem Wohnsitzwechsel von Nazareth nach Kapernaum einer alten Prophezeiung entsprechen will, zitiert der Evangelist Matthäus das Buch Jesaja: „Das Volk, das in Finsternis saß, hat ein großes Licht gesehen; und denen, die saßen am Ort und im Schatten des Todes, ist ein Licht aufgegangen" (Mt 4,16). Schon bei Jesaja war nicht eine reale Lichtquelle gemeint gewesen, sondern Licht als Metapher für das Ende der Not. Und so meint es auch Matthäus. Witzigerweise kennt die deutsche Sprache auch die Vorstufe zum Lichtaufgehen: *Es dämmert jemandem!*

„Seine Feuertaufe bestehen"

die erste Bewährungsprobe bestehen

D ie *Feuertaufe* darf nicht mit der mittelalterlichen *Feuerprobe* verwechselt werden. Bei diesem Gottesurteil musste der Angeklagte eine Hand ins Feuer halten. Als unschuldig galt, wer sich entweder gar nicht verbrannte oder wessen Wunden in kürzester Frist wieder verheilt waren. Mit der „Feuertaufe" ist ursprünglich etwas ganz anderes gemeint gewesen. Johannes der Täufer weist nämlich in Mt 3,11 auf den kommenden Messias hin, indem er sagt: „Ich taufe euch mit Wasser zur Buße; der aber nach mir kommt, ist stärker als ich, und ich bin nicht wert, ihm die Schuhe zu tragen; der wird euch mit dem Heiligen Geist und mit Feuer taufen." Damit greift er dem Pfingstwunder vor, bei dem der Heilige Geist in Flammenzungen herabkam. Von diesem religiösen Gehalt ist heute nichts mehr vorhanden; zwischendurch hatte sich die Bedeutung von „Feuer" sogar in militärische Richtung verändert — wer die *Feuertaufe* bekam, erlebte seinen ersten Fronteinsatz.

„Die Spreu vom Weizen trennen"

Schlechtes aus der Menge des Guten heraussortieren

In Zeiten der modernen Nahrungsmittelindustrie wissen viele Menschen nicht mehr, dass Fleisch nicht in Kühltruhen heranwächst. Auch die Broterstellung interessiert den „Verbraucher" nicht. Wer weiß noch, dass es früher, zur Zeit Jesu, aber auch noch zur Zeit Luthers, ein mühsamer Prozess war, dem Ackerland seinen Ertrag abzuringen. Damals, als es noch keine Mähdrescher gab, mussten die Ähren mit der Sichel geschnitten und mit Dreschflegeln ausgedroschen werden. Dann wurde die Spreu vom Weizen getrennt, indem man mit einer Schaufel alles in die Höhe warf, wobei die leichten Spreuhülsen vom Wind beiseite geweht wurden und die schweren Körner herab fielen. Luther lässt Johannes den Täufer diese Tätigkeit als Metapher für das Wirken des Messias verwenden: „Er hat seine Worfschaufel in der Hand; er wird seine Tenne fegen und seinen Weizen in die Scheune sammeln; aber die Spreu wird er verbrennen mit unauslöschlichem Feuer" (Mt 3,12).

„In Quarantäne nehmen"

vorsorgliche Isolierung verordnen

Was hat eigentlich eine Quarantäne, also eine Isolierung von Personen, die möglicherweise an einer gefährlichen Infektionskrankheit leiden, mit der Zahl Vierzig zu tun, die ja auf Italienisch „quaranta" heißt? Im Jahr 1377 versuchte die Stadt Dubrovnik, ihre Bürger vor der Pest zu schützen, indem sich alle Besucher vor dem Betreten der Stadt vierzig Tage lang in speziellen Lagern aufhalten mussten. In jenen Zeiten starker Religiosität hatte diese Zahl Symbolcharakter: 40 Jahre wanderten die Israeliten durch die Wüste, 40 Tage weilte Mose auf dem Berg Sinai, 40 Tage wanderte Elia zum Berg Horeb. Besonders wichtig aber: 40 Tage fastete Jesus in der Wüste, wie Matthäus (Mt 4,2) und Lukas (Lk 4,2) berichten. Von der Regelung in der damals italienischsprachigen Adriarepublik leitet sich der Begriff „Quarantäne" in der noch heute gültigen Bedeutung ab; allerdings richtet sich ihre Dauer heute natürlich nach der Inkubationszeit der vermuteten Krankheit.

„Das ist der wahre Jakob"

Das ist das einzig Richtige.

Diese Redewendung kann zwei Wurzeln haben, eine im Alten (1 Mos 27,36) und eine im neuen Testament (Mt 4,21). Die ältere geht auf die Geschichte von Jakob und Esau zurück. Es ist schwer zu glauben, aber Jakob, einer der Stammväter der Juden, hat seine Karriere mit einer Lüge begonnen. Er betrog bekanntlich seinen etwas älteren Bruder Esau um den väterlichen Erstgeborenen-Segen. Dass sich aus diesem Täuschungsmanöver die bis heute gebräuchliche Redewendung ableiten soll, scheint zweifelhaft, denn eigentlich müsste danach von einem „falschen Esau" die Rede sein. Logischer dürfte die andere Herleitung sein, nach der der Streit um das wahre Grab des Apostels Jakobus Auslöser gewesen sein könnte. Viele Wallfahrtsorte gaben im reliquiensüchtigen Mittelalter vor, Begräbnisort des angeblich weit gereisten Apostels zu sein, was enorme Pilger- und damit Spendenmengen generiert hätte. Ob nun in Santiago de Compostella der „Jacobus verus" liegt, ist auch bis heute ungewiss.

„Sein Licht nicht unter den Scheffel stellen"

sich nicht unter Wert verkaufen

In manchen Redewendungen kommen Begriffe vor, die Gegenstände bezeichnen, die nicht mehr in Verwendung sind, so wie der Scheffel, der für Martin Luther noch ein Gegenstand des täglichen Gebrauchs gewesen sein wird. Der Scheffel darf nicht mit der Schaufel verwechselt werden; es handelte sich vielmehr um einen rundlichen, hohen Behälter mit Tragegriffen. Das Fassungsvermögen der kleineren Ausführung betrug 10 bis 15, der größeren bis zu 100 Liter. Oft diente der Scheffel, oberdeutsch „Schaff" genannt, auch als Norm-Maß für Getreide. Wenn Luther Jesus im 5. Kapitel des Matthäus-Evangeliums sagen lässt: „Man zündet auch nicht ein Licht an und setzt es unter einen Scheffel, sondern auf einen Leuchter; so leuchtet es allen, die im Hause sind" (Mt 5,15), um den Jüngern deutlich zu machen, was der Unterschied zwischen intro- und extrovertiert ist, dann war allen Zeitgenossen klar, dass ein Licht unter einem Scheffel so gut wie unsichtbar war.

„Nicht ein Jota zurücknehmen"

auch nicht ein Detail widerrufen

Das Jota ist kein j, sondern das griechische Pendant zu unserem i, wird so ähnlich geschrieben und auch so ausgesprochen. Es ist der unscheinbarste Buchstabe des griechischen Alphabets. Wenn Jesus hinsichtlich seiner eigenen Gesetzestreue sagt: „Bis Himmel und Erde vergehen, wird nicht vergehen der kleinste Buchstabe noch ein Tüpfelchen vom Gesetz, bis es alles geschieht", so steht im griechischen Original „Jota" statt „kleinster Buchstabe" (Mt 5,18) — Luther wollte wohl vermeiden, dass sich die deutschen Zuhörer oder Leser unter einem Jota nichts vorstellen konnten. Trotzdem hat sich diese Redewendung aus dieser Bibelstelle entwickelt, möglicherweise im Laufe der humanistischen Bildung, zu deren Kanon die (alt-)griechische Sprache neben dem üblichen Latein gehörte. Sie will ausdrücken, dass auch der scheinbar unwichtigste Teil dessen, was gesagt wurde, nicht fehlen darf.

„Das Tüpfelchen auf dem i"

die letzte, alles abrundende Zutat

Bei Matthäus heißt es: „Bis Himmel und Erde vergehen, wird nicht vergehen der kleinste Buchstabe noch ein Tüpfelchen vom Gesetz, bis es alles geschieht" (Mt 5,18). Da ist noch keine Rede davon, dass das Tüpfelchen auf dem i gemeint ist; im Griechischen hat der Buchstabe Jota nämlich gar keinen i-Punkt. In der deutschen Sprache ist das Tüpfelchen zum i gekommen, weil Luther schlecht erklären konnte, was es mit dem Tüpfelchen auf sich hatte: Im Altgriechischen, aus dem er übersetzte, gab es die polytonische Schreibweise, die sich mehrerer diakritischer Zeichen bediente, darunter auch des „Iota subscriptum". Dieses wurde an bestimmten Stellen wie ein sehr kleines Jota unter einen anderen Vokal gesetzt, hatte also grammatikalische Funktion. Beim im Mittelalter üblichen handschriftlichen Kopieren der griechischen Bibeltexte konnte so ein kleines Strichlein schnell mal vergessen werden; durch das Fehlen dieses „Tüpfelchen" wäre im schlimmsten Fall der Text verfälscht worden.

„Etwas ausposaunen"

etwas prahlerisch verkünden

Die Posaune ist ein kultiviertes Orchesterinstrument. Wieso spielt gerade sie hier eine Rolle, warum nicht die lautere Fanfare? Luthers Übersetzung des Alten Testaments nennt Posaunen schon in der Geschichte vom Fall Jerichos, der durch deren Schall ausgelöst worden sein soll. Nur gab es im Altertum aber noch gar keine Posaunen; sie entstanden erst um 1450 als Weiterentwicklung der Trompete. Aber Luther brauchte wohl ein zeitgenössisches Blasinstrument zur Verdeutlichung dessen, was er meinte. Tatsächlich dürfte es sich vor Jericho wohl um rituelle Blasinstrumente aus Widderhorn gehandelt haben. Luther verwendete die seinen Zeitgenossen vertraute Posaune dann auch im Matthäus-Evangelium, als es um das laute Kundtun eines Sachverhalts ging: „Wenn du nun Almosen gibst, sollst du es nicht vor dir ausposaunen lassen, wie es die Heuchler tun in den Synagogen und auf den Gassen, damit sie von den Leuten gepriesen werden" (Mt 6,1).

„Im stillen Kämmerlein"

unter Ausschluss der Öffentlichkeit

In der berühmten Bergpredigt, die wohl nie in dieser Form gehalten wurde, sondern eine zusammengefasste Quintessenz seiner Lehre ist, mahnt Jesus bezüglich der Glaubwürdigkeit von Ritualen: „Und wenn ihr betet, sollt ihr nicht sein wie die Heuchler, die gern in den Synagogen und an den Straßenecken stehen und beten, damit sie von den Leuten gesehen werden. (…) Wenn du aber betest, so geh in dein Kämmerlein und schließ die Tür zu und bete zu deinem Vater, der im Verborgenen ist" (Mt 6,5); das *stille Kämmerlein* also als Gegenentwurf zum öffentlichen Raum. Vielleicht hat sich Luther bei dieser Formulierung von dem Ort seiner Arbeit inspirieren lassen. Der vom Kaiser Geächtete und vom Papst Gebannte verbarg sich 1521 als „Junker Jörg" in der Wartburg. Er lebte und arbeitete in einer kargen Stube an der Übersetzung des Neuen Testaments aus dem Griechischen ins Deutsche. Wer auf der Wartburg die „Lutherstube" besucht, bekommt einen guten Eindruck von einem „stillen Kämmerlein".

„Einen Paternoster benutzen"

mit einem speziellen Aufzug fahren

In der lateinischen Fassung der Bibel, der Vulgata, fängt das Gebet, das Jesus seine Jünger lehrt und das bis heute alle christlichen Konfessionen verbindet, mit den Worten „Pater noster" an, auf Deutsch „Vater unser" (Mt 6,9-13). Da dieses Hauptgebet im katholischen Rosenkranzgebet an mehreren Stellen gebetet werden muss, wurde der Rosenkranz, der ja eine Art Gedächtnisstütze bei der Abfolge der vorgeschriebenen Gebete ist, ebenfalls als Paternosterschnur bezeichnet, wo auf je zehn kleinere Perlen für die Ave-Maria-Gebete eine separate für ein Vaterunser folgt. Weil die Personenkabinen des erstmals 1876 in London eingesetzten Umlaufaufzugs wie auf einer Schnur aufgereiht erscheinen und diese Aufzüge ein gleichmäßiges, fast gebetsmühlenartiges Tempo haben, übertrug sich der Name der Perlenschnur auf diese früher verbreiteten Kabinenaufzüge.

„Schnöder Mammon"

Geld, weltlicher Besitz

Weit verbreitet ist die Annahme, dass es sich beim „Mammon" um einen der vielen im Alten Testament genannten Götzen gehandelt habe, ähnlich dem Baal. In der Bibel heißt es ja bekanntlich: „Ihr könnt nicht Gott dienen und dem Mammon." Nun steht diese Stelle aber im Matthäus-Evangelium in der Bergpredigt (Mt 6,24). Der „Mammon" verdankt seine Existenz in Wirklichkeit Martin Luther, der das ursprünglich aramäische Wort „mamona = Vermögen, Besitz" nicht übersetzte, sondern als Sammelbegriff für unredlich erworbenen Reichtum nutzte. So gelangte das Wort in die deutsche Bibel und in unsere Sprache. Kein Wunder, dass der Mammon zu einem populären Dämon wurde, der angeblich den Menschen zum Geiz verführt. Als solcher tritt er zum Beispiel in Hugo von Hofmannsthals Theaterstück „Jedermann" auf. Das Adjektiv „schnöde" bedeutet „nichtswürdig, erbärmlich" und drückt, auch wenn, außer im Zusammenhang mit dem Mammon, kaum noch gebraucht, die Distanz aus, die Geld im Allgemeinen entgegengebracht werden sollte.

„Den Balken im eigenen Auge nicht sehen"

eigene Fehler geflissentlich ignorieren

Kritische Blicke gegenüber anderen Menschen bei gleichzeitiger Großzügigkeit eigenen Fehlern gegenüber ist ein weit verbreitetes Charakteristikum unserer Gesellschaft. Wie selbstverständlich nimmt man sich zum Beispiel das Recht, Vorschriften großzügig auszulegen, bei anderen aber kleinste Überschreitungen anzuzeigen. Diese Haltung scheint schon in biblischen Zeiten weit verbreitet gewesen zu sein, denn Jesus rügt sie bereits in seiner Bergpredigt: „Was siehst du aber den Splitter in deines Bruders Auge und nimmst nicht wahr den Balken in deinem Auge? Oder wie kannst du sagen zu deinem Bruder: Halt, ich will dir den Splitter aus deinem Auge ziehen?, und siehe, ein Balken ist in deinem Auge. Du Heuchler, zieh zuerst den Balken aus deinem Auge; danach sieh zu, wie du den Splitter aus deines Bruders Auge ziehst" (Mt 7,3).

„Perlen vor die Säue werfen"

Dinge an Leute verschwenden, die nichts davon verstehen

Egal, ob es sich um eine gute Flasche Wein oder eine Konzertkarte handelt – manchmal hat man das ungute Gefühl, dass man jemandem etwas geschenkt hat, dessen Wert er gar nicht ermessen kann. Wenn man das dann achselzuckend mit der Bemerkung *Das war Perlen vor die Säue* bewertet, zitiert man eine weitere Sentenz aus der Bergpredigt, die von sprichwörtlichen Redensarten nur so wimmelt. In Matthäus 7,6 mahnt Jesus: „Ihr sollt das Heilige nicht den Hunden geben und eure Perlen sollt ihr nicht vor die Säue werfen, damit die sie nicht zertreten mit ihren Füßen und sich umwenden und euch zerreißen." Selbstverständlich meint Jesus hier weder Weinflaschen noch Konzertkarten, sondern seine Botschaft, bei deren Verkündigung die Jünger davon ausgehen sollen, dass manche Menschen sie möglicherweise nicht zu würdigen wissen. Man muss dabei berücksichtigen, dass damals die Heiden mit Hunden verglichen wurden und Schweine für Juden immer als unrein galten.

„Ein Wolf im Schafspelz"

ein Mensch, der nicht so harmlos ist, wie er tut

Anhand dieser Redewendung kann man sehr gut den Unterschied zwischen zwei Wörtern erklären, die von vielen Menschen verwechselt bzw. gleichgesetzt werden, nämlich „scheinbar" und „anscheinend". Ein „Wolf im Schafspelz" ist ein Mensch, der anscheinend, also dem Anschein nach, gute Absichten hat. Aber es handelt sich nur scheinbar um einen harmlosen Zeitgenossen, denn der Schein trügt: in Wirklichkeit hat er sich nämlich als friedlicher Bürger getarnt und wartet nur auf seine Chance, diese Maske abzuwerfen und über ein Opfer herzufallen. Wie viele andere stammt auch diese Redewendung aus der Bergpredigt, mit der Jesus warnt: „Seht euch vor vor den falschen Propheten, die in Schafskleidern zu euch kommen, inwendig aber sind sie reißende Wölfe" (Mt 7,15). Und dann gibt er auch gleich einen Tipp, wie man echte von falschen Propheten unterscheiden kann: „An ihren Früchten sollt ihr sie erkennen".

„Auf Sand gebaut haben"

sich auf unsichere Fakten verlassen

Am Schluss der Bergpredigt vergleicht Jesus diejenigen, die seinen Worten folgen, mit denen, die entgegen seiner Lehre handeln. Er benutzt dafür das Gleichnis von zwei Männern, die jeder ein Haus bauten, allerdings auf denkbar unterschiedlichem Baugrund: „Darum, wer diese meine Rede hört und tut sie, der gleicht einem klugen Mann, der sein Haus auf Fels baute. Als nun ein Platzregen fiel und die Wasser kamen und die Winde wehten und stießen an das Haus, fiel es doch nicht ein; denn es war auf Fels gegründet. Und wer diese meine Rede hört und tut sie nicht, der gleicht einem törichten Mann, der sein Haus auf Sand baute. Als nun ein Platzregen fiel und die Wasser kamen und die Winde wehten und stießen an das Haus, da fiel es ein und sein Fall war groß" (Mt 7,24). Es gibt auch in der jüngeren Vergangenheit eine Reihe Beispiele für Gebäude, die ebenfalls auf Sand gebaut wurden. Aber da es sich hier um ein Gleichnis handelt, darf man es auch für andere Dinge anwenden, die dem nächsten „Platzregen" nicht standhalten können.

„Neuer Wein in alte Schläuche"

aktuelle Inhalte mit alten Methoden verbreiten

Im Altertum wurde Wein in Fässern und Amphoren, aber auch in Lederschläuchen aufbewahrt. Dabei handelte es sich um Häute von Ziegen, die, in der Körperform zusammengenäht, einen praktischen Behälter abgaben. Bei solchen Weinschläuchen konnten im Laufe der Zeit die Nähte brüchig werden. Wenn man in so einen Schlauch jungen Wein füllte, dessen Gärprozess noch nicht abgeschlossen war, konnte die Naht reißen und der wertvolle Wein war verloren. Jesus beschreibt diese Gefahr in einem seiner Gleichnisse: „Man füllt auch nicht neuen Wein in alte Schläuche; sonst zerreißen die Schläuche und der Wein wird verschüttet und die Schläuche verderben. Sondern man füllt neuen Wein in neue Schläuche, so bleiben beide miteinander erhalten" (Mt 9,17). Er will damit sagen, dass neue Inhalte auch neue Verkündigungsformen erfordern. Aber auch umgekehrt ist das Gleichnis anwendbar; dann warnt es davor, wenn jemand nichts Neues zu bieten hat, sondern nur Altes neu etikettiert, eben vor *altem Wein in neuen Schläuchen.*

„Den Staub von den Füßen schütteln"

weiterziehen, ohne etwas zurückzulassen

Die heutige Hygiene ist mit den Lebensverhältnissen zur Zeit Jesu nicht zu vergleichen. Fährt heute ständig ein Kehrwagen mit Staubsauger durch die Straßen und pusten Gebläse Laub von Wegen und Beeten, so hätte ein Mensch der Zeitenwende darüber sicher den Kopf geschüttelt. Staub war, besonders in den im Sommer trockenen Gebieten des Mittelmeerraums, ein selbstverständlicher Bestandteil des Lebens, die Füße waren immer schmutzig. Als Jesus seine Jünger aussandte, seine Botschaft zu verkünden, forderte er sie auf: „Und wenn euch jemand nicht aufnehmen und eure Rede nicht hören wird, so geht heraus aus diesem Hause oder dieser Stadt und schüttelt den Staub von euren Füßen" (Mt 10,14). Das soll bedeuten, dass sie bei Menschen, die ihre frohe Botschaft nicht anhören wollten, nicht nur nicht bleiben, sondern aus deren Häusern oder Städten nichts mitnehmen sollten, noch nicht mal den Staub an ihren Füßen.

„Beim Jüngsten Gericht"

beim Weltuntergang

Im 25. Kapitel des Matthäus-Evangeliums beschreibt Jesus am Ölberg in Jerusalem das am Ende der Welt stattfindende Weltgericht, bei dem die Gerechten ihren Lohn erhalten, die Bösen aber zum Teufel gehen. Unsere Vorstellungen von dieser Gerichtsverhandlung sind, beeinflusst durch unzählige bildliche Darstellungen, ziemlich konkret. Aber auch schon im 15. Vers des 10. Kapitels spricht Jesus vom „Tag des Gerichts", in der Fassung von 1545 vom „jüngsten Gericht". Daraus hat sich unsere Vorstellung von Harmagedon, dem „jüngsten Tag" als Termin des Weltuntergangs gebildet. Dieser Begriff ist vielen deutschsprachigen Christen so vertraut, dass sie sich über diese merkwürdige Altersangabe nicht wundern. Dabei ist diese von der rückwärts gewandten Sicht zu verstehen: das letzte Gericht ist natürlich aus der Zukunft gesehen dasjenige, das am kürzesten her ist, also am jüngsten.

„Den Teufel durch Beelzebub austreiben"

ein Übel mit einem anderen Übel bekämpfen

Mit den Dämonen, Götzen und bösen Geistern der Bibel ist das so eine Sache. Sie entstammen meist der Glaubenswelt der Nachbarvölker und werden als Konkurrenz für den israelitischen Gott Jahwe angesehen. Die jüdischen Schriftgelehrten versuchten, Nachbargötter wie Baal als böse Geister zu diffamieren. Der kanaanäische Baal war einer der am weitesten verbreiteten, und einer seiner Ehrennamen war Baal Zebul („erhabener Fürst"). Die jüdischen Gelehrten machten daraus den Spottnamen Baal Zebub („Herr der Fliegen"). Als Jesus einen so genannten Besessenen heilt, behaupten die Pharisäer: „Er treibt die bösen Geister nicht anders aus als durch Beelzebul, ihren Obersten" (Mt 12,24). Aus der aus der griechischen Handschrift von Luther entnommenen Bezeichnung „Beelzebul" wurde im Volksmund „Beelzebub", später sogar ein Synonym für den Teufel.

„Auf fruchtbaren Boden fallen"

positive Wirkung entfalten

Stadtmenschen haben längst vergessen, dass es so etwas wie Landwirtschaft gibt. Ihnen ist nur daran gelegen, dass immer Brot und Brötchen im Supermarkt in den Regalen liegen. Dass diese Teigwaren aus Mehl gemacht werden, das wiederum aus Getreide gewonnen wird, interessiert nur am Rande. Um einen guten Ertrag zu haben, benötigt der Landwirt fruchtbaren Boden, der auf die Dauer nur vorhanden ist, wenn der Boden nicht ausgelaugt wird, immer genug Wasser hat und regelmäßig aufgelockert wird. Jesus scheint diese Grundregeln der Landwirtschaft gekannt zu haben; er nutzt sie in einem Gleichnis als Metaphern. Nachdem er einige Beispiele aufgezählt hat, wie Saatkörner verderben, kommt er zur Kernaussage: „Einiges fiel auf gutes Land und trug Frucht, einiges hundertfach, einiges sechzigfach, einiges dreißigfach" (Mt 13,8). Die Redewendung hat heute den übertragenen Sinn, dass Lehren von einem Menschen angenommen wurden.

„Die Zeichen der Zeit erkennen"

Vorzeichen kommender Entwicklungen verstehen

In den angesagten Metropolen, aber auch in Studenten- und Künstlervierteln soll es Trend-Scouts geben, die nichts anderes tun, als Menschen zu beobachten, um ihnen künftige Trends abzugucken, vor allem bei Kleidung, Frisuren, Styling. Sie versuchen, die Entwicklung der nächsten Zeit zu antizipieren, indem sie die Kreativität, die sich in Subkulturen oft ungebremst entwickelt, ausbeuten. Hier handelt es sich „nur" um Mode, aber Mode ist ein Milliarden-Markt, bei dem es darauf ankommt, Trends in Massenprodukte umzusetzen. Bei Jesus ging es natürlich nicht um Mode. Aber auch er belehrte seine Kritiker, dass jede Zeit ihre Zeichen habe; es komme nur darauf an, sie zu interpretieren: „Des Abends sprecht ihr: Es wird ein schöner Tag werden, denn der Himmel ist rot. Und des Morgens sprecht ihr: Es wird heute ein Unwetter kommen, denn der Himmel ist rot und trübe. Über das Aussehen des Himmels könnt ihr urteilen; könnt ihr dann nicht auch über die Zeichen der Zeit urteilen?" (Mt 16,2).

„Hier lasst uns Hütten bauen"

Hier wollen wir bleiben.

Zugegeben, diese Redewendung, die manchmal noch seufzerartig Leuten über die Lippen kommt, die sich nach einem anstrengenden Weg erschöpft und in der Absicht auf eine Sitzgelegenheit fallen lassen, die nächsten Stunden nicht mehr aufzustehen, hört man nicht mehr allzu oft. Die Zitierfreude von Bibelstellen, in denen der Begriff „Hütten" vorkommt, lässt offenbar nach – wer will schon eine Hütte bauen. Zu Jesu Zeiten waren Hütten ganz normale Behausungen, und Petrus, der zusammen mit Jakobus und Johannes Zeuge wurde, wie Jesus im Zustand der Verklärung mit Mose und Elia zusammentraf, bot seinem Herrn an, an Ort und Stelle drei dieser Gehäuse zu bauen: „Herr, hier ist gut sein! Willst du, so will ich hier drei Hütten bauen, dir eine, Mose eine und Elia eine" (Mt 17,4). Naiv, aber sicher gut gemeint von Petrus, doch wir wissen, dass Jesus andere Ziele hatte, als mit Mose und Elia hier ansässig zu werden.

„Eher geht ein Kamel durch ein Nadelöhr..."

Das ist unmöglich!

Dies ist eines der umstrittensten Zitate aus den Evangelien. Das hat sicher damit zu tun, dass Jesus den Reichen nicht gerade viel Hoffnung auf das Leben nach dem Tode macht: "Es ist leichter, dass ein Kamel durch ein Nadelöhr gehe, als dass ein Reicher ins Reich Gottes komme" (Mt 19,24). Generationen von Bibelauslegern haben sich darum bemüht herauszufinden, was er damit gemeint haben könnte. Hier die beiden beliebtesten Erklärungen: 1. „Nadelöhr" wurde angeblich ein kleines Tor in der Stadtmauer von Jerusalem genannt, das nur für Personen passierbar war. 2. Die griechischen Wörter „kamilos = Seil" und „kamelos = Kamel" sind sehr ähnlich und beim handschriftlichen Bibel-Kopieren verwechselt worden. Leider ist nichts davon zutreffend; das Stadttor lässt sich archäologisch nicht nachweisen, und das Wort für Kamel findet sich in älteren Quellen als das für Seil. In Wirklichkeit hat Jesus also tatsächlich ein Kamel gemeint, das zu groß ist für ein Nadelöhr. Schlimm für die Reichen ...

„Sich selbst der Nächste sein"

nur an sich selbst denken

D ie meisten Christen sind nicht ganz bibelfest. Deshalb werden viele sicher sein, dass der Satz „Liebe deinen Nächsten wie dich selbst" ein authentisches Gebot aus der Lehre des Jesus von Nazareth ist. Aber Jesus bezieht sich bei der Antwort auf die Frage eines Pharisäers, welches das wichtigste Gebot des — jüdischen — Gesetzes sei, auf das 3. Buch Mose, wo es heißt: „Du sollst deinen Nächsten lieben wie dich selbst" (3 Mos 19,18). Jesus erinnert auch an dieses alte Gebot Gottes, als er das Wichtigste nennt: „Du sollst den Herrn, deinen Gott, lieben von ganzem Herzen, von ganzer Seele und von ganzem Gemüt. Dies ist das höchste und größte Gebot. Das andere aber ist dem gleich: Du sollst deinen Nächsten lieben wie dich selbst" (Mt 22,39). Egoistisches Verhalten, wie es leider heute immer mehr nicht nur toleriert, sondern geradezu idealisiert wird, hat dazu geführt, dass immer mehr kein Problem damit haben, *sich selbst der Nächste* zu sein; eine bedenkliche Entwicklung.

„Keinen Stein auf dem anderen lassen"

völlige Zerstörung herbeiführen

W enn irgendwo eine Explosion stattgefunden hat, ist oft, um das Ausmaß des Schadens zu beschreiben, die Rede davon, dass *kein Stein auf dem anderen geblieben* sei. Andererseits hört man gelegentlich Leute mit Aggressionen sagen, dass sie „keinen Stein auf dem anderen lassen" würden, wenn sie mit ihrem Gegner abrechnen würden. Beide Male beziehen sich die Nutzer — vermutlich unwissentlich — auf eine Stelle im Neuen Testament, der wir diese Redewendung verdanken. Jesus prophezeit nämlich hier das Ende des Tempels von Jerusalem, wobei man nur vermuten kann, dass er damit nicht nur das Gebäude selbst gemeint hat: „Und Jesus ging aus dem Tempel fort und seine Jünger traten zu ihm und zeigten ihm die Gebäude des Tempels. Er aber sprach zu ihnen: „Seht ihr nicht das alles? Wahrlich, ich sage euch: Es wird hier nicht ein Stein auf dem andern bleiben, der nicht zerbrochen werde" (Mt 24,2).

„Talent haben"

begabt sein

Zur Erklärung dieser Redewendung ist ein Blick in die katholische Version der Bibel vonnöten. Bei Luther steht nämlich in Matthäus 25,15 im Gleichnis vom anvertrauten Geld: „Er rief seine Knechte und vertraute ihnen sein Vermögen an; dem einen gab er fünf Zentner Silber, dem andern zwei, dem dritten einen, jedem nach seiner Tüchtigkeit." Er übersetzte demnach den Begriff „Talent", der eine zur Zeit Jesu in Palästina verbreitete griechische Münze bezeichnete, etwas frei mit „Zentner". In der katholischen Version heißt es an gleicher Stelle: „Er rief seine Diener und vertraute ihnen sein Vermögen an. Dem einen gab er fünf Talente Silbergeld, einem anderen zwei, wieder einem anderen eines, jedem nach seinen Fähigkeiten." Möglicherweise wegen der direkten Wechselbeziehung von Geld und Fähigkeiten der Diener erhielt das Wort „Talent" seine heutige Bedeutung, im Englischen seit dem 16., im Französischen seit dem 17. Jahrhundert, später auch im Deutschen.

„Heulen und Zähneklappern"

furchteinflößende Geräusche

Es ist im Matthäus-Evangelium fünf Mal – 8,12; 13,42; 22,13; 24,51 und 25,30 – die Rede davon, dass geheult und mit den Zähnen geklappert wird. Meist wird vorher jemand hinausgeworfen in die Finsternis. Und dort, wo es ja noch schwärzer ist als in einfacher Dunkelheit, ist *Heulen und Zähneklappern.* Dass damit Angst verbunden ist, ist wohl klar. Es stellt sich allerdings die Frage, ob es sich um die Hinausgeworfenen handelt, die vor Angst mit den Zähnen klappern, oder ob dort jemand auf sie wartet, der dies, allerdings aus anderen Gründen, tut. Im Luthertext von 1545 steht hier noch „klappen", es könnte sich also um furchteinflößende Wesen handeln, die draußen heulen und erwartungsvoll ihr Gebiss zuschnappen lassen. Man muss bedenken, dass es vor 2000 Jahren nachts außerhalb des Hauses absolut nicht sicher war, weil nicht nur lichtscheues Gesindel, sondern nach allgemeiner Überzeugung auch allerlei Dämonen und böse Geister unterwegs waren.

„Zum Teufel gehen"
sich nie wieder blicken lassen

Der jüdischen, der christlichen, aber auch der islamischen Religion ist die Erwartung eines die Welt beendenden göttlichen Gerichts gemeinsam, das die Christen „Jüngstes Gericht" nennen. Im Matthäus-Evangelium schildert Jesus zwei Tage vor dem Passah-Fest, wie diese Gerichtsverhandlung ablaufen wird. Nachdem Gott die Gerechten in den Himmel eingeladen hat, geht es so weiter: „Dann wird er auch sagen zu denen zur Linken: Geht weg von mir, ihr Verfluchten, in das ewige Feuer, das bereitet ist dem Teufel und seinen Engeln!" (Mt 25,41). Wer also zum Teufel gehen soll, dem wünscht man die ewige Verdammnis — kein besonders freundliches Anliegen. Von der ultimativen Rechtsprechung am Ende der Welt zu unterscheiden ist übrigens das individuelle Gericht direkt nach dem Tode des einzelnen Menschen, wo eine Vorentscheidung getroffen wird über Himmel oder Hölle; Zwischenstation: Fegefeuer …

„Einen Judaslohn bekommen"
für einen Verrat bezahlt werden

Judas Iskariot ist für viele Christen der Inbegriff des Verabscheuenswürdigen. Dante Alighiere lässt ihn in seiner „Göttlichen Komödie" sogar in der untersten Höllentiefe, der Judecca, von Luzifer in einem seiner drei Mäuler zermalmen. Ganz abgesehen davon, aus welchen Beweggründen dieser Jünger tatsächlich damals gehandelt hat, ist der Lohn, den er für seine Informationen bekam, sprichwörtlich geworden: „Da ging einer von den Zwölfen, mit Namen Judas Iskariot, hin zu den Hohenpriestern und sprach: Was wollt ihr mir geben? Ich will ihn euch verraten. Und sie boten ihm dreißig Silberlinge" (Mt 26,14). *Silberlinge* sind heutzutage keine konvertiblen Devisen mehr, gelten aber immer noch als Währung des *Judaslohns*, also eines Honorars für eine aus niederen Motiven begangene Tat.

„Lass diesen Kelch an mir vorüber gehen"

Etwas Unliebsames möge mir erspart bleiben.

Ein Kelch ist ein einem Pokal ähnliches Trinkgefäß, das früher bei zeremoniellen und liturgischen Handlungen eingesetzt wurde und bis heute im Gottesdienst verwendet wird. Ein Kelch diente als würdiges Aufbewahrungsmittel für den Wein, der bei einem Trankopfer Gott dargebracht werden sollte oder der zum Beispiel bei Danksagungen oder Trauerfeiern im Kreis der Beteiligten herumgereicht wurde. Ein solcher Kelch konnte also durchaus mit negativen Emotionen behaftet sein. Hierauf bezieht sich Jesus, der in der verzweifelten Stunde im Garten Gethsemane Gott anfleht: "Mein Vater ist's möglich, so gehe dieser Kelch an mir vorüber; doch nicht, wie ich will, sondern wie du willst" (Mt 26,39). Der Kelch, den Jesus meint, steht hier für sein bevorstehendes Unglück, sogar für den Tod. Heute ist die Bedeutung nicht so dramatisch. Auch weniger harten Herausforderungen wie einem Termin beim Chef wird gelegentlich dieser Stoßseufzer vorausgeschickt.

„Dastehen wie die Ölgötzen"

stumm und dumm herum stehen

Hier geht es nicht um Öl und auch nicht um Götzen. Was wir heute unter einem „Götzen" verstehen, nämlich ein heidnisches Götterbild, hat mit dieser Redewendung nur sehr indirekt etwas zu tun. Zu Luthers Zeit war der Begriff „Götze" als Verkleinerungsform für „Gott" noch im Gebrauch. Er benutzte ihn auch in der Bedeutung „falscher Gott". Weil in der Volksfrömmigkeit die Heiligen früher fast wie Halbgötter verehrt wurden und nicht nur zu ihnen gebetet, sondern sie auch manchmal regelrecht angebetet wurden, entwickelte sich der Begriff zu einer spöttischen Bezeichnung für Heiligenstatuen. Da in den Kirchen zur Zeit Luthers Darstellungen der Ölbergszene aus der Leidensgeschichte verbreitet waren, nahm man die Figuren der schlafenden Apostel — „Und er kam zu seinen Jüngern und fand sie schlafend und sprach zu Petrus: Könnt ihr denn nicht eine Stunde mit mir wachen?" (Mt 26,40) — zum Anlass, diese als „Ölberg-Götzen" zu verspotten, woraus sich die verkürzte Form ableitet.

„Da verließen sie ihn"

Etwas ist zu Ende.

Diese Redewendung war im späten 20. Jahrhundert recht populär und wurde als lakonische Bemerkung nicht nur auf Menschen angewendet. Auch wenn ein Automotor ein letztes Mal stotterte und nicht mehr zum Laufen zu bringen war, wenn das Licht einer Taschenlampe endgültig ausgefunzelt hatte oder wenn in einer Prüfung ein Blackout weitere Antworten verhinderte, kam unweigerlich dieser resignierende Spruch. Die wenigsten werden wissen, dass sie eine Stelle bei Matthäus zitiert haben, wo es um das Verhalten der Jünger Jesu geht, als diese bei der Festnahme ihres Meisters am Ölberg das Weite suchen: „Zu der Stunde sprach Jesus zu der Schar: Ihr seid ausgezogen wie gegen einen Räuber mit Schwertern und mit Stangen, mich zu fangen. Habe ich doch täglich im Tempel gesessen und gelehrt, und ihr habt mich nicht ergriffen. Aber das ist alles geschehen, damit erfüllt würden die Schriften der Propheten. Da verließen ihn alle Jünger und flohen" (Mt 26,55).

„Da kräht kein Hahn nach"

Das hat keine Bedeutung.

Schafe und Ziegen, auch Esel und Tauben kommen in der Bibel gelegentlich vor, aber an einer Stelle spielt ein Hahn eine wichtige Rolle, auch wenn es nur eine Statistenrolle ist. Bevor Jesus gefangen genommen wird, hat er vorher Petrus prophezeit: „In dieser Nacht, ehe der Hahn kräht, wirst du mich dreimal verleugnen" (Mt 26,34). Eigentlich hat der Hahn mit dieser Angelegenheit, die für Petrus sehr peinlich wird, gar nichts zu tun, denn er kräht nicht wegen dieser Lügen, sondern im Zeitalter der nicht vorhandenen Uhren lediglich als täglicher Wecker. Und als er dann — wie immer — kräht, also der Morgen anbricht, hat sich die Prophezeiung Jesu erfüllt: nach Petrus' Fauxpas kräht der Hahn. Wenn aber nach jemandem oder etwas kein Hahn kräht, hat der oder das — im Gegensatz zu Petrus — offenbar keine Bedeutung. Übrigens erinnern die Hähne auf den katholischen Kirchtürmen an diese Begebenheit.

„Die Hände in Unschuld waschen"

seine Schuldlosigkeit beteuern, sich schuldlos darstellen

Das Händewaschen hatte in biblischen Zeiten nicht nur die Funktion der körperlichen Hygiene, sondern sollte auch die Reinigung der Seele andeuten. Schon im Psalm beteuert König David: „Ich wasche meine Hände in Unschuld und halte mich, Herr, zu deinem Altar" (Psalm 26,6). Ebenso hält es Pontius Pilatus, nachdem er aus römischer Sicht keinen Anlass sieht, Jesus zu verurteilen. Er möchte sich nicht in religiöse Streitereien der in dieser Hinsicht empfindlichen Juden einmischen. Deshalb benutzt er das damals weit verbreitete Symbol der Reinigung. „Als aber Pilatus sah, dass er nichts ausrichtete, sondern das Getümmel immer größer wurde, nahm er Wasser und wusch sich die Hände vor dem Volk und sprach: Ich bin unschuldig an seinem Blut; seht ihr zu!" (Mt 27,24). Die im Volk verbreitete Redewendung dürfte auf diese Handlung des Pilatus zurückgehen, denn die Passionsgeschichte war weitaus populärer als die Psalmen.

„Matthäi am Letzten"

pleite, todkrank, am Ende

Es ist noch nicht lange her, dass fromme Christen auf Zuruf Bibelstellen auswendig hersagen konnten. Zum Beispiel wurde in diesen Kreisen gern auf gähnende Zeitgenossen mit dem Ausruf: „Tobias 6, Vers 3!" reagiert. Die Pointe war Bibelfesten vorbehalten, denn die besagte Stelle lautet: „Oh Herr, er will mich fressen!" und entstammt einer Episode, in der Tobias sich vor einem nach ihm schnappenden Fisch fürchtet. Ähnlich ist es mit „Matthäi am Letzten", denn Luther setzt, als er in seinem „Großen Katechismus" schreibt: „Zuerst muss man vor allen Dingen die Worte recht kennen, worauf die Taufe gegründet ist und worauf sich alles bezieht, was davon zu sagen ist, nämlich bei Matthäus am letzten", voraus, dass jeder das letzte Kapitel des Matthäus-Evangeliums kennt. Für nicht so Bibelfeste: „Und siehe, ich bin bei euch alle Tage bis an der Welt Ende" (Mt 28,20). Allein der Verweis auf diese Bibelstelle genügte, ihn als Synonym für das Ende, also auch für den Tod, sprichwörtlich zu machen.

„Nichts ist unmöglich"

Alles ist machbar!

Wer hätte das gedacht! Den legendären Werbeslogan einer japanischen Autofirma, der in den 1990er-Jahren hauptsächlich durch TV-Spots mit sprechenden Tieren populär wurde und den Bekanntheitsgrad des Autoherstellers innerhalb weniger Wochen fast verdoppelte, könnten gewiefte PR-Leute aus der Bibel entnommen haben. Im Zusammenhang mit der Heilung eines besessenen Knaben sagt Jesus nämlich zu dessen Vater: „Alle Dinge sind möglich dem, der da glaubt" (Mk 9,23). Tatsächlich lautete auch der Auto-Slogan zuerst „Alles ist möglich", bevor erst die geschickte negative Umkehrung „Nichts ist unmöglich" den nötigen Kick brachte. In Zitaten dieser Bibelstelle wird auch heute tatsächlich meist diese Form benutzt: „Nichts ist unmöglich dem, der da glaubt". Ob allerdings der Glaube beim Autokauf hilft, sei mal dahingestellt, denn eins ist klar: Glauben heißt nicht wissen.

„Sein Scherflein beitragen"

eine Kleinigkeit beisteuern

Viele Begriffe in der Bibel sind uns heute unverständlich. Was ist zum Beispiel der Scheffel, unter den man sein Licht nicht stellen soll? Luther hat bei seiner Bibelübersetzung hin und wieder Begriffe aus seiner Zeit benutzt, die zu damals alltäglichen Gegenständen gehörten. Dazu zählt auch das „Scherflein". Der Scherf war bis ins 18. Jahrhundert die kleinste im Umlauf befindliche Münze. Luther benutzt sie als Größenordnung des Opfers, das die Witwe in Jesu Gleichnis von der Opferbereitschaft bringt: „Und es kam eine arme Witwe und legte zwei Scherflein ein; das macht zusammen einen Pfennig" (Mk 12,42). Das Scherflein hat in diesem Gleichnis einen erheblichen Wert, denn es bedeutet für die arme Witwe ein kaum zu verkraftendes Opfer. Aus der Sicht eines Reichen dagegen ist das Scherflein kaum der Rede wert. So ist die Redewendung heute gemeint: Wer nur ein Scherflein beiträgt, bereichert den Gesamtwert nur unwesentlich, tut aber etwas Sinnvolles im Rahmen eines gemeinschaftlichen Zieles.

„Wie die Jungfrau zum Kind"

absolut überraschend und ohne eigenes Zutun

Da die Jungfernzeugung, eine Form der Fortpflanzung, die ohne das übliche Zutun des anderen Geschlechtes funktioniert, bei höheren Tieren, also auch beim Menschen, nicht funktioniert, gilt die Möglichkeit, dass eine Jungfrau ein Kind bekommt, als denkbar unwahrscheinlich. Gläubige Christen werden dieser Aussage natürlich vehement widersprechen, denn jeder weiß, dass bei Lukas der berühmte Besuch des Engels Gabriel geschildert wird, der Maria genau diese Tatsache verkündet: „Siehe, du wirst schwanger werden und einen Sohn gebären, und du sollst ihm den Namen Jesus geben. (…) Da sprach Maria zu dem Engel: Wie soll das zugehen, da ich doch von keinem Mann weiß?" (Lk 1,31). Von diesem nach menschlichem Ermessen unmöglichen Ereignis hat der Volksmund, der ja hin und wieder respektlos selbst mit heiligen Dingen umgeht, den Spruch *Wie die Jungfrau zum Kinde* geprägt, wenn jemandem etwas überraschend und ohne eigenes Zutun *in den Schoß fällt*.

„Nun hat die liebe Seele Ruh"

Jetzt herrscht Zufriedenheit.

Es gibt einen Unterschied zwischen den beiden Versionen dieser Redewendung. Einmal ist es die „liebe" Seele, die Ruh haben soll, ein andermal die „arme". Mit der „armen Seele" ist die Seele gemeint, die nach katholischer Auffassung bis zum Jüngsten Gericht in einer zwischen Himmel und Hölle angesiedelten Zwischenstation untergebracht ist, dem Fegefeuer. Dorthin kommen die Seelen der Menschen, die zwar keine Todsünde begangen haben, aber auch nicht sündenfrei gestorben sind — also mehr oder weniger alle. Sie werden dort für ihre Aufnahme in den Himmel gereinigt; erst danach hat die arme Seele Ruh. Die „liebe Seele" dagegen geht auf ein Gleichnis Jesu zurück, in dem ein Bauer sagt: „Ich will meine Scheunen abbrechen und größere bauen und will darin sammeln all mein Korn und meine Vorräte und will sagen zu meiner Seele: Liebe Seele, du hast einen großen Vorrat für viele Jahre; habe nun Ruhe, iss, trink und habe guten Mut!" (Lk 12,19).

„Unter die Räuber fallen"

um sein Hab und Gut gebracht werden

Es gab Epochen — und die waren zu Luthers Zeiten noch längst nicht vorüber —, da waren die Wälder Rückzugsgebiete von Gesetzlosen, Geächteten und Entrechteten, also Menschen, die auf irgendeine Weise mit dem Gesetz oder der Obrigkeit in Konflikt gekommen waren. Ob dies nun Kriminelle, also Räuber, waren oder vielleicht Menschen, die aus nackter Not gezwungen waren, anderen Menschen ihr Hab und Gut wegzunehmen, sei dahingestellt. Jedenfalls konnte es passieren, dass man den Kriminellen unter ihnen in die Hände fiel. Eine solche Situation schildert Jesus im Gleichnis vom Samariter: „Es war ein Mensch, der ging von Jerusalem hinab nach Jericho und fiel unter die Räuber; die zogen ihn aus und schlugen ihn und machten sich davon und ließen ihn halb tot liegen" (Lk 10,30). Die Redewendung wird heute auch gern bei vermeintlich ungerechten Preisen an Tankstellen, in teuren Restaurants oder bei Forderungen des Finanzamts angewandt.

„Ein barmherziger Samariter sein"

Hilfsbedürftige selbstlos unterstützen

Eine Erzählung im Lukas-Evangelium ist der Ursprung dieser Redensart. Darin fordert Jesus dazu auf, es einem Bewohner der Landschaft Samaria, also einem Samariter, gleichzutun, der einem Überfallenen, der halbtot am Wegesrand liegt, hilft. Es spielt dabei eine Rolle, dass die Israeliten die Samariter, die den Tempel in Jerusalem als einzigen Kultort ablehnten und eigene Opferstätten bevorzugten, verachteten. Dass ausgerechnet das Verhalten eines Samariters von Jesus als vorbildlich dargestellt wird, war deshalb eine Provokation: „Ein Samariter aber, der auf der Reise war, kam dahin; und als er ihn sah, jammerte er ihn; und er ging zu ihm, goss Öl und Wein auf seine Wunden und verband sie ihm, hob ihn auf sein Tier und brachte ihn in eine Herberge und pflegte ihn" (Lk 10,33). Nicht nur bezüglich des Arbeiter-Samariter-Bundes, sondern ganz allgemein ist der Begriff des „barmherzigen Samariters" seitdem als Synonym für selbstlose Nächstenliebe verbreitet.

„Der verlorene Sohn"

ein nahestehender Mensch auf Abwegen

Wenn man als „verlorener Sohn" bezeichnet wird, muss man nicht unbedingt mit demjenigen verwandt sein, der einen so nennt. Auch geschäftliche oder politische Beziehungen reichen aus, Abtrünnige, die reumütig zur Familie, zur Firma oder zur Linie zurückkehren, so zu nennen. Eines der Gleichnisse Jesu liefert die Quelle für diese Redewendung. Darin wird das Verhalten eines unternehmungslustigen jungen Mannes geschildert, der sich sein Erbteil auszahlen lässt, um in der Welt sein Glück zu machen. Als dies katastrophal misslingt, kehrt er beschämt nach Hause zurück und wird – zum Missvergnügen seines bodenständigen Bruders – vom Vater erfreut wieder aufgenommen: „Denn dieser mein Sohn war tot und ist wieder lebendig geworden; er war verloren und ist gefunden worden" (Lk 15,24). Die Freude des Vaters ist nachvollziehbar, die schlechte Laune des Bruders aber auch, denn der verlorene Sohn ist zweifellos pleite.

„Reden wie ein Pharisäer"

in heuchlerischer Weise selbstgerecht sein

Es ist erstaunlich, wie die Bezeichnung für eine um die Zeitenwende bestehende theologische Schule innerhalb des Judentums eine solche negative Verbreitung erleben konnte. Dass Pharisäer von den Evangelisten in polemischer Weise als selbstgerechte Heuchler dargestellt wurden, geschah aus Gründen der Abgrenzung der neuen christlichen Lehre gegenüber konservativen theologischen Strukturen. Diese wurden durch die Pharisäer, denen besondere Betonung äußerlicher religiöser Ausdrucksformen nachgesagt wurde, repräsentiert, „die sich anmaßten, fromm zu sein, und verachteten die andern" (Lk 18,9). Im Zusammenhang mit dem Jahrhunderte lang verbreiteten Antijudaismus hat sich der Begriff als Schimpfwort für Menschen etabliert, die in kleinlicher Weise Kritik üben und dabei den Gesamtzusammenhang einer Problematik ignorieren. Pharisäische Traditionen haben übrigens im rabbinischen Judentum bis heute als einzige bedeutende jüdische Strömung überlebt.

„Ein armer Lazarus sein"

ein bemitleidenswerter Mensch sein

D er Träger des Namens Lazarus im Johannes-Evangelium ist ziemlich bekannt, weil Jesus mit ihm eines seiner spektakulärsten Wunder wirkte – er erweckte ihn von den Toten, obwohl er schon vier Tage im Grab lag. Von diesem Lazarus leitet sich aber diese Redewendung nicht ab. Im Neuen Testament kommt vielmehr noch ein Mann mit diesem Namen vor. Handelt es sich bei dem einen, dem Toten in Bethanien, um eine reale Person, so ist der sprichwörtliche „arme Lazarus" eine fiktive Gestalt aus einem der Gleichnisse, die Jesus erzählte: „Es war aber ein reicher Mann, der kleidete sich in Purpur und kostbares Leinen und lebte alle Tage herrlich und in Freuden. Es war aber ein Armer mit Namen Lazarus, der lag vor seiner Tür voll von Geschwüren und begehrte sich zu sättigen mit dem, was von des Reichen Tisch fiel" (Lk 16,19). Dieser Lazarus starb sogar an den Folgen seiner Mittellosigkeit, denn als armer Mann war man damals auf die Mildtätigkeit seiner Mitmenschen angewiesen.

„In Abrahams Schoß"

in sicheren Verhältnissen

A braham ist nicht nur für die Juden, sondern auch für Christen und Muslime – hier unter dem Namen Ibrahim – der Urvater, auf den alle den Ursprung ihrer Religion zurückführen. Die Moslems schätzen ihn, weil er als erster in einer dem Pantheismus verhafteten Umgebung an einen einzigen Gott glaubte; er gilt vielen als der Erfinder des Monotheismus. Unsere Redewendung bezieht sich merkwürdigerweise nur indirekt auf diesen Abraham der Genesis, sondern auf das Lukas-Evangelium. In einem seiner Gleichnisse erzählt Jesus die Geschichte vom reichen Mann und dem armen Lazarus, in der es dann heißt: „Es begab sich aber, dass der Arme starb, und er wurde von den Engeln getragen in Abrahams Schoß. Der Reiche aber starb auch und wurde begraben. Als er nun in der Hölle war, hob er seine Augen auf in seiner Qual und sah Abraham von ferne und Lazarus in seinem Schoß" (Lk 16,22) – seitdem gilt Abrahams Schoß als Ort himmlischer Geborgenheit.

„Blut und Wasser schwitzen"

sehr große Angst haben, unter Stress stehen

D iese Redensart darf man, wie die meisten anderen, nicht wörtlich nehmen. Selbstverständlich ist Wasser, also Schweiß, dasjenige, das beim Schwitzen entsteht, aber es gibt medizinisch gesehen weder eine Möglichkeit noch einen Grund, Blut auszuschwitzen. Im Lukas-Evangelium allerdings wird eine Szene geschildert, in der Jesus so etwas scheinbar passiert: „Und er rang mit dem Tode und betete heftiger. Und sein Schweiß wurde wie Blutstropfen, die auf die Erde fielen" (Lk 22,39). Der Evangelist, der ja nicht selbst Augenzeuge war, findet eine Möglichkeit, durch eine rhetorisch übertreibende Beschreibung des Angstschweißes die dramatische Situation, in der Jesus mit seinem Gott um sein Schicksal ringt — „Vater, willst du, so nimm diesen Kelch von mir" —, zu charakterisieren. Heute verwendet man die Redewendung immer noch bei der Beschreibung von Personen in besonders ernsten, angsterfüllten Stresssituationen.

„Von Pontius zu Pilatus geschickt werden"

von einer Auskunft zur anderen verwiesen werden

J eder, der einmal von der Passion Christi gehört hat, und sei es auch nur in einem Hollywood-Film, weiß, dass dabei ein Römer namens Pontius Pilatus eine entscheidende Rolle spielte. Er war zur Zeit Jesu Prokurator, also Statthalter der römischen Provinz Judäa und in dieser Eigenschaft zuständig für Todesurteile, die ja im Namen Roms ausgesprochen wurden. Nachdem Pilatus den — in seinen Augen typisch jüdischen — Streit um Jesus angehört, aber keinen Anlass gesehen hatte, ihn zu verurteilen, schickte er ihn zu Herodes Antipas als zu dem für den Galiläer Jesus zuständigen Landesfürsten. Dieser schickte ihn wieder zu Pilatus zurück: „Aber Herodes mit seinen Soldaten verachtete und verspottete ihn, legte ihm ein weißes Gewand an und sandte ihn zurück zu Pilatus" (Lk 23,11). Im Volksmund hat sich dieses Hin und Her zwischen verschiedenen Instanzen, das an die Irrfahrt durch eine moderne Behörde erinnert, in die Redensart V*on Pontius zu Pilatus geschickt werden* verwandelt.

„Denn sie wissen nicht, was sie tun"

Sie machen sich keine Gedanken über die Folgen ihres Handelns.

Eines der letzten Worte Jesu kurz vor seinem Tod am Kreuz lautet: „Vater, vergib ihnen; denn sie wissen nicht, was sie tun!" (Lk 23,34). Er verzeiht damit denen, die sich an seinem Tod mitschuldig gemacht haben. Im deutschsprachigen Raum hat die zweite Hälfte dieses Satzes als Titel eines Films des legendären Schauspielers James Dean erhebliche Popularität bekommen. Den amerikanischen Originaltitel „Rebel without a cause", wörtlich übersetzt mit „Rebell ohne Grund", ersetzte der deutsche Verleiher 1955 nämlich durch den – die Aussage des Originals nicht ganz treffenden – „...denn sie wissen nicht, was sie tun". Dieser Titel wurde gewählt, weil der Vorgängerfilm Deans, der den ebenfalls aus der Bibel entnommenen Titel „Jenseits von Eden" gehabt hatte, sehr erfolgreich gewesen war und man den neuen Streifen mit einem weiteren Bibelzitat besser vermarkten zu können glaubte. Heute ist dieser Halbsatz immer noch als Stoßseufzer zu hören, wenn jemand unverantwortliches Tun beobachten muss.

„Einem Himmelfahrtskommando angehören"

einen aussichtslosen Auftrag ausführen

Dieser Begriff entstammt zwar dem militärischen Jargon, bedient sich aber eines Vorgangs, der im Lukas-Evangelium folgendermaßen geschildert wird: „Und es geschah, als er sie segnete, schied er von ihnen und fuhr auf gen Himmel" (Lk 24,50). Diese Himmelfahrt Jesu hat natürlich größten Eindruck hinterlassen, obwohl sie nur bei Lukas und Markus erwähnt wird. Auch von anderen biblischen Personen wie Elia wird berichtet, dass sie nicht gestorben, sondern leiblich in den Himmel aufgenommen wurden. Himmelfahrt bedeutet also Ende des Lebens; deshalb nennt man es ein Himmelfahrtskommando, wenn jemand einen riskanten militärischen Auftrag ausführen muss, der den Ausführenden mit großer Wahrscheinlichkeit das Leben kosten wird. Aber auch in der zivilen Umgangssprache ist der Begriff als Ausdruck für eine besonders aussichtslose Aufgabe im Gebrauch; hier geht es dann nicht ums Leben, sondern meist um den Job.

„Ein guter Hirte sein"

ein zuverlässiger Beschützer sein

Es gibt einige klassische Erbauungsbilder von Jesus, die in früheren Zeiten ihren Platz meist über dem Ehebett hatten. Das bekannteste ist seine Darstellung als guter Hirte, der ein Lämmchen auf den Schultern trägt. Sie bezieht sich auf seine Aussage: „Ich bin der gute Hirte. Der gute Hirte lässt sein Leben für die Schafe" (Joh 10,11). Auf diese Selbstcharakterisierung Jesu bezieht sich der Titel „Pastor", zu Deutsch eben „Hirte", der im 14. Jahrhundert für den Geistlichen einer Gemeinde eingeführt und seit der Reformation meist in der evangelischen Kirche verwendet wurde. In manchen Gegenden wird auch der katholische Pfarrer als Pastor bezeichnet, dann aber im Unterschied zum evangelischen auf der zweiten Silbe betont. Auch wenn aus geistlicher Sicht ein Pastor irgendwie die Funktion eines Hirten ausübt, so drückt die Bezeichnung „Oberhirte" für Bischöfe und besonders für den Papst eine dem Berufsstand des Hirten eigentlich fremde Hierarchie aus.

„Sein Kreuz zu tragen haben"

unter einem schweren Schicksal leiden

Der Kreuzestod galt zur Zeit des Römischen Imperiums als schmachvolle Hinrichtungsart. Erst nachdem im Jahre 325 angeblich das Kreuz Jesu gefunden worden war und, in Ermangelung leiblicher Überreste des Auferstandenen, als Reliquie verehrt wurde, ist das Kreuz zum Zeichen für Triumph und Erlösung avanciert. Aber es wird auch, gerade in der Karwoche, immer wieder daran erinnert, dass Jesus sein Kreuz zu seiner eigenen Hinrichtung tragen musste: „Er trug sein Kreuz und ging hinaus zur Stätte, die da heißt Schädelstätte, auf Hebräisch Golgatha" (Joh 19,17). Ob es sich nun um das ganze Kreuz gehandelt hat oder, wie einige Forscher vermuten, um den Querbalken — es muss für einen einzelnen Menschen eine fürchterliche Anstrengung gewesen sein. Die in vielen Kirchen abgebildeten Kreuzwegstationen rufen die Tragik dieses Leidensweges ins Gedächtnis; die Redewendung hat sich aus dem Vergleich des Leidens unter einem schweren Schicksal mit diesem Kreuzweg gebildet.

„Wer's glaubt, wird selig"

Das ist völlig unglaubwürdig.

Diese Redewendung ist so nicht wörtlich in der Bibel zu finden. Sie hat ihren Ursprung vielleicht im Markus-Evangelium, als Jesus seinen Jüngern den berühmten Missionsauftrag erteilt: „Wer da glaubt und getauft wird, der wird selig werden; wer aber nicht glaubt, der wird verdammt werden" (Mk 16,15). Wahrscheinlicher ist aber die Stelle bei Johannes, wo Jesus als Auferstandener zum „ungläubigen" Thomas sagt: „Selig sind, die nicht sehen und doch glauben" (Joh 20,29). Beides ist durchaus wörtlich gemeint, aber vom damaligen Sinn ist heute nicht mehr viel übrig. Auf die bekannten vier Wörter reduziert, drückt die Redensart heute erhebliche Zweifel an der Korrektheit einer Aussage oder eines Sachverhalts aus, die uns vielmehr unglaubwürdig erscheinen. Aber damit schlägt sie vielleicht doch wieder den Bogen zu damals, denn auch die Auferstehung kam ja Thomas wenig glaubhaft vor.

„Ein ungläubiger Thomas sein"

trotz vorliegender Argumente skeptisch sein

Thomas ist ein recht weit verbreiteter Männername. Eigentlich merkwürdig, denn der gleichnamige Jünger Jesu hat keinen lupenreinen Ruf, denn er war es, der zuerst nicht an die Auferstehung glauben wollte: „Er aber sprach zu ihnen: Wenn ich nicht in seinen Händen die Nägelmale sehe und meinen Finger in die Nägelmale lege und meine Hand in seine Seite lege, kann ich's nicht glauben" (Joh 20,25). Nun gut, Thomas ließ sich überzeugen, insofern ist es nicht ganz fair, dass seinem Namen bis heute das Adjektiv „ungläubig" anhängt wie ein Muttermal. Ob sich Thomas nicht nur optisch, sondern auch per Berührung vergewisserte, indem er den Finger in die Wunde legte, wie von Jesus aufgefordert und auf vielen Gemälden dargestellt, ist nicht überliefert, ließ sich aber für die Maler leichter darstellen. Dass die Bezeichnung eines Zweiflers als *ungläubiger Thomas* heute seltener vorkommt, hängt sicher damit zusammen, dass heute andere Thomasse populär sind als der 2000 Jahre alte Apostel.

Kapitel 4:

Neues Testament –
Apostelgeschichte / Briefe / Offenbarung

„Ein Buch mit sieben Siegeln"

Von Engelszungen und dienstbaren Geistern

„Ein Herz und eine Seele sein"

völlig einer Meinung, miteinander verbunden sein

Natürlich fällt jedem bei diesem Ausdruck der Titel einer beliebten Fernseh-Serie aus den 1970er-Jahren ein, in der der Alltag einer von einem lächerlichen Haustyrannen dominierten Familie geschildert wurde. Wer nur eine dieser Episoden gesehen hat, weiß, dass der Titel nicht anders als ironisch zu verstehen war, denn meist war man keineswegs einmütig. In der Apostelgeschichte, aus der die Redewendung stammt, ist sie allerdings wörtlich zu verstehen: als ein herzliches und ungetrübtes Miteinander. Offenbar – und es gibt keinen Grund, daran zu zweifeln – war in der "Urgemeinde" der ersten Christen eine völlige Seelenverwandtschaft vorherrschend: "Die Menge der Gläubigen aber war ein Herz und eine Seele; auch nicht einer sagte von seinen Gütern, dass sie sein wären, sondern es war ihnen alles gemeinsam" [Apg 4,32]. Später würde man diesen utopischen Zustand „Kommunismus" nennen, denn er endete selbst da nicht, wo normalerweise die Freundschaft aufhört: beim Geld.

„Ein Damaskus-Erlebnis haben"

ein Schlüsselerlebnis haben, das bisherige Überzeugungen ändert

Mehrere Redewendungen hängen mit einem Ereignis zusammen, das vor den Toren der syrischen Metropole Damaskus stattgefunden haben soll und für das Christentum von nicht zu überschätzender Bedeutung gewesen ist. Saulus von Tarsus, ein gesetzestreuer Pharisäer, war ein unbarmherziger Christenverfolger gewesen, der sogar die Steinigung des ersten christlichen Märtyrers Stephanus geleitet haben soll. Ihm widerfuhr das berühmte „Damaskus-Erlebnis", nämlich die Erscheinung des auferstandenen Jesus: „Als er aber auf dem Wege war und in die Nähe von Damaskus kam, umleuchtete ihn plötzlich ein Licht vom Himmel; und er fiel auf die Erde und hörte eine Stimme, die sprach zu ihm: Saul, Saul, was verfolgst du mich?" [Apg 9,3]. Nach diesem Erlebnis konvertierte er zum glühenden Anhänger Christi und legte die Grundlagen für die weltweite Ausbreitung des Christentums. Es soll solche Ereignisse heute noch geben, auch wenn dabei selten Jesus erscheint.

„Wie Schuppen von den Augen fallen"

auf einmal die Zusammenhänge durchschauen

Die zweite Redewendung, die im Zusammenhang mit dem Damaskus-Erlebnis des Saulus steht, bezieht sich auf die Blindheit, die nach der Erscheinung Jesu drei Tage lang über ihn kam. In der Apostelgeschichte wird geschildert, wie ein gewisser Hananias, ein Jünger aus Damaskus, Saulus heilte, indem er ihm die Hand auflegte. „Und sogleich fiel es von seinen Augen wie Schuppen und er wurde wieder sehend; und er stand auf, ließ sich taufen" (Apg 9,18). Der Evangelist Lukas, dem die Apostelgeschichte zugeschrieben wird, nutzt die Tatsache, dass man bei bestimmten Augenerkrankungen den Eindruck hat, als würden Schuppen die Augen bedecken, zur Verdeutlichung des wiedererlangten Augenlichts des Saulus. Spaßvögel variieren diese Redewendung heute gern etwas: „Da fällt es einem wie Schuppen aus den Haaren."

„Vom Saulus zum Paulus werden"

sich vom Gegner zum Befürworter wandeln

Diese dritte, ziemlich verbreitete „Damaskus-Redewendung" beruht erstaunlicherweise auf einem Irrtum. Die allgemein verbreitete Annahme, dass Saulus von Tarsus seinen Namen nach seiner Bekehrung in Paulus geändert habe, um seinen Sinneswandel auch in einer Namensänderung auszudrücken, wird von der Bibelforschung zurückgewiesen. Lukas führt ihn mit seinem jüdischen Namen Saul bzw. Saulus in die Apostelgeschichte ein, und erst im 9. Vers des 13. Kapitels erwähnt er einen zweiten, den heute viel bekannteren Namen: „Saulus aber, der auch Paulus heißt ..." Damit ist erwiesen, dass Saulus seinen Namen nicht etwa änderte, sondern beide Namen schon vorher trug. Auch Saulus-Paulus verliert in seinen Briefen kein Wort über seine Namen und bringt sie auch nicht in Verbindung mit seinem Gesinnungswechsel. Es ist wirklich erstaunlich, dass sich diese Redewendung, die jeder Grundlage im Neuen Testament entbehrt, so ausbreiten konnte.

„In jemandes Fußstapfen treten"

einem wichtigen Menschen nachfolgen

Eines Menschen Nachfolger zu sein, der in seinem Amt oder Beruf eine Institution war, ist schwierig. Mehrere Redewendungen beschreiben dies anschaulich: Man *steht im Schatten* des Vorgängers, weil der *Spuren hinterlassen* hat in Form von „Fußstapfen", in die man erst mal treten muss. Die Redensart mit den Fußstapfen, die immer leicht nach Matsch klingt, geht zurück auf den Brief des Apostels Paulus an die Römer, wo es eigentlich um etwas völlig anderes geht, nämlich um die Beschneidung Abrahams: „So sollte er ein Vater werden aller, die glauben, ohne beschnitten zu sein, damit auch ihnen der Glaube gerechnet werde zur Gerechtigkeit; und ebenso ein Vater der Beschnittenen, wenn sie nicht nur beschnitten sind, sondern auch gehen in den Fußstapfen des Glaubens, den unser Vater Abraham hatte, als er noch nicht beschnitten war" (Röm 4,11). Nachfolger haben übrigens mit folgender Schwierigkeit zu kämpfen: „Man kann niemanden überholen, wenn man in seine Fußstapfen tritt" (Truffaut).

„Der Abschaum der Menschheit"

Menschen der untersten Kategorie

Im 1. Korinther-Brief beklagt sich Paulus über die Probleme, denen er und seine Mitapostel ausgeliefert sind: „Bis auf diese Stunde leiden wir Hunger und Durst und Blöße und werden geschlagen und haben keine feste Bleibe und mühen uns ab mit unsrer Hände Arbeit. Man schmäht uns, so segnen wir; man verfolgt uns, so dulden wir's; man verlästert uns, so reden wir freundlich." Und dann folgen zwei Wörter, die die Lage der Apostel deutlich machen: „Wir sind geworden wie der Abschaum der Menschheit, jedermanns Kehricht, bis heute" (1 Kor 4,13). Kehricht kennt man, aber was ist Abschaum? Jeder hat schon einmal erlebt, dass sich beim Eierkochen eine weißliche, schaumige Substanz auf dem Kochwasser bildet, wenn Eiweiß aus einer Eierschale ausgetreten ist. Man schöpft diesen ungenießbaren „Abschaum" ab und wirft ihn weg. Seit Luther wird dieser Begriff umgangssprachlich auch für „schlechte Menschen", „Pöbel" verwendet.

„Mit Engelszungen auf jemanden einreden"

schwierige Überzeugungsarbeit leisten

Diese Redewendung ist einer Bibelstelle entnommen, die das „Hohe Lied der Liebe" genannt wird und deshalb nicht zufällig zum Standard-Repertoire von Trauungen gehört: „Wenn ich mit Menschen- und mit Engelzungen redete und hätte die Liebe nicht, so wäre ich ein tönendes Erz oder eine klingende Schelle" (1 Kor 13,1). Hier geht es aber gar nicht um die Liebe, die sich Brautleute bei der Musik von Mendelssohn-Bartholdy schwören, sondern um die wahre Liebe, die nicht unbedingt die Liebe zwischen Mann und Frau sein muss, sondern auch die Nächstenliebe, die Liebe zur Musik oder zur Natur oder eine andere tiefe Zuneigung sein kann. Und was hat das mit den Engelszungen zu tun? Hier ist gemeint, dass jemand, der die menschliche Sprache, aber auch das Idiom der Engel beherrscht, nur Laute von sich gibt, die erst durch die Liebe einen tieferen Sinn ergeben. Wolf Biermann nannte einen Gedichtband, den er 1968 herausbrachte, in augenzwinkernder Anspielung auf diese Bibelstelle „Mit Marx- und Engelszungen".

„Gott sei Dank!"

Glück gehabt!

Im 2. Korinther-Brief steht im 2. Kapitel: „Gott aber sei gedankt, der uns allezeit Sieg gibt in Christus und offenbart den Wohlgeruch seiner Erkenntnis durch uns an allen Orten" (2 Kor 2,14). Aus diesem Kontext, der in der lateinischen Fassung mit „Deo gratias" anfängt, hat sich einerseits ein so genanntes Stoßgebet, aber auch eine liturgische Formel entwickelt, die in der katholischen Messfeier an mehreren Stellen als Antwort auf verschiedene Rufe des Priesters von der Gemeinde gesprochen oder gesungen wurde. In der deutschen Version — „Dank sei Gott" — ist sie auch in den lutherischen Gottesdiensten, beispielsweise bei der Entlassung, zu hören. Das mehr stoßseufzerartige "Gott sei Dank!" geht auch auf diesen Gebetsruf zurück, wird aber im Sprachgebrauch mittlerweile kaum noch bewusst mit Gott in Verbindung gebracht und hat inzwischen fast die gleiche Bedeutung wie *Zum Glück!*.

„Zu allem Ja und Amen sagen"

vorbehaltlos zustimmen

So sicher wie das Amen in der Kirche — so lautet eine beliebte Bekräftigungsformel, die darauf Bezug nimmt, dass das Wörtchen „Amen" sicher der am häufigsten verwendete Ausdruck in der Liturgie ist und in jeder Kirche zu hören ist, weil er am Ende fast jeden Gebets steht. Das ursprünglich hebräische Wort kommt schon im Alten Testament vor und bedeutet „So sei es". Auf eine Stelle in Paulus' 2. Brief an die Gemeinde in Korinth bezieht sich die Redewendung vom „Ja und Amen": „Gott ist mein Zeuge, dass unser Wort an euch nicht Ja und Nein zugleich ist. Denn der Sohn Gottes, Jesus Christus, der unter euch durch uns gepredigt worden ist [...], der war nicht Ja und Nein, sondern es war Ja in ihm. Denn auf alle Gottesverheißungen ist in ihm das Ja; darum sprechen wir auch durch ihn das Amen, Gott zum Lobe" [2 Kor 1,18]. Es ist wenig bekannt, dass das Amen auch im Islam gebräuchlich ist und damit in den Gebeten von Juden, Christen und Muslimen vorkommt.

„Wie im siebten Himmel"

das höchste der Gefühle

Der „siebte Himmel" ist der Gipfel, der Gipfel der Glückseligkeit. Im Judentum gab es eigentlich nur drei Himmel, wobei der erste die Erdscheibe überwölbte, aus dem zweiten der Regen fiel und sich im dritten das Paradies mit dem Thron Gottes befand. Insofern konnte sich Paulus bei seinem Damaskus-Erlebnis, wie in einem Brief an die Korinther geschildert, nur wie im dritten Himmel fühlen: „Ich kenne einen Menschen in Christus; vor vierzehn Jahren [...] da wurde derselbe entrückt bis in den dritten Himmel" [2 Kor 12,2]. Aristoteles teilte dagegen den Himmel in sieben Sphären ein. Nach dieser Vorstellung war der höchste Himmel mit Gott und seinen Engeln der siebte. Im Islam findet sich die populäre Vorstellung von einer aufsteigenden Ordnung des Paradieses mit dem „Siebten Himmel" als höchster Stufe. Die parallele englische Redensart von *Wolke Sieben* könnte mit der Annahme zusammen hängen, dass es Wolken nur acht Meilen über der Erde gibt; eine Wolke höher ist man im Himmel.

„Die Wurzel allen Übels"

die Ursache der Misere

Viele Theologen sehen in Paulus den eigentlichen Gründer des Christentums, weil er, obwohl er Jesus nie direkt begegnet ist, maßgeblich zum Katechismus der Lehre beigetragen hat. Ganz gewiss gehen auf seine Interpretation der Aussagen Jesu wichtige christliche Lehrinhalte zurück. Einige der überlieferten Quellen haben sich im Nachhinein aber als nicht von Paulus selbst verfasst erwiesen. So ist der 1. Brief an Timotheus mit großer Wahrscheinlichkeit nicht von ihm, sondern von einem seiner Schüler geschrieben worden. Darin kommt folgende Passage vor: „Denn die reich werden wollen, die fallen in Versuchung und Verstrickung und in viele törichte und schädliche Begierden, welche die Menschen versinken lassen in Verderben und Verdammnis. Denn Geldgier ist eine Wurzel alles Übels" (1 Tim 6,9). Auch wenn sie nicht von Paulus selbst ist, ist dieser Erkenntnis bis heute eigentlich nichts hinzuzufügen.

„Dienstbare Geister"

diskretes Personal

Nein, diese Redewendung stammt nicht aus Köln und meint nicht die in der rheinischen Lokalsage beheimateten Heinzelmännchen, die früher ehrbaren Handwerkern diskret bei der Arbeit halfen. Hier handelt es sich vielmehr um die Engel, die im Brief an die Hebräer bei einem Vergleich mit dem Gottessohn relativ respektlos als „dienstbare Geister" bezeichnet werden: „Zu welchem Engel aber hat er jemals gesagt: ‚Setze dich zu meiner Rechten, bis ich deine Feinde zum Schemel deiner Füße mache'? Sind sie nicht allesamt dienstbare Geister, ausgesandt zum Dienst um derer willen, die das Heil ererben sollen?" (Hebr 1,13). Der Schreiber dieses Briefes, ein namentlich nicht bekannter Schüler der Apostel, will hier offenbar dem Irrglauben entgegentreten, dass Jesus nicht mehr sei als ein besserer Engel. Die geisterhafte „Unsichtbarkeit" ist auch heute noch in gewissen Kreisen eine Einstellungsvoraussetzung für Hauspersonal, wobei natürlich echte Gespenster nicht gern gesehen werden.

„Durch Mark und Bein gehen"

bis ins Innerste berühren

Zugegeben, bei dieser Redewendung denkt jeder automatisch an Kreissägen oder andere, schrille Geräusche produzierende Maschinen. Und im Zusammenhang der Akustik wird diese Redensart heute fast ausschließlich eingesetzt, zum Beispiel auch in der durch Mark und Bein gehenden Variante der populären Musik. Aber auch Inhalte, die tief berühren, können *durch Mark und Bein gehen*. Und hier sind wir der ursprünglichen Bedeutung dieser Formulierung schon ganz nahe. Im Hebräer-Brief steht nämlich Folgendes: „Denn das Wort Gottes ist lebendig und kräftig und schärfer als jedes zweischneidige Schwert und dringt durch, bis es scheidet Seele und Geist, auch Mark und Bein, und ist ein Richter der Gedanken und Sinne des Herzens" (Hebr 4,12). Gemeint ist also die spürbar bis ins Knochenmark gehende, erschütternde Wirkung, die eine Nachricht entfalten kann.

„Das gelobte Land"

eine Gegend, in der man sorgenfrei leben kann

Das „gelobte Land" entstammt nicht dem Kontext des Auszugs aus Ägypten, sondern der Ausdruck hat sich erst außerbiblisch gebildet in Anlehnung an den im Hebräer-Brief verwendeten Begriff „verheißenes Land". Dort liest man: „Durch den Glauben ist er (Abraham) ein Fremdling gewesen in dem verheißenen Lande wie in einem fremden und wohnte in Zelten mit Isaak und Jakob, den Miterben derselben Verheißung" (Hebr 11,9). Das in der Redensart verwendete Verb ist also nicht „loben", sondern das im Partizip gleich klingende „geloben", also „versprechen". Das im englischen Sprachgebrauch übliche „promised land" trifft es deutlicher, und in heutigen Bibelübersetzungen wird korrekt vom „Land der Verheißung" gesprochen. Auch in modernen Zeiten haben sich Kolonisten auf die Vision eines „gelobten Landes" bezogen, ob sie nun Nordamerika, Südafrika oder andere Regionen besiedelten und die Ureinwohner, ähnlich wie damals die Israeliten die Kanaaniter, bekämpften, wenn sie das Land nicht so ohne weiteres hergeben wollten.

„Eine apokalyptische Katastrophe"

unübersehbare Verwüstungen

Manchmal schlagen Naturgewalten mit kaum fassbarer Wucht zu. Vor allem Erdbeben, Wirbelstürmen und Vulkanausbrüchen steht der Mensch machtlos gegenüber. Diese Verwüstungen anrichtenden Katastrophen werden gern als *apokalyptisch* bezeichnet. Dies ist zurückzuführen auf die in der Tradition der jüdischen Endzeit-Propheten stehende so genannte „Apokalypse des Johannes", in der der Evangelist seine Vision von schrecklichen Ereignissen beim Weltuntergang schildert. Die direkte Übersetzung des griechischen Wortes lautet eigentlich neutral „Offenbarung": „Dies ist die Offenbarung Jesu Christi, die ihm Gott gegeben hat, seinen Knechten zu zeigen, was in Kürze geschehen soll; und er hat sie durch seinen Engel gesandt und seinem Knecht Johannes kundgetan" [Offb 1,1]. Aus dem in der Offenbarung geschilderten Grauen hat sich die negative Besetzung des Begriffs entwickelt, bis hin zum bezeichnenden Titel des Vietnam-Epos „Apocalypse Now".

„Das ist aber keine Offenbarung"

Hier gibt es keine neuen Erkenntnisse.

Die Offenbarung des Johannes ist bekanntlich eine teilweise Schrecken erregende Zukunftsvision, die Generationen von einfachen Leuten als Schilderung des Weltuntergangs wörtlich genommen haben. Johannes erhebt ja den Anspruch, dass Gott ihm diese Offenbarung gegeben habe, „seinen Knechten zu zeigen, was in Kürze geschehen soll (…). Selig ist, der da liest und die da hören die Worte der Weissagung und behalten, was darin geschrieben ist; denn die Zeit ist nahe" [Offb 1,1]. Der Begriff wird allerdings vom Volksmund, wie das bisweilen mit Termini aus dem Umfeld der Religion geschieht, gern profaniert. So kann es, da eine der Übersetzungen des Wortes Apokalypse „Enthüllung" ist, vorkommen, dass Lehrer bei der Rückgabe einer Klausur einigen Schülern die Bemerkung nicht ersparen können, dass es sich bei ihren Klassenarbeiten „um keine Offenbarung" handele, das heißt, nicht um eine Enthüllung verborgenen Wissens.

„Das A und O"

das, worauf es ankommt

Auf den ersten Blick erscheint es merkwürdig, wenn sich Gott in der Offenbarung des Johannes so vorstellt: „Ich bin das A und das O, spricht Gott der Herr, der da ist und der da war und der da kommt, der Allmächtige" (Offb 1,8), woraus sich die bekannte Redewendung entwickelt hat. Wenn hier keine philologische Erläuterung gegeben wird, bleibt dieser Ausdruck rätselhaft, denn die Kenntnis des Griechischen, also der Sprache, aus der Luther die Bibel übersetzt hat, ist hier vonnöten. Im Original steht an dieser Stelle nämlich nicht „A und O", sondern „Alpha und Omega". Im griechischen Alphabet heißt – und das weiß fast jeder – der erste Buchstabe Alpha, unserem A entsprechend. Der letzte allerdings ist nicht wie bei uns das Z, sondern das Omega. Das hängt damit zusammen, dass es im Griechischen ein kurzes – Omikron – und ein langes O gibt, eben das Omega. Gott ist also der Anfang und das Ende, und richtig müsste es in der deutschen Bibel heißen: „Ich bin das A und das Z."

„Ein Buch mit sieben Siegeln"

etwas, das man nicht versteht

Versiegelt wurden zur Zeit Luthers Dokumente oder Briefe, deren Inhalt vor Unbefugten verborgen bleiben sollte. Ein Siegel, meist aus Wachs oder Lack, zu durchbrechen, war – und ist bis heute – strafbar. Wenn also etwas sogar mit sieben Siegeln geschützt war, entsprach das unserem heutigen Stempel „top secret". In der Offenbarung des Johannes kommt ein dermaßen geschütztes Geheimdokument im 5. Kapitel vor: „Und ich sah in der rechten Hand dessen, der auf dem Thron saß, ein Buch, beschrieben innen und außen, versiegelt mit sieben Siegeln. Und ich sah einen starken Engel, der rief mit großer Stimme: Wer ist würdig, das Buch aufzutun und seine Siegel zu brechen?" (Offb 5,1). Heute ist meist von einer schwer durchschaubaren Person die Rede, wenn man jemanden als „Buch mit sieben Siegeln" bezeichnet, wobei sich die Frage stellt, ob und wie man bestraft wird, wenn man diese Siegel bricht.

„Die apokalyptischen Reiter"

existentielle globale Bedrohungen

Eine der eindrucksvollen Stellen in der Geheimen Offenbarung ist im Kapitel 6 die Öffnung der sieben Siegel des Buches. „Und ich sah, und siehe, ein weißes Pferd. Und der darauf saß, hatte einen Bogen, und ihm wurde eine Krone gegeben, und er zog aus sieghaft und um zu siegen" (Offb 6,2). Beim Öffnen der nächsten drei erscheinen drei weitere verschiedenfarbige Pferde – rot, schwarz und fahl – nebst Reitern, die zusammen als die „vier apokalyptischen Reiter" in den Sprachgebrauch eingegangen sind. Aufgrund der ihnen beigegeben Attribute werden sie interpretiert als Personifizierungen der damals bedrohlichsten Landplagen Verfolgung, Krieg, Hungersnot und Tod. Aber auch heute terrorisieren „apokalyptische Reiter der Neuzeit" die Menschheit; die Geißeln der Gegenwart wie Krebs und AIDS, aber auch andere moderne Probleme wie Umweltverschmutzung, Drogen und organisiertes Verbrechen werden in den Medien gern mit diesem Begriff charakterisiert.

„666"

die Zahl des Teufels

In der Bibel spielt die Zahlenmystik eine große Rolle. So kommen die Drei, die Zwölf und die Vierzig wegen ihrer Symbolik immer wieder vor. Eine andere Zahl hat einen eher unheimlichen Ruf. Es ist die „Zahl des Tieres", die im 13. Kapitel der Geheimen Offenbarung genannt wird: „Wer Verstand hat, der überlege die Zahl des Tieres; denn es ist die Zahl eines Menschen, und seine Zahl ist sechshundertundsechsundsechzig" (Offb 13,16). Die Zahl 666 ist laut Johannes die Verschlüsselung des Namens des Antichristen. Kein Wunder, dass sich okkulte Zirkel dieser Zahl bemächtigten und sie bis heute als Teufelszeichen und Beschwörungssymbol gilt. Auch in der Popkultur kokettieren speziell die Bands der Richtung Heavy bzw. Black Metal gelegentlich mit okkulten Symbolen. Wenn man allerdings auf Sportwagen die dreifache Sechs auf dem Nummernschild entdeckt, soll das wohl eher als eindeutigzweideutiger Hinweis auf die Potenz des Fahrers verstanden werden.

„Ein Sündenbabel"

ein Ort des Lasters

In der modernen Zivilisation gibt es Orte, wo angeblich Sittenverfall herrscht. Es ist nicht die Rede von gewöhnlichen Rotlichtbezirken, vielmehr wecken bestimmte Namen fast automatisch Assoziationen – „Hollywood" ist einer davon, „Las Vegas" ein anderer. Aus ganz unterschiedlichen Gründen wird hier – aber nicht nur hier – von Moralisten der Untergang des Abendlandes lokalisiert. Der Ruf der Stadt Babylon, die schon im Alten Testament nicht nur wegen ihres unvollendbaren Turms bekannt war, sondern der auch eine große Lasterhaftigkeit nachgesagt wurde, führte dazu, dass in der Offenbarung ihr Name als Synonym für alle möglichen Sünden herhalten musste: „Und ein zweiter Engel folgte, der sprach: Sie ist gefallen, sie ist gefallen, Babylon, die große Stadt; denn sie hat mit dem Zorneswein ihrer Hurerei getränkt alle Völker" (Offb 14,8). So hat sich der Begriff „Sündenbabel" gebildet für Stätten – oder Städte – der Unmoral und Sittenlosigkeit.

„Das Tausendjährige Reich"

eine unendlich lange Herrschaft

Es dürfte hinlänglich bekannt sein, dass das „Tausendjährige Reich" in Deutschland ganze zwölf Jahre gedauert hat. Deshalb wirkt dieses selbst verliehene Etikett im Nachhinein ziemlich angeberisch. Die Deutschen waren aber nicht die ersten, die von dermaßen langfristigen Perspektiven gesprochen haben. Die Zahl Tausend stand, wo immer sie verwendet wurde, für eine unermesslich lange Zeitspanne – tausend Jahre bedeuten halt eine mit menschlichen Maßstäben nicht fassbare Größe. Auch in der Offenbarung heißt es daher: „Und ich sah einen Engel vom Himmel herabfahren, der hatte den Schlüssel zum Abgrund und eine große Kette in seiner Hand. Und er ergriff den Drachen, die alte Schlange, das ist der Teufel und der Satan, und fesselte ihn für tausend Jahre und warf ihn in den Abgrund und verschloss ihn und setzte ein Siegel oben darauf, damit er die Völker nicht mehr verführen sollte, bis vollendet würden die tausend Jahre" (Offb 20,1).

Alphabetisches Stichwortverzeichnis

A

Das **A** und O 119
In **Abrahams** Schoß 103
Der **Abschaum** der Menschheit 113
Bei **Adam** und Eva anfangen 14
Herumlaufen wie **Adam** und Eva 16
Einen **Adamsapfel** haben 18
Im **Adamskostüm** dastehen 16
Ägyptische Finsternis 37
Ein biblisches **Alter** erreichen 22
Von **Angesicht** zu Angesicht 40
Ohne **Ansehen** der Person 45
Eine **apokalyptische** Katastrophe 118
Die **apokalyptischen** Reiter 120
Eine **Arche** sein 24
Sich **Asche** aufs Haupt streuen 53
Wie seinen **Augapfel** hüten 46
Auge um Auge, Zahn um Zahn 39
Ein **Auge** auf jemanden werfen 32
Sich die **Augen** ausweinen 69
Etwas **ausposaunen** 85

B

Babel 27
Babylonische Gefangenschaft 74
Babylonische Sprachverwirrung 27
Den **Balken** im eigenen Auge nicht sehen 87
Der **Benjamin** sein 34
Mit **Blindheit** geschlagen 28
Blut und Wasser schwitzen 104
Auf fruchtbaren **Boden** fallen 91
Ein **Buch** mit sieben Siegeln 119

Brief und Siegel geben 72
Meines **Bruders** Hüter 20

D

Ein **Damaskus**-Erlebnis haben 111
Wie **David** gegen Goliath 52
Einen **Denkzettel** verpassen 77
Ein **Dorn** im Auge,
  ein Stachel im Fleisch sein 44
Im **Dunkeln** tappen 45

E

Ein Garten **Eden** 15
Jenseits von **Eden** 21
Im **Elfenbeinturm** leben 67
Der feurige **Elias** 55
Ein **Ende** mit Schrecken 63
Mit **Engelszungen** auf jemanden einreden 114
Eine **Evastochter** sein 18

F

Ein **Feigenblatt** tragen 19
Seine **Feuertaufe** bestehen 81
Unter seine **Fittiche** nehmen 63
Verbotene **Früchte** 17
Seinen **Fuß** auf den Nacken setzen 47
Mit **Füßen** treten 62
In Jemandes **Fußstapfen** treten 113

G

Zehn **Gebote** 40

Gehabt euch wohl! 34

Dienstbare **Geister** 116

Beim Jüngsten **Gericht** 90

Und ward nicht mehr **gesehen** 23

(Nicht) Von **gestern** sein 58

Gewissensbisse haben 60

Gift und Galle 46

Wer's **glaubt,** wird selig 107

Jedes Wort auf die **Goldwaage** legen 68

Gott sei Dank! 114

H

Die **Haare** stehen zu Berge 58

Da kräht kein **Hahn** nach 97

Von jemandem die **Hand** abziehen 44

Die **Hände** in Unschuld waschen 98

Jemanden auf **Händen** tragen 64

Heimgesucht werden 29

Jemandem sein **Herz** ausschütten 51

Ein **Herz** und eine Seele sein 111

Was das **Herz** begehrt 51

Auf **Herz** und Nieren prüfen 61

Aus dem **Herzen** keine
   Mördergrube machen 72

Sich etwas zu **Herzen** nehmen 36

Heulen und Zähneklappern 94

Wie **Heuschrecken** 36

Himmel und Erde in Bewegung setzen 76

Wie im siebten **Himmel** 115

In den **Himmel** heben 67

Einem **Himmelfahrtskommando**
   angehören 105

Himmelschreiendes Unrecht 20

Etwas in sich **hineinfressen** 62

Eine **Hiobsbotschaft** bekommen 57

Ein guter **Hirte** sein 106

Hier lasst uns **Hütten** bauen 92

J

Zu allem **Ja** und Amen sagen 115

Die fetten **Jahre** sind vorbei 32

Das ist der wahre **Jakob** 83

Über den **Jordan** gehen 54

Nicht ein **Jota** zurücknehmen 84

Alle **Jubeljahre** einmal 43

Einen **Judaslohn** bekommen 95

Jugendsünden 59

Wie die **Jungfrau** zum Kind 100

K

Ein **Kainsmal** tragen 21

Eher geht ein **Kamel**
   durch ein Nadelöhr... 92

Im stillen **Kämmerlein** 85

Lass diesen **Kelch** an mir vorüber gehen 96

Ein **Koloss** auf tönernen Füßen 74

Den **Kopf** hängen lassen 71

Das wächst mir über den **Kopf** 56

Nicht ganz **koscher** 41

Krethi und Plethi 52

Sein **Kreuz** zu tragen haben 106

L

Das gelobte **Land** 117

Ein **Land,** wo Milch und Honig fließt 35

Der **Landesvater** 33

Ein armer **Lazarus** sein 103
Das **Leben** sauer machen 35
Jemandem die **Leviten** lesen 43
Es werde **Licht!** 13
Sein **Licht** nicht unter den Scheffel stellen 83
Jemandem geht ein **Licht** auf 81
Etwas für ein **Linsengericht** hergeben 30
Nur ein **Lippenbekenntnis** ablegen 70
Einen **Lockvogel** benutzen 71

M

Schnöder **Mammon** 86
Mann Gottes! 47
Manna 38
Männchen und Weibchen 25
Durch **Mark** und Bein gehen 117
Matthäi am Letzten 98
Das ist ein **Menetekel** 75
So alt wie **Methusalem** 22
Ein **Moloch** 41
Sein **Mütchen** kühlen 37

N

Sich selbst der **Nächste** sein 93
Sich einen **Namen** machen 26
Nichts **Neues** unter der Sonne 66
Vom Stamme **Nimm** sein 31
Ein **Nimmersatt** sein 65
Ein großer **Nimrod** 26

O

Das ist aber keine **Offenbarung** 118
Dastehen wie die **Ölgötzen** 96

P

Wie im **Paradies** 14
Paradiesische Zustände 15
Einen **Paternoster** benutzen 86
Perlen vor die Säue werfen 87
Reden wie ein **Pharisäer** 102
Von **Pontius** zu Pilatus geschickt werden 104

Q

In **Quarantäne** nehmen 82

R

Unter die **Räuber** fallen 101
Nicht mehr wissen,
  wo **rechts** oder links ist 77
Wie ein **Rufer** in der Wüste 70

S

Sabbat 38
In **Sack** und Asche gehen 75
Ein **salomonisches** Urteil fällen 54
Zur **Salzsäule** erstarren 29
Ein barmherziger **Samariter** sein 101
Auf **Sand** gebaut haben 88

Wie **Sand** am Meer 33
Vom **Saulus** zum Paulus werden 112
Das schwarze **Schaf** 30
Vom **Scheitel** bis zur Sohle 53
Sein **Scherflein** beitragen 99
Den **Seinen** gibt's der Herr im Schlaf 64
Wie eine listige **Schlange** 17
Wie **Schuppen** von den Augen fallen 112
Mit etwas **schwanger** gehen 60
Im **Schweiße** meines Angesichts 19
Das ist ein zweischneidiges **Schwert** 65
Schwerter zu Pflugscharen machen 76
666 120
Nun hat die liebe **Seele** Ruh 100
Nach uns die **Sintflut** 25
sintflutartige Regenfälle 24
Jemanden **sitzen** lassen 68
Wie **Sodom** und Gomorrha 28
Der verlorene **Sohn** 102
Die **Spreu** vom Weizen trennen 82
Den **Staub** von den Füßen schütteln 89
Der **Stein** des Anstoßes 69
Keinen **Stein** auf dem anderen lassen 93
Ein **Sündenbabel** 121
Zum **Sündenbock** machen 42

T

Talent haben 94
Der **Tanz** um das goldene Kalb 39
Das **Tausendjährige** Reich 121
Den **Teufel** durch Beelzebub austreiben 90
Zum **Teufel** gehen 95
Ein ungläubiger **Thomas** sein 107
Ein einziges **Tohuwabohu** 13
Ein **Torhüter** sein 55
Treuhänder sein 56
Das **Tüpfelchen** auf dem i 84

U

Etwas **übertreiben** 31
Nichts ist **unmöglich** 99
Sich **unterstehen** 73

V

Da **verließen** sie ihn 97
Das ist **vorsintflutlich!** 23

W

Neuer **Wein** in alte Schläuche 89
In alle **Winde** zerstreut 73
Denn sie **wissen** nicht, was sie tun 105
Ein **Wolf** im Schafspelz 88
Die **Wurzel** allen Übels 116
In die **Wüste** schicken 42

Z

Die **Zeichen** der Zeit erkennen 91
Alles zu seiner **Zeit** 66
In den letzten **Zügen** liegen 57
Die **Zunge** klebt am Gaumen 61
Auf keinen grünen **Zweig** kommen 59

Literaturverzeichnis

Duden Redewendungen. Wörterbuch der deutschen Idiomatik, Mannheim 2002

Andreas Geldner, Michael Trauthig, Christoph Wetzel,
Wer suchet, der findet – Biblische Redewendungen neu entdeckt, Stuttgart 2006

Klaus Müller (Hrsg.), Lexikon der Redensarten,
Herkunft und Bedeutung deutscher Redewendungen, München 2005

Lutz Röhrich, Lexikon der sprichwörtlichen Redensarten, Freiburg 2003

Heinz Schäfer, Biblische Redensarten und Sprichwörter, Stuttgart 1998

Peter Wedler, Worte auf der Goldwaage –
Das etwas andere Lexikon biblischer Redensarten, Gießen 2009

Verwendete Internetseiten:

www.die–bibel.de
www.lutherbibel.net
www.bibel–online.net
www.sprengel–ostfriesland.de / bibel / bibel.html

Bildnachweis

archiv-agil / Dover:
Seite 6, 10, 12, 42, 43, 44, 45, 46, 48, 50, 51, 58, 59, 60, 61, 62, 64, 66, 67, 70, 73, 77, 78,
83, 91, 93, 97, 99, 108, 110, 117

Gemeinfrei:
13, 14, 15, 16, 17, 18, 19, 20, 21, 22, 23, 24, 25, 26, 27, 28, 29, 30, 31, 32, 33, 34, 35, 36, 37, 38, 39, 40, 41, 47,
52, 53, 54, 55, 56, 57, 63, 65, 68, 69, 71, 73, 75, 76, 79, 84, 86, 87, 89, 90, 92, 94, 95, 96, 98, 100,
101, 102, 103, 104, 105, 107, 111, 112, 116, 118, 119, 120, 121

image-direkt:
74, 81, 82, 125

Ebenfalls im Programm des Regionalia Verlages

ISBN 978-3-939722-31-1

Sei gerüstet und verdiene Dir die Sporen, damit Dir niemand das Wasser reichen kann und alle vor Neid erblassen.

Viele Redensarten, die uns in »Fleisch und Blut« übergegangen sind, stammen aus dem Mittelalter. Hier wird ihre Herkunft erklärt. Ein Buch auch zum Schmunzeln. *Der Autor Gerhard Wagner ist Geschäftsführer der Deutschen Burgenvereinigung und Burgvogt auf der Marksburg am Rhein.*

128 Seiten
Format: 16,5 x 19,8 cm
Gebunden
€ 4,95

ISBN 978-3-939722-32-8

Die Spielleidenschaft der Römer, ob jung oder alt, kannte keine Grenzen. Und sie ist heute noch ansteckend! 70 Spiele mit dem Ball, mit Nüssen oder Steinen und mit Würfeln, Brettspiele, Lauf- und Fangspiele sind in diesem Buch aufgeführt, allesamt problemlos nachzuspielen. Jedes Spiel wird erklärt und mit Skizzen verdeutlicht. Fantastische Preis-Leistung!

128 Seiten
Format: 16,5 x 19,8 cm
Gebunden
€ 4,95

MooTools 1.2 Beginner's Guide

Learn how to create dynamic, interactive, and responsive cross-browser web applications using one of the most popular JavaScript frameworks

Jacob Gube

Garrick Cheung

BIRMINGHAM - MUMBAI

D1209469

Credits

Authors

Jacob Gube

Garrick Cheung

Reviewer

Chirstoph Pojer

Acquisition Editor

Douglas Paterson

Development Editor

Steven Wilding

Technical Editor

Bhupali Khule

Indexer

Hemangini Bari

Editorial Team Leader

Akshara Aware

Project Team Leader

Lata Basantani

Project Coordinators

Rajashree Hamine

Srimoyee Ghoshal

Proofreaders

Cathy Cumberlidge

Andy Scothern

Production Coordinator

Adline Swetha Jesuthas

Cover Work

Adline Swetha Jesuthas

About the Authors

Jacob Gube is a massive MooTools developer. He is the founder and Chief Editor of Six Revisions, a website dedicated to web developers and web designers. He's also written for other popular web publications such as Read Write Web and Smashing Magazine, discussing web technologies and development. A web professional for 8 years, Jacob is an in-house web developer specializing in distance-learning education and web accessibility, using PHP, MooTools, and jQuery (alongside other web technology acronyms like VB.NET and AS3/Flash) to get the job done.

Garrick Cheung is a designer-developer and a member of the official Mootools Community team. He's currently a Senior Technical Producer for CBS Interactive developing for sites such as GameSpot.com, TV.com and MP3.com. He's passionate about code optimization and loves to teach and develop in MooTools. Garrick also writes about code and development at his site, http://www.garrickcheung.com.

About the Reviewer

Christoph currently studies Software Engineering and Business Management at the Graz University of Technology. He is an experienced web developer and has worked on numerous web applications for the past 7 years. He focuses on JavaScript and is a core developer of the MooTools JavaScript framework, as he enjoys pushing the limits of the Web. You can find a lot of his open source work on `cpojer.net`. In his free time he enjoys watching TV series and hanging out with friends.

Table of Contents

Preface   **1**

Chapter 1: MooTools and Me   **7**

  What is MooTools?   **8**

  Why use MooTools?   **8**

    The advantages of using MooTools   9

      Writing terse and elegant code   9

      Extending native JavaScript   9

      Cross-browser compatibility   10

      Working with the Document Object Model   11

      The advantage of using open-source projects   11

  Downloading and installing MooTools   **12**

  Time for action – downloading and installing the MooTools Core   **12**

    Different MooTools downloads   15

    The domready event listener   15

  Rolling your own MooTools   **15**

    MooTools Core   16

  Time for action – exploring the MooTools Core Builder   **16**

    MooTools More   20

  Time for action – exploring the MooTools More Builder   **21**

  The API concept   **22**

  MooTools resources   **22**

    MooTools Docs   22

    MooTools Users Google groups   22

    mooforum   23

    The MooTorial   23

  Summary   **23**

Chapter 2: Writing JavaScript with MooTools	25
Writing unobtrusive JavaScript with MooTools	26
An "obtrusive" JavaScript example	26
What's so bad about it?	27
Don't repeat it if you don't have to	27
It'll be hard to maintain	28
It's a bad practice to have functionality in your content structure	28
Time for action – rewriting our script unobtrusively	28
Removing our inline event handlers	32
Using the DOM to handle events	32
Creating MooTools classes	33
What the heck is a class?	33
Real-world analogy	33
Creating a MooTools class	33
The Implements property	34
Time for action – creating an instance of Dog	36
Time for action – giving our class instance some custom options	39
Time for action – determining the value of our options	40
Extending classes	40
Time for action – extending the ShowDog class with	41
the Dog class	41
Class inheritance	43
Using MooTools classes	44
The concept of chainability	44
The Chain class	45
A Chain example	45
A look ahead: Chaining Fx .Tween	45
Time for action – create a chain of Fx.Tween methods	46
Isn't MooTools classy?	51
Chainability	51
Summary	51
Chapter 3: Selecting DOM Elements	53
MooTools and CSS selectors	54
Working with the $() and $$() functions	55
The $() dollar function	55
The $$() dollars function	55
When to use which	56
Time for action – selecting an element with the dollar function	57
Time for action – selecting elements with the dollars function	58
Time for action – selecting multiple sets of elements	58
with the dollars function	58
$() versus document.getElementById()	59
Selecting multiple sets of elements	60

Common errors with the dollar and dollars functions   61

Selection using pseudo-classes   **63**

Pseudo-class example: Zebra striping a table   63

Time for action – using pseudo-classes to zebra stripe a table   **64**

Other pseudo-class selectors   67

Working with attribute selectors   **68**

Attribute selector operators   69

Attribute selector example: Styling different types of links   69

Time for action – using = attribute selector   **69**

Time for action – using != attribute selector   **71**

Time for action – using ^= attribute selector   **72**

Time for action – using $= attribute selector   **73**

Attribute selector case sensitivity   75

DOM selection makes unobtrusive JavaScript do-able   **76**

Summary   **76**

Chapter 4: The Core's Useful Utility Functions   **77**

What is the Core?   **77**

Browser: Getting information about the client   **78**

Determining if the client has a specific feature   78

Browser.Features.xpath   78

Browser.Features.xhr   78

Getting information about the client's rendering engine   78

Determining the client's rendering engine and version   79

Time for action – determining the client's rendering engine and version   **79**

Checking if the client is using a particular web browser   82

Determining if the client has Adobe Flash installed   82

Finding out information about the client's operating system   83

Potential uses of this property   83

Example scenario: Offering the correct download based on the client's platform   84

Time for action – using Browser.Platform to customize SuperSoftware's download page   **86**

Exploring the Core utility functions   **92**

Checking to see if objects are defined   93

Seeing if an object has a value with $chk   93

Checking if an object is defined with $defined   94

Selecting the first defined object using $pick   95

Getting the return of first working function with $try   95

Dealing with time and intervals   96

The $time() function   96

Time for action – the $time() function   **96**

The $clear() function   98

Time for action – exploring the $clear() function with periodical()   **99**

Utility functions for working with objects   101

Extending objects with $extend()   101
Merging objects with $merge()   102
Iterating through objects using $each   103
Time for action – exploring the $each function   **104**
Other utility functions in the Core   105
Generating a random number with $random   105
Converting objects to arrays with $splat   105
Determining the data type using $type   105
Limited use functions   106
Summary   **107**
Chapter 5: Working with Events   **109**
What are events exactly?   **109**
Window events   110
Form events   110
Keyboard events   111
Mouse events   112
MooTools custom mouse events   112
Adding event listeners   **113**
Adding a single event listener   113
Time for action – highlighting focused fields of web forms   **113**
Adding multiple event listeners   117
Time for action – adding tooltips to the web form   **117**
Creating custom events   **122**
Time for action – creating a custom event for showing help tips   **123**
Removing, cloning, and firing off events   **127**
Removing events from elements   127
Removing a single event from elements   127
Time for action – removing an event   **127**
Removing a type of event, or all events, from elements   129
Cloning events from another element   130
Firing off events   130
Time for action – firing off a click event   **130**
The MooTools event object   **132**
Using event object methods   132
Preventing the default behavior   132
Time for action – preventing the default behavior of a hyperlink   **133**
Preventing event bubbling   134
Time for action – preventing event bubbling   **134**
Stopping default behavior and event propagation   138
Using event properties   138
Summary   **140**

Chapter 6: Bringing Web Pages to Life with Animation — 141

MooTools' Fx class — 141
  Basic syntax — 142
  Fx options — 142
Animating a CSS property with Fx.Tween — 143
Time for action - creating a hide/show FAQ page — 143
  Tweening a single CSS property using the tween() method — 149
Time for action – toggling the visibility of a div — 149
  Fading elements — 151
Time for action - fading an image in and out — 152
  Highlighting elements — 155
Time for action - indicating blank form fields that are required — 155
Animating multiple CSS properties with Fx.Morph — 158
Time for action - enlarging an image — 158
  Using the morph() shortcut method — 162
Time for action - experimenting with morph — 162
Other Fx methods — 165
  Starting an effect — 165
  Setting properties immediately — 165
  Cancelling a transition — 166
  Pausing effect — 166
  Resuming a paused effect — 166
Summary — 166

Chapter 7: Going 2.0 with Ajax — 167

What you'll need — 168
Creating a Request object — 168
  Request object options — 168
  Request events options — 170
    Running a function immediately when a request is made — 170
    Running a function when the request is completed — 170
    Running a function when the request is cancelled — 170
    Other Request events — 171
Requesting data — 171
Time for action – requesting remote data — 171
  Requesting HTML and JSON data — 173
    Working with HTML data — 174
Time for action – updating a web page with HTML — 174
    Loading HTML documents remotely — 175
Time for action – loading HTML data — 176
    Working with JSON data — 178
Time for action – working with Ajax and JSON — 178

Cancelling a Request	179
Sending data	**180**
Time for action – sending data to PHP	**180**
Setting and getting HTTP headers	**183**
Setting an HTTP header for an Ajax Request object	183
Getting an HTTP header	184
Time for action – getting the Last-Modified HTTP header	**184**
Summary	**186**
Chapter 8: Beefing Up MooTools: Using the MooTools More Plugins	**187**
Downloading MooTools More plugins	**188**
Time for action – downloading the Fx.Accordion plugin	**188**
Installing MooTools plugins	**190**
Time for action – installing Fx.Accordion	**190**
Discovering a handful of MooTools More plugins	**192**
Creating engaging content using Fx.Accordion	192
Time for action – creating an accordion	**192**
Fx.Accordion options	198
Downloading all the MooTools More plugins we need	199
Time for action – downloading more Mootools More plugins	**199**
Extending JavaScript's native Date object	201
Time for action – building a Date calculator tool	**201**
Making web forms more user-friendly with the OverText plugin	208
Time for action – creating a web form that uses OverText	**208**
Drag-and-drop with Drag and Drag.Move	212
Time for action – creating a simple drag-and-drop game	**212**
Summary	**220**
Chapter 9: Creating Your Own Plugin	**221**
Why create a plugin?	**222**
Designing the plugin	**222**
Time for action – creating a design sheet for our plugin	**223**
Creating the ImageCaption script	**225**
Time for action – writing the ImageCaption script	**226**
Noting down pitfalls and places of improvement to the script	233
Converting the script to a flexible plugin	**233**
Time for action – creating the ImageCaption plugin	**234**
Instantiating the plugin	**239**
Time for action – basic instantiation of the ImageCaption plugin	**239**
Creating a more complex instance of the plugin	241
Time for action – creating new instances of the plugin	**241**
Creating multiple instances of the plugin	243

Time for action – multiple instances of the ImageCaption plugin   243
Preparing your plugin for the public   245
   Documenting your plugin with comments   245
Time for action – documenting the ImageCaption plugin   246
   External documentation   247
Time for action – creating a basic download page for the ImageCaption plugin   248
Summary   252
Index   253

Preface

This book is geared towards web developers who have a basic understanding of JavaScript and the related technologies that are involved with it, namely HTML and CSS. If you're familiar with a programming or server-side scripting language, code authoring in MooTools will be very familiar.

The goal of this book is to give you a functional and pragmatic understanding of MooTools and is not intended for learning JavaScript, HTML, CSS, and concepts such as the DOM and unobtrusive JavaScript.

This is the first book specifically designed for absolute newcomers to MooTools. It is a Packt Beginner's Guide, which means it is packed with clear step-by-step instructions for performing the most useful tasks.

MooTools is an open source, lightweight, modular object-oriented programming JavaScript web application framework. The goal of the software is to provide a means for intermediate to advanced web developers to write cross-browser JavaScript in an elegant, flexible, and efficient fashion. The MooTools JavaScript framework includes built-in functions for manipulation of CSS, DOM elements, native JavaScript objects, AJAX requests, and more.

You will start learning by 'doing' immediately. As each chapter in the book progresses, the topics get more complex. First you get to grips with the fundamentals of MooTools including downloading, installation, and basic syntax. Once you've grasped the basics you learn to make the most of MooTools' powerful framework. You will learn to bring web pages to life with animation and create exciting web pages with AJAX. You will also learn to customize MooTools to suit your own needs by creating your own plug-ins. You will soon be well on the way to creating web applications and web pages worthy of the Web 2.0 world

What this book covers

Chapter 1, *MooTools and Me* shows how to download and install Mootools. It demonstrates how to troubleshoot the most common installation problems. Writing a simple MooTools code block to test that the installation has worked is also explained.

Chapter 2, *Writing JavaScript with MooTools* demonstrates the difference between normal JavaScript against MooTools code. It explains how MooTools code can be far simpler and more efficient than ordinary JavaScript to achieve the same task.

Chapter 3, *Selecting DOM Elements* gives an overview of the Document Object Model tree and an in-depth discussion of the $() function in the Element class. It showcases basic DOM relationships such as parents, children, and siblings. It also demonstrates how to select page links and then give them a certain color or style

Chapter 4, *The Core's Useful Utility Functions* introduces native JavaScript variable definitions. It goes through each function and demonstrates how it works.

Chapter 5, *Working with Events* explains different browser events such as mouse click, mouse hover, mouse moving and key press. It demonstrates how to build a super-charged web form in MooTools. Events are covered showing how to add event listeners to web page elements.

Chapter 6, *Bringing Web Pages to Life Using Animation* introduces the different animation options available in MooTools. It demonstrates how to create a featured area slider. It demonstrates the MooTools Fx class and its useful methods for working with MooTools effects.

Chapter 7, *Going 2.0 with Ajax* shows the basics of Ajax. It demonstrates how MooTools makes working with Ajax easy. It will explain how XML files can be used to simulate a relational database.

Chapter 8, *Beefing up MooTools Using the MooTools More Plugins* demonstrates how to install and use the plug in system. It will explain how the Accordion area can be used to display content in an engaging and compact manner using the Fx Accordian plugin. It will also cover creating user-friendly forms using the OverText plugin.

Chapter 9, *Creating Your Own Plugin* will show the benefits of creating your own plugin such as reusability and customization. It will explain the guidelines and standards that should be adhered to for creating a plugin. It will also demonstrate how to build a simple plugin.

What you need for this book

You will need a computer. It can be running any operating system of your preference. To be able to complete the exercises and examples in each chapter, you will need to have a text editor. Operating systems usually come with one, such as Notepad, on Microsoft Windows, or TextEdit, on Mac OS X. To view the results of the exercises and examples, you will need access to a web browser. The web browsers used in this book are free and can be found on the internet.

Below is a list of the web browsers used in this book:

- Mozilla FireFox
- Opera
- Apple Safari
- Google Chrome
- Internet Explorer

Who this book is for

This book is perfect for MooTools newcomers. You do not require any familiarity with MooTools whatsoever, only a willingness to learn. Basic knowledge of JavaScript syntax and concepts is the only requirement. This book will allow you to grasp the basics of MooTools so that you will be well on the way to creating exciting, customizable web pages and applications.

Conventions

In this book, you will find a number of styles of text that distinguish between different kinds of information. Here are some examples of these styles, and an explanation of their meaning.

Code words in text are shown as follows: "We build a function called `pageCustomizer` that will customize our page."

A block of code will be set as follows:

```
if(Browser.Engine.trident){
    alert('You\'re using Internet Explorer');
} else{
    alert('You\'re not using Internet Explorer');
}
```

When we wish to draw your attention to a particular part of a code block, the relevant lines or items will be shown in bold:

```
if(userPlatform!='other' || userPlatform!='ipod' ) {
    $$('.download-options').destroy();
}
```

New terms and **important words** are shown in bold. Words that you see on the screen, in menus or dialog boxes for example, appear in our text like this: "Click on the **#child** div ".

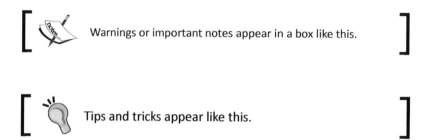

Warnings or important notes appear in a box like this.

Tips and tricks appear like this.

Reader feedback

Feedback from our readers is always welcome. Let us know what you think about this book—what you liked or may have disliked. Reader feedback is important for us to develop titles that you really get the most out of.

To send us general feedback, simply drop an email to feedback@packtpub.com, and mention the book title in the subject of your message.

If there is a book that you need and would like to see us publish, please send us a note in the **SUGGEST A TITLE** form on www.packtpub.com or email suggest@packtpub.com.

If there is a topic that you have expertise in and you are interested in either writing or contributing to a book, see our author guide on www.packtpub.com/authors.

Customer support

Now that you are the proud owner of a Packt book, we have a number of things to help you to get the most from your purchase.

Downloading the example code for the book

Visit http://www.packtpub.com/files/code/4589_Code.zip to directly download the example code.

Errata

Although we have taken every care to ensure the accuracy of our contents, mistakes do happen. If you find a mistake in one of our books—maybe a mistake in text or code—we would be grateful if you would report this to us. By doing so, you can save other readers from frustration and help us to improve subsequent versions of this book. If you find any errata, please report them by visiting http://www.packtpub.com/support, selecting your book, clicking on the **let us know** link, and entering the details of your errata. Once your errata are verified, your submission will be accepted and the errata added to any list of existing errata. Any existing errata can be viewed by selecting your title from http://www.packtpub.com/support.

Piracy

Piracy of copyright material on the Internet is an ongoing problem across all media. At Packt, we take the protection of our copyright and licenses very seriously. If you come across any illegal copies of our works in any form on the Internet, please provide us with the location address or web site name immediately so that we can pursue a remedy.

Please contact us at copyright@packtpub.com with a link to the suspected pirated material.

We appreciate your help in protecting our authors, and our ability to bring you valuable content.

Questions

You can contact us at questions@packtpub.com if you are having a problem with any aspect of the book, and we will do our best to address it.

1
MooTools and Me

In recent years, the Web has undergone a major evolution, an evolution towards highly-interactive, dynamic, responsive web pages and web applications. We're at a time where users expect (and often, demand) web interfaces that talk to them.

Gone are the days where only desktop software was associated with smooth and feature-packed user interfaces that performed complicated tasks. In fact, applications that we normally think of as traditionally being for the desktop (such as Word Processors, Image editors, and Spreadsheet software) are now moving to browser-based environments because of the many advantages of web-based applications (such as operating system/platform interdependency, interoperability with other systems, and collaborative possibilities).

JavaScript is the technology that's driving this evolution by giving web developers the capability to create complex, robust, interactive web page components and Rich Internet Applications (RIA) that respond effortlessly to user actions through a combination of techniques such as Ajax, on-the-fly DOM manipulation, and smooth, animated effects.

However, JavaScript isn't perfect (in fact, it's far from it), its syntax is sometimes unintuitive and repetitive, and often requires a great deal of code-authoring to perform complicated and cross-browser-compatible operations.

This is where MooTools steps in! By providing web developers with a set of useful and cross-browser-compatible functions, methods, and classes within an intuitive framework for writing client-side scripts, we can side-step a lot of frustration and time, typically associated with code-authoring in JavaScript:

In this chapter we shall:

♦   Learn about what MooTools is

♦   Discuss some advantages of using MooTools

♦   Learn how to download and install MooTools

♦   Learn about notable MooTools resources on the web

So let's get on with it!

What is MooTools?

MooTools (which stands for My Object-Oriented "JavaScript" Tools) is a lightweight, modular, object-oriented JavaScript framework. It greatly speeds up and enhances the development cycle of feature-rich Ajax/JavaScript web applications. Created by Valerio Proietti—who originally intended it to be an extension to the Prototype JavaScript framework—MooTools has since grown into an independent, open-source, and very robust JavaScript framework with a solid team of core developers and thousands of users who support, contribute, and rabidly evangelize the project.

MooTools, in essence, abstracts normal JavaScript code so that you can write more terse and elegant client-side scripts. It has a host of useful functions, methods, and classes that'll let you develop robust web components and web applications.

The developers of MooTools strongly believe in applying **Object-Oriented Programming** (**OOP**) principles to JavaScript, a structural programming language. Since everything in JavaScript is an object, MooTools provides a cleaner, easier, and more elegant way to manipulate the object to our will. MooTools also helps make the JavaScript code cross-browser compatible.

Why use MooTools?

I've already mentioned that JavaScript isn't perfect; it's a language that's unintuitive at times and doesn't have a lot of native functions and methods to deal with modern user demands.

For example, Ajax is all the rage these days; the concept of Ajax allows us to communicate with our server-side scripts asynchronously. We heftily rely on Ajax requests and responses to give users an uninterrupted experience as we update the **Document Object Model** (**DOM**) behind the scenes after he or she performs an action such as submitting a web form or adding an item to their shopping cart.

If all of that sounds complicated and seems like it would take an insurmountable heap of JavaScript code to write, then you're right.

If you believe that MooTools will save you a lot of time and will help you write more efficient and terse JavaScript, then you're two for two!

Let's look at the advantages of using MooTools.

The advantages of using MooTools

There are many benefits to be had from learning and using MooTools.

Writing terse and elegant code

I think most would agree that what makes coding in JavaScript awful is stuff like browser quirks and non-standard behavior. In addition, it's very long-winded and even simple operations can sometimes take several lines of code to author because the language is very lightweight.

MooTools, like many of the other JS frameworks, aims at allowing web developers to write complicated procedures with clean, reusable, and understandable code. Not only will this improve the speed at which you complete your projects, but it also makes your code easier to read and maintain.

Extending native JavaScript

There are many functions and methods that web developers think JavaScript should have. For example, Ajax can be challenging because there are no set standards to working with it in JavaScript. MooTools attempts to address these missing parts in JavaScript by providing web developers with a set of standardized and useful classes, methods, and functions.

For example, to address the lack of an Ajax class in JavaScript, MooTools has the `Request` class which deals with operations involving `XMLHttpRequest` objects.

MooTools also has a variety of utility functions and methods that are extremely helpful on many occasions, like the `$each()` function which allows you to easily loop through objects such as non-regular arrays or function arguments, and the `addEvent` method which attaches event listeners to page objects so that we can react to user actions like mouseovers and mouse clicks.

Cross-browser compatibility

JavaScript has to run in a wide array of environments such as web browsers. Unlike server-side scripting languages like PHP and Python, where the server is responsible for compiling and interpreting your code, JavaScript is different in that the web browser interprets your code. Web browsers all have different quirks and ways of interpreting JavaScript, resulting in countless hours of debugging and browser testing.

MooTools handles these browser quirks for you. For example, web browsers have different ways of dealing with Ajax requests. Internet Explorer 6 has the `ActiveX` object while Mozilla-based browsers like Firefox have the `XMLHttpRequest` class.

Traditionally, whenever you create an Ajax request object in JavaScipt, you would have to check first which web browser the user is using. Thus, creating Ajax request objects results in a lot of `if` statements and browser-sniffing.

For example, this is one way of creating an Ajax request object in JavaScript:

```
var request;
//Try Compatible Browser
if ( window.XMLHttpRequest ) {
  request = new XMLHttpRequest();
}
//Try IE6
else if (window.ActiveXObject) { // IE
    request = new ActiveXObject("Microsoft.XMLHTTP");
}
<... More browsers here...>
else {
  //Code that deals with the event that a browser doesn't support
XMLHttpRequest objects
  document.write('Browser is unsupported');
}
```

In MooTools, you can forego all of that browser-sniffing. All you have to do to create an `XMLHttpRequest` object is the following code:

```
var myRequest = new Request([insert arguments here]);
```

There are two important things to note here:

- You've just saved a ton of code to write
- The request object you created will function the same way in all browsers

MooTools officially fully-supports and tests in the following web browsers (though it's very likely that it'll work perfectly in most other web browsers):

- Safari 2+
- Internet Explorer 6+
- Firefox 2+ (and browsers based on gecko)
- Opera 9+

Working with the Document Object Model

A defining feature of most JavaScript frameworks and libraries is that they provide you with a set of useful tools for working with the Document Object Model. Traversing and manipulating the DOM in JavaScript can take massive amounts of code and can be unintuitive to many web developers (not to mention having to deal with browser quirks that can add to the length and development time of your functions).

MooTools has an intuitive syntax for selecting and working on page objects.

For example, if you want to select all the `<a>` hyperlinks with a class of `big` that links to a `.jpg` file in a web page, it only takes a line of code:

```
var jpgLinks = $$('a.big[href$=.jpg]');
```

This line of code creates an array called `jpgLinks` containing the aforementioned set of hyperlinks.

In ordinary JavaScript, this same complex selection operation would involve several `for` loops and *regular expression* matching to accomplish. Modern browsers, such as Safari 4, FireFox 3.5, and IE8 (only CSS 2.1 compliant), are slowly catching up by implementing `document.querySelector` and `document.querySelectorAll` methods to simplify things.

The advantage of using open-source projects

Remember the saying, "Two heads are better than one"? Now multiply that two by several magnitudes of a thousand and that's the number of developers that constantly review, use, and contribute to the MooTools project.

MooTools leverages the collective knowledge and skills of thousands of MooTools users worldwide. Therefore, when a new bug is discovered, it is quickly reported and addressed. Also, you'll encounter some of the most efficient JavaScript code written in MooTools because it has been widely tested and inspected by MooTools users and the MooTools development team.

By using MooTools, you'll have access to a tried-and-tested JavaScript code base.

Downloading and installing MooTools

The first thing we need to do is download a copy of MooTools from the official MooTools website (`http://www.mootools.net`).

 It's important to note that, at the time of this writing, `http://www.mootools.com` is not associated with MooTools. If you've mistakenly navigated to `mootools.com`, don't worry, MooTools is alive and well. A simple Google search for "mootools" should result in `http://mootools.net/`.

What's great about MooTools is that it's extremely modular. You can—as I fondly refer to it—roll your own version of it by downloading only the components that you're going to use. This is important if you want to keep your web applications as light as possible.

For the purpose of this book, you should download the entire MooTools Core so that we can make sure we're all in the same page.

Time for action – downloading and installing the MooTools Core

The following steps will help you to download and install MooTools Core:

1. Go to the MooTools Download page located at `http://mootools.net/download`. You'll see three options, choose the **Uncompressed** version.

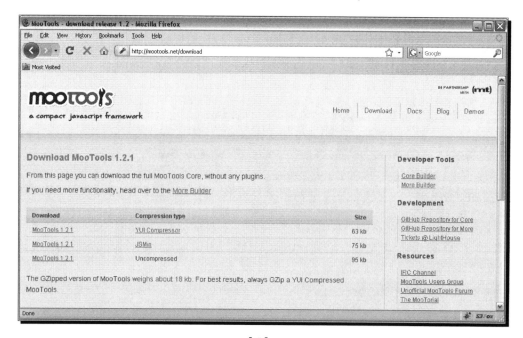

2. Create an HTML document, call it whatever you want, but I'll call mine index.html, as shown:

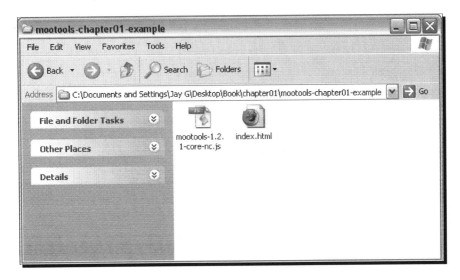

3. Install MooTools by referencing it in the `<head>` of your HTML document with the following code:

```
<script type="text/javascript" src="mootools-1.2.1-core-nc.js"></
script>
```

Right below the MooTools script reference, place the following block of code:

```
<script type="text/javascript">
window.addEvent('domready', function() {
  alert("Hello World!");
});
</script>
```

4. Test your code by opening your HTML document in your favorite web browser. If everything went according to plan, you should see something like this:

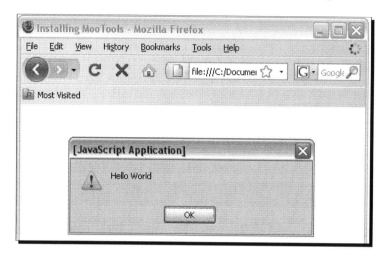

What just happened?

We've just downloaded and installed MooTools by referencing it in an HTML document that we created and then tested to see if we referenced the file correctly by writing a line of JavaScript that displays "Hello World" in an alert box.

For your reference, your HTML markup should look similar to the following:

```
<!DOCTYPE html PUBLIC "-//W3C//DTD XHTML 1.0 Transitional//EN"
"http://www.w3.org/TR/xhtml1/DTD/xhtml1-transitional.dtd">
<html xmlns="http://www.w3.org/1999/xhtml">
<head>
<meta http-equiv="Content-Type" content="text/html; charset=utf-8" />
<title>Installing MooTools</title>
<script type="text/javascript" src="mootools-1.2.1-core-nc.js">
</script>
<script type="text/javascript">
  window.addEvent('domready', function() {
    alert("Hello World!");
  });
</script>
</head>
<body>

</body>
</html>
```

If all went well, congratulations! You're on your way to becoming a MooTools rockstar!

Different MooTools downloads

When you went to the MooTools download page, you had three options: **YUI Compressor**, **JSMin**, and **Uncompressed**. These options have the same source code and differ only in the source code format. The YUI Compressor and JSMin versions are compressed. They are smaller in file size because unnecessary characters (such as those involved in code formatting, like tabs, extra spaces, and inline comments) have been removed.

The process of removing extraneous characters in the source code is called **Minification**. The trade-off in minifying your source code is that it's virtually unreadable, so we downloaded the **Uncompressed** version, in case you wanted to see how MooTools works by studying the source code.

The domready event listener

When writing MooTools code, you will often want to execute the code as soon as possible, otherwise it'll wait until other webpage components are loaded before it runs.

Let's take a closer look at the code we wrote earlier:

```
window.addEvent('domready', function() {
  alert('Hello World');
});
```

In this block of code, we used the `addEvent` method and we tell it to watch out for the event that the window's DOM is ready (`'domready'`). Once the DOM is ready, we ask the method to run the following function:

```
function() {
  alert("Hello World");
}
```

We will discuss the MooTools syntax and concepts in detail in Chapter 2, but for now, let's just say that all code we write throughout this book will be wrapped inside the `domready` event listener so they are executed as soon as possible.

Rolling your own MooTools

MooTools is one of the few JavaScript frameworks that come in different components; it has a very modular design—it is divided into several interdependent parts. Because of its modularity, we're able to pick and choose which parts of MooTools we want. However, if you have a project that doesn't use all of the MooTools components, then it's a good practice to only include the components that you need to reduce page weight and improve response times.

MooTools is organized into two major parts: the **MooTools Core** and **MooTools More** (plugins that extend MooTools). Let's take a look at these two components.

MooTools Core

Let's explore the MooTools Core by using the `MooTools Core Builder` on the official MooTools website. This will give us a basic understanding of the MooTools Core file structure.

Time for action – exploring the MooTools Core Builder

To explore the MooTools Core Builder, perform the following steps:

1. Go to the MooTools Core Builder webpage by navigating to: `http://mootools.net/core`.

2. Notice that the MooTools Core is subdivided into 7 sections. Each section has 2 to 6 JavaScript libraries associated with it. Take the time to read each description to help you get a better understanding of what each file does.

MooTools 1.2.1 Core Builder

You're downloading MooTools 1.2.1 Core.

This page will generate a single JavaScript file, containing the components you choose.

Core

☐	**Core**	The core of MooTools, contains all the base functions and the Native and Hash implementations. Required by all the other scripts.
☐	**Browser**	The Browser Core. Contains Browser Initialization, Window and Document, and the Browser Hash.

Native

☐	**Array**	Contains Array Prototypes like each, contains, and erase.
☐	**Function**	Contains Function Prototypes like create, bind, pass, and delay.
☐	**Number**	Contains Number Prototypes like limit, round, times, and ceil.
☐	**String**	Contains String Prototypes like camelCase, capitalize, test, and toInt.
☐	**Hash**	Contains Hash Prototypes. Provides a means for overcoming the JavaScript practical impossibility of extending native Objects.
☐	**Event**	Contains the Event Class, to make the event object Crossbrowser.

Class

☐	**Class**	Contains the Class Function for easily creating, extending, and implementing reusable Classes.
☐	**Class.Extras**	Contains Utility Classes that can be implemented into your own Classes to ease the execution of many common tasks.

Element

☐	**Element**	One of the most important items in MooTools. Contains the dollar function, the dollars function, and a handful of cross-browser, time-saver methods to let you easily work with HTML Elements.
☐	**Element.Event**	Contains Element methods for dealing with events. This file also includes mouseenter and mouseleave custom Element Events.
☐	**Element.Style**	Contains methods for interacting with the styles of Elements in a fashionable way.
☐	**Element.Dimensions**	Contains methods to work with size, scroll, or positioning of Elements and the window object.

Utilities

☐	**Selectors**	Adds advanced CSS-style querying capabilities for targeting HTML Elements. Includes pseudo selectors.
☐	**DomReady**	Contains the custom event domready.
☐	**JSON**	JSON encoder and decoder.
☐	**Cookie**	Class for creating, reading, and deleting browser Cookies.
☐	**Swiff**	Wrapper for embedding SWF movies. Supports External Interface Communication.

Fx

☐	**Fx**	Contains the basic animation logic to be extended by all other Fx Classes.
☐	**Fx.CSS**	Contains the CSS animation logic. Used by Fx.Tween, Fx.Morph, Fx.Elements.
☐	**Fx.Tween**	Formerly Fx.Style, effect to transition any CSS property for an element.
☐	**Fx.Morph**	Formerly Fx.Styles, effect to transition any number of CSS properties for an element using an object of rules, or CSS based selector rules.
☐	**Fx.Transitions**	Contains a set of advanced transitions to be used with any of the Fx Classes.

Request

☐	**Request**	Powerful all purpose Request Class. Uses XMLHTTPRequest.
☐	**Request.HTML**	Extends the basic Request Class with additional methods for interacting with HTML responses.
☐	**Request.JSON**	Extends the basic Request Class with additional methods for sending and receiving JSON data.

Download Options

Compressor

○	**YUI Compressor**	Uses YUI Compressor by Julien Lecomte, to clean whitespace and rename internal variables to shorter values. Highest compression ratio.
○	**JsMin Compression**	Uses JSMin by Douglas Crockford. Cleans comments and whitespace.
○	**No Compression**	Uncompressed source. Recommended in testing phase.

(DOWNLOAD)

3. Click on the **Event** component. Notice that several other components were automatically selected for you. This ensures that you also include the dependency files that are required for the Event component to run.

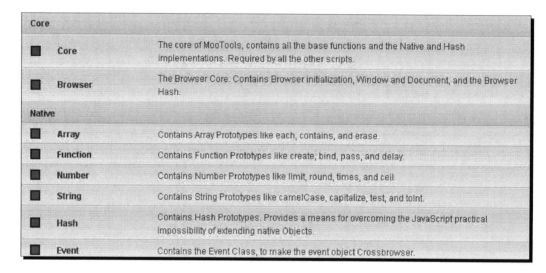

4. Notice the different compression types. **YUI Compressor** is selected by default.

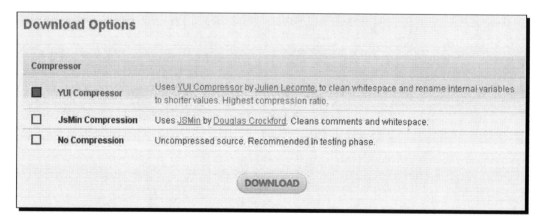

What just happened?

We just covered how to roll your own MooTools Core file and learned about the MooTools Core structure by exploring the MooTools Core builder. Once you're comfortable with how MooTools works, you should use the MooTools Core Builder to create a MooTools Core file that includes only the components you need.

Have a go hero – explore the MooTools Core Builder output

Try to download the previous example with the Events component checked. After downloading your own version of the MooTools Core, open the file in your favorite text editor. Also open the MooTools Core file that you downloaded earlier. Notice that the one you just downloaded is significantly shorter; that's because you only downloaded the Events component and its dependency files.

The entire uncompressed MooTools Core is close to 4,000 lines long (and has a file size of 96 KB).

In comparison, the Core Builder output where only Events and its dependencies are included is just a little over 1,000 lines of code (and weighing only 24 KB).

MooTools More

The second part of the MooTools framework is simply called **More**. As the name implies, it is a collection of useful plugins, functions, classes, and methods that extends the MooTools Core.

Time for action – exploring the MooTools More Builder

To explore through the MooTools More Builder, perform the following steps

1. Go to the MooTools More Builder page: `http://mootools.net/more.`

2. You'll see the same interface as the MooTools Core Builder.
Take some time to read the descriptions of each component.

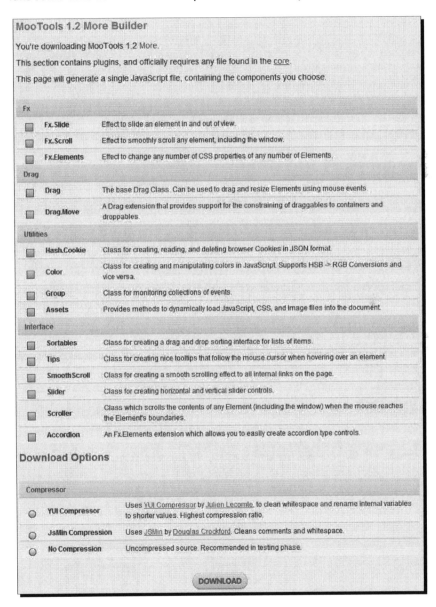

What just happened?

You've just learned where to download the More components of MooTools. This knowledge will come into play in later chapters when we utilize these plugins in our code.

The API concept

MooTools is designed in such a way that instead of modifying the MooTools Core files, you use its API (Application Programming Interface) to utilize MooTools function. This makes MooTools easier to maintain your projects and makes it easily extensible.

A plugin is a JavaScript file that's dependent on MooTools but is not part of the standard MooTools code base. We'll learn about writing plugins in a later chapter, but for now, just think of plugins as MooTools extensions that do a specific function, such as hiding and showing a page element or managing browser cookies.

 It is important to note that—unless you know exactly what you're doing—you shouldn't modify the MooTools Core files. Even if you know what you're doing, it's best to keep the file "as is" so that it's standardized and can be easily updated.

MooTools resources

In order to take full advantage of MooTools, you should check out these excellent resources:

MooTools Docs

MooTools Docs (`http://mootools.net/docs/`) contains the official MooTools documentation. Created by the MooTools team, it's the most comprehensive online resource for MooTools syntax and usage. As you write in MooTools, you'll find that this is a handy resource to have open for quickly finding references to particular MooTools code.

MooTools Users Google groups

The MooTools Users Google groups (`http://groups.google.com/group/mootools-users`) is a discussion group on the topic of MooTools. You'll find a variety of topics here and if you run into specific MooTools problems, it's a great place to seek help.

mooforum

mooforum (`http://www.mooforum.net/`) is the unofficial forum for MooTools. If you're looking for help on specific things or simply want to interact with other MooTools developers, you should sign up for a free user account.

The MooTorial

The MooTorial (`http://mootorial.com/wiki/`) is an online wiki-style tutorial on the MooTools framework written by Aaron Newton. It's a good starting point for learning the basics of the MooTools framework and is a great online supplement to the things you learn throughout this book.

Summary

In this chapter we specifically covered:

- ◆ What MooTools is and some of the advantages of using MooTools
- ◆ How to download and install MooTools
- ◆ The MooTools Core and More Builders
- ◆ Online resources about MooTools

We also learned that all of our MooTools code will go inside the `window.addEvent('domready', function)` method, so that they can run as soon as the DOM is ready. In addition, we talked a little bit about the API concept and how we shouldn't modify the MooTools Core files.

Now that we've learned a little bit about MooTools, we're ready to delve into the MooTools syntax and concepts, which is the topic of the next chapter.

2
Writing JavaScript with MooTools

Using MooTools means you'll be coding in a web application framework that excels in object-oriented programming and JavaScript best practices. Modern development principles, such as unobtrusive JavaScript programming and object-based logic is the bread and butter of MooTools.

For example, modern development practices dictate that we separate our site's functional and behavioral layers (server-side and client-side scripts) from our site's content structural layer (HTML markup). This concept is known as unobtrusive JavaScript, and we'll delve into this best practice here in this chapter. You'll see one of the more important ways of how MooTools makes us write better JavaScript.

But we're going to be covering more than just unobtrusive JavaScript. We're going to work with classes, which is the design pattern of the entire MooTools framework.

MooTools is structured into classes. In programming, a class is simply a template of an object. A class can contain many methods or properties such as normal variables or even references to other classes and objects.

To understand how to write great MooTools code that adheres to best practices, you have to understand its fundamental structure and the concept of classes, which I must admit, can be confusing and hard to grok.

If you know another programming language, especially an object-oriented one, or a pseudo-object-oriented one like PHP (this is where I learned the concept of a class), then the stuff we'll discuss here will look very familiar to you. You can then compare and contrast the difference in syntax of classes in your particular language. As an example, for you PHP folks out there, in PHP 5, we have the __construct() function, which you'll soon see, is exactly like the initialize method of a MooTools class.

In this chapter we shall:

- Learn how MooTools helps us write unobtrusive JavaScript
- Work with classes by creating our own class
- See how MooTools works by exploring a couple of classes
- Learn about the concept of chainability by working through a simple animation example

So let's get on with it!

Writing unobtrusive JavaScript with MooTools

Unobtrusive JavaScript is a set of techniques and principles for writing code that's separated from your web page's structure.

It's best to learn about unobtrusive JavaScript by way of example.

An "obtrusive" JavaScript example

In this example, you'll see JavaScript code that works perfectly fine but doesn't adhere to unobtrusive JavaScript principles. The script contains a function called mouseClick() that, when triggered, opens up an alert dialog box with the message, **You clicked me!**.

The HTML markup is a simple unordered list of links. The hyperlinks <a> are assigned an onclick attribute which triggers the mouseClick() function when you click on them.

```
<html>
<head>
  <script type="text/javascript">
  // A simple function that opens an alert dialog box with a message
  function mouseClick()
  {
    alert( 'You clicked me!' );
  }
</script>
</head>
<body>
<ul id="nav">
  <li><a onclick="javascript:mouseClick();" href="#">Home</a></li>
  <li><a onclick="javascript:mouseClick();" href="#">About</a></li>
  <li><a onclick="javascript:mouseClick();" href="#">Contact</a></li>
</ul>
</body>
</html>
```

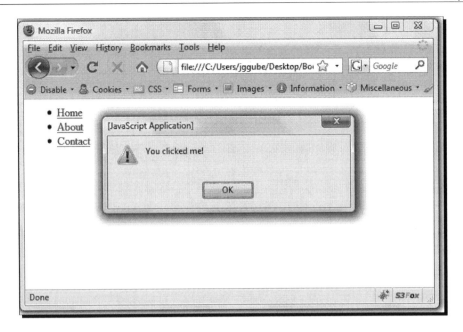

What's so bad about it?

If the script works as intended, then what's the big deal?

Imagine this scenario: you have a 30 page website and each web page has to have that list of links; if you noticed, the unordered list (`<ul>`) tag has an `id` attribute of `nav`, so let's pretend that this is your site's primary navigation. You would have to go through all 30 pages to add `mouseClick()` to the list of links found on each page. This would be very time consuming.

Don't repeat it if you don't have to

That's a lot of repetition, and you'll be breaking a lot of MooTools' core developers' hearts because they designed the framework with the **Don't Repeat Yourself (DRY)** principle.

If you have to manually implement that block of code, there's a big chance that you'll commit an error that can result in your web pages rendering incorrectly or behaving unexpectedly.

It'll be hard to maintain

Say that for some reason, you want to add something else to the `onclick` attributes of the links (like calling another function) or remove it entirely. Whenever there's a change to the `onclick` attribute, you'll have to go through each page and change them. That's not an ideal situation, especially because by writing unobtrusively, you can sidestep this issue and write a more maintainable code base.

It's a bad practice to have functionality in your content structure

Modern web development best practices encourage separating your web page's content/structure (HTML) from its presentation (CSS) and behavior/functionality (client-side/server-side scripts). By relying on the `onclick` attribute, we're intermixing our web page's structure with its behavior (opening a dialog box when the link is clicked).

Separating structure, style, and functionality goes back to maintainability; it allows us to keep things separate so that we can work with each component individually without affecting the other components. This involves taking out all inline event handlers (namely, the `onclick` attribute on our `<a>` tags).

Adding on event handlers directly into the HTML could also cause memory leaks in Internet Explorer and make adding multiple events of the same type impossible.

Time for action – rewriting our script unobtrusively

Let's rewrite the previous example to follow unobtrusive JavaScript principles:

1. First, we'll remove all the `onclick` attributes. By doing so, we've effectively separated our website's functionality from its content structure. Here's the revised code:

    ```
    <html>
    <head>
    <script type="text/javascript">
    function mouseClick()
    {
      alert( 'You clicked me!' );
    }
    </script>
    </head>
    <body>
    <ul id="nav">
      <li><a href="#">Home</a></li>
      <li><a href="#">About</a></li>
    ```

```
      <li><a href="#">Contact</a></li>
  </ul>
  </body>
  </html>
```

2. Now remove the mouseClick() function; we don't need it anymore.

```
<html>
<head>
<!-- mouseClick() function is now bye-bye. -->
</head>
<body>
<ul id="nav">
  <li><a href="#">Home</a></li>
  <li><a href="#">About</a></li>
  <li><a href="#">Contact</a></li>
</ul>
</body>
```

3. Include the MooTools framework and put our code inside
window.addEvent('domready').

```
<html>
<head>
<script type="text/javascript" src="mootools-1.2.1-core-nc.js">
</script>
<script type="text/javascript">
window.addEvent('domready', function()
{
  // Our code will go in here
});
</script>
</head>
<body>
<ul id="nav">
  <li><a href="#">Home</a></li>
  <li><a href="#">About</a></li>
  <li><a href="#">Contact</a></li>
</ul>
</body>
</html>
```

4. Add an event listener to all child links of `<ul id="nav">`. You'll learn more about event listeners in Chapter 5.

```
<html>
<head>
<script type="text/javascript" src="mootools-1.2.1-core-nc.js">
</script>
<script type="text/javascript">
window.addEvent('domready', function()
{
  $$('#nav a').addEvent('click', function()
  {
    // The alert function will go in here
  });
});
</script>
</head>
<body>
<ul id="nav">
  <li><a href="#">Home</a></li>
  <li><a href="#">About</a></li>
  <li><a href="#">Contact</a></li>
</ul>
</body>
</html>
```

5. Put our `alert()` function back, inside the `addEvent` method.

```
<html>
<head>
<script type="text/javascript" src="mootools-1.2.1-core-nc.js">
</script>
<script type="text/javascript">
window.addEvent('domready', function()
{
  $$('#nav a').addEvent('click', function()
  {
    alert( 'You clicked me!' );
  });
});
</script>
</head>
<body>
```

```
<ul id="nav">
  <li><a href="#">Home</a></li>
  <li><a href="#">About</a></li>
  <li><a href="#">Contact</a></li>
</ul>
</body>
</html>
```

6. Save your work and open it in a web browser. Click on any link. It should open up a dialog box just like in our obtrusive example.

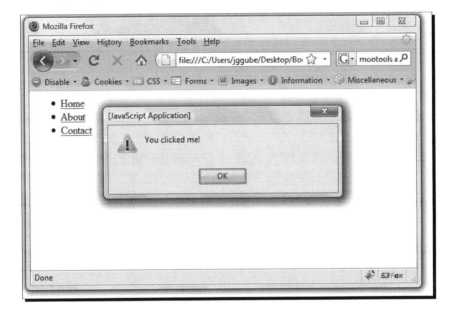

Just like before, if you did it correctly, you should see a dialog box that says **You clicked me!**

What just happened?

What we did was fix our poorly-written and obtrusive JavaScript example by rewriting our code without the use of inline event handlers. We leaned on MooTools to help us do this effortlessly by using the $$() function to select all <a> elements inside our <ul id="nav"> element and then added an unobtrusive click event listener/handler.

Now we can go onto explore key aspects of what we just did.

Removing our inline event handlers

The first step we did was to remove all of our `onclick` attributes. This not only makes our HTML and JavaScript leaner and cleaner, but we also effectively separated our web page's structure from its functionality. Now, whenever we want to add, remove, or edit our event handler for clicks, we just have to do it in one place—MooTools code.

Using the DOM to handle events

In step 4, we leveraged the DOM to add events to our `<a>` elements, first matching all elements in the DOM that match our criteria via the `$$()` function, namely all `<a>` elements that are the children of `<ul id="nav">` element, which translates to `$$('#nav a')` (notice that we selected it using **CSS selectors** syntax). Then we call the MooTools Element method, `.addEvent()`, gave it a `click` argument. The `.addEvent()` method with a `click` argument, in plain English, just says: *add an event handler to perform this function when a 'click' event is triggered*.

```
function()
{
  alert( 'You clicked me!' );
}
```

Now, when we clicked on any link on our web page, the `alert()` function was triggered and we saw a dialog box.

You'll learn plenty more about selecting DOM elements and adding event handlers in Chapters 3 and 5 respectively. For now, suffice it to say that we were able to revolutionize our "obtrusive" JavaScript code into something magnitudes better. Now, if we wanted to later on remove the event handler, we just remove it from our MooTools script, instead of going to multiple pages to remove the inline event handler.

Pop quiz – rewriting our script unobstrusively

Which of the following statements is wrong?

1. Unobtrusive JavaScript separates JavaScript from your content's structure.
2. Unobtrusive JavaScript makes updating scripts easier.
3. **Unobtrusive JavaScript is exclusive to the MooTools framework.**
4. Unobtrusive JavaScript, oftentimes, can reduce the amount of code you have to write.

Alright, I think you've had more than your fair share of unobtrusive-ness, but if you want to learn more, check out this URL: http://www.onlinetools.org/articles/ unobtrusivejavascript/.

Now it's time to move onto another topic: MooTools classes.

Creating MooTools classes

I've mentioned it, like, a million times already, but here I go again, MooTools is an object-oriented web application framework. And what's OOP without classes? Not OOP, that's for sure! MooTools is, to me, the only JavaScript library that effectively implements and promotes the use of classes.

What the heck is a class?

A **class**, in terms of object-oriented programming, is a definition of an object, or an object's blueprint, its design, its structure, its template, I can go on, but I think you get the picture. Classes are best described in real-world terms.

Real-world analogy

Let's say our class is "Dog". A dog can have a lot of traits, such as its name, its type (for example, Golden Retriever or Poodle), its age, and so on. In MooTools, these traits are called **options**, which is an object that contains default key/value pairs specific to a particular class.

A dog can also do a lot of things, such as bark, sit, or eat. In the context of JavaScript and classes, these are called class **methods**. A method is a function for a particular class or object. For example, myPoodle.bark() can mean that we make my poodle bark by triggering the bark() method.

Let's create a Dog class in MooTools.

Creating a MooTools class

We create a MooTools class using the following format:

```
var ClassName = new Class({ properties });
```

So for our Dog class, here's what we'll start with:

```
var Dog = new Class(
{
 // Implements is a class property
 // upon which other classes methods will be added
  Implements : [ Options ],
```

```
// Default options for our Dog
options : {
  name : 'Barkee',
  type : 'Poodle',
  age : 4
},
// initialize is a MooTools method/constructor that executes the
//following function whenever a new instance of a class is created
initialize : function( options )
{
  this.setOptions( options );      },

// Create a method which when passed to a instance of Dog will
//tell us our dog is barking.
bark : function()
{
  alert( this.options.name + ' is barking.' );
},
// This method is similar to .bark() but will tell us our dog
//is sitting.
sit : function()
{
  alert( this.options.name + ' is sitting.' );
}
});
```

That's a big code block, but let me break it down for you all. Let's go through what's going on inside the Dog class.

The Implements property

The Implements property basically tells our new class what other class properties/methods to include as part of our new class. Either its classes are created by us or our MooTools classes (like Options and Events).

Options and Events are MooTools utility classes in the Class.Extras component of MooTools. Class.Extras includes the Chain class (which queues up and executes one function after the next) and Events class (which adds customizable events to a class). In our case, we're giving our class the instruction to implement the Options class.

```
Implements : [ Options ]
```

The `Options` class provides us a way to deal with setting default options for our class, and automatically decides what options to overwrite and leave alone depending on what parameters are passed to it.

It also includes the `.setOptions()` method which is the method that triggers the setting of these options.

The options property

The `options` property lets us set default options for our `Dog` class.

```
options : {
   name : 'Barkee',
   type : 'Poodle',
   age : 4
},
```

For example, if we don't pass a `name` option value when we create an instance of the `Dog` class, then it's assumed that our dog's name is "Barkee". Likewise, if we don't pass a value for type, then we're going to assume that it's a "Poodle" (and if your dog is really a Chihuahua, it might get offended, so be sure you set the right type).

The initialize method

The initialize method executes the code block; it's paired with when a new instance of your class is created. In our example, we definitely want to set our class options (name, type, and age), so we write:

```
initialize : function( options )
{
   this.setOptions( options );    }
```

Remember we implemented the `Options` class earlier? Well, in doing so, we get access to the `.setOptions()` method which does all the hard work of merging our options for us. For example, we don't have to check using `if` conditional statements, whether there is or isn't value passed for name or type, and declare what to do in the case that they are or aren't passed—it just does it for us. It sets the options to `this` instance.

Our own Dog class methods: .bark() and .sit()

For our class, we create two methods, `.bark()` and `.sit()`. When we trigger them from an instance of `Dog`, they'll tell us that our dog is either barking or sitting, respectively.

Alright, now that we've set up the template of the `Dog` class, it's time for you to try out the `Dog` class.

Time for action – creating an instance of Dog

Let's create an instance of a Dog class by deploying the following the steps:

1. Create an HTML document for this. Use the following code taken from our Dog class.

```html
<html>
<head>
<script type="text/javascript" src="mootools-1.2.1-core-nc.js">
</script>

<script type="text/javascript">
  var Dog = new Class(
  {
    Implements : [ Options ],

    options : {
      name : 'Barkee',
      type : 'Poodle',
      age : 4
    },

    initialize : function( options )
    {
      this.setOptions( options );
    },

    bark : function()
    {
      alert( this.options.name + ' is barking.' );
    },

    sit : function()
    {
      alert( this.options.name + ' is sitting.' );
    }
  });
</script>
</head>
<body>
</body>
</html>
```

Apart from taking out the comments, referencing the MooTools framework, and putting in the basic tags for an HTML document, nothing has changed so far.

2. Create an instance of our `Dog` class, you can call the class instance anything you like, but I'll call mine simply `myDog`. Place the following code right below our class declaration.

```
var myDog = new Dog({ });
```

You've now created an instance of `Dog`, but we didn't declare any values for options properties, so the options for `myDog` will be set to our default values that we declared in the class.

3. Let's make `myDog` bark. Right below the code that we just wrote, place the following code, which will pass the `.bark()` method to `myDog`:

```
myDog.bark();
```

4. Save your work and preview the HTML document in the web browser. It should immediately open up a dialog box like this:

What just happened?

We just created a new instance of the Dog class called myDog. We didn't give myDog any replacement options, so it used as the default option in our class. When we used the .bark() method on myDog, it alerted us that "Barkee", the default name, "is barking".

If you followed along, this is the entire code you should have thus far:

```html
<html>
<head>
<script type="text/javascript" src="mootools-1.2.1-core-nc.js">
</script>
<script type="text/javascript">
  var Dog = new Class(
  {
    Implements : [ Options ],
    options : {
      name : 'Barkee',
      type : 'Poodle',
      age : 4
    },
    initialize : function( options )
    {
      this.setOptions( options );
    },
    bark : function()
    {
      alert( this.options.name + ' is barking.' );
    },
    sit : function()
    {
      alert( this.options.name + ' is sitting.' );
    }
  });
  var myDog = new Dog({ });
  myDog.bark();
</script>
</head>
<body>
</body>
</html>
```

Have a go hero – use the .sit() class method

We still haven't used the `.sit()` method. Why don't you modify our example to use the `.sit()` method on `myDog` instead of `.bark()`?

Time for action – giving our class instance some custom options

Let's give some custom options to our class by deploying the following:

1. Go back to the source code of the HTML document you just created. Go to the
    `var myDog = new Dog({ });` line.

2. Pass property values to name, type, and age like so:

    ```
    var myDog = new Dog({
      name : 'Zensis',
      type : 'German Sheperd',
      age : 10
    });
    ```

3. Open your HTML document in the web browser, and now, you should see
    something like this:

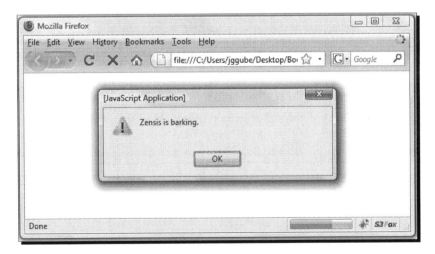

Time for action – determining the value of our options

The following steps help us to determine the value of our options:

1. Right below where we use the `.bark()` method on `myDog`, type in the following code:

```
document.write( 'My dog\'s name is ' + myDog.options.name +
    '.<br />');
document.write( 'My dog is a ' + myDog.options.type + '.<br />');
document.write( 'My dog is ' + myDog.options.age +
    ' years old.<br />');
```

2. Open up your HTML document on the web browser, and after you exit out of the dialog box that `.bark()` calls, you should see something like this:

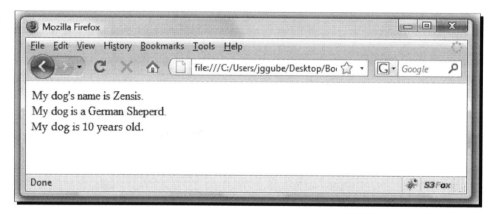

Extending classes

Oftentimes, you'll want to extend a class with another class. For example, we might want to extend our `Dog` class with a class for show dogs that may use the same options, but may do other special things.

We can extend classes with the `Extends` property. `Extends` is a property specifically for classes, that not only inherits properties and methods from a parent class, it makes all parent methods available inside a method.

Time for action – extending the ShowDog class with the Dog class

Let's see how we can extend our Dog class using the Extends property:

1. Let's clean up the Dogs class first by removing the things we don't need any more to tidy up our code. We'll delete the .sit() class method, the myDog.bark() call, and the document.write's that we used to show the option property values of myDog. Here's our revised code:

```
<html>
<head>
<script type="text/javascript" src="mootools-1.2.1-core-nc.js">
</script>

<script type="text/javascript">
window.addEvent('domready', function()
{
  var Dog = new Class(
  {
    Implements : [ Options ],

    options :
    {
      name : 'Barkee',
      type : 'Poodle',
      age : 4
    },

    initialize : function( options )
    {
      this.setOptions( options );
    },

    bark : function()
    {
      alert( this.options.name + ' is barking.' );
    }
  });
});
</script>
</head>
```

```
<body>
</body>
</html>
```

2. Create the `ShowDog` class right below the `Dog` class. Use the following code:

```
var ShowDog = new Class(
{
  Extends : Dog,

  options :
  {
    name : 'Xythian'
  },

  initialize : function( options )
  {
    this.parent( options );
    alert( 'I\'m no ordinary dog!' );
    document.write( 'My name is ' + this.options.name + '<br />');
    document.write( 'I\'m a ' + this.options.type + '<br />');
    document.write( 'I\'m ' + this.options.age + '<br />');
  }
});
```

3. Instantiate a new `ShowDog` object, like so:

```
var myOtherDog = new ShowDog();
```

We now have the `myOtherDog` object, which is an instance of the `ShowDog` class that extends the `Dog` class.

4. Test your HTML document in a browser, and if everything went according to plan, then you should see the following:

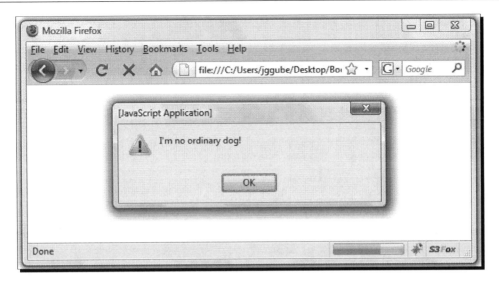

Then, the next thing you would see is as shown:

What just happened?

We extended the ShowDogs class with the Dogs class. We did this by using the special class property called Extends, which allows us to assign it the class we're extending it with.

Before we move onto the next topic, we should go over **class inheritance** a little bit.

Class inheritance

Note that the ShowDogs class takes on properties and methods of its parent class (Dogs) if we don't explicitly define them.

For example, since we already defined an Implements property in `Dogs`, we need not do it again for `ShowDogs`. We explicitly defined the name option value (Xythian), when we print the value of it in the document, using the following line:

```
document.write( 'My name is ' + this.options.name + '<br />');
```

It printed "My name is Xythian".

However, we didn't explicitly define the `type` and `age` option values that we created in the parent class when we performed the following:

```
document.write( 'I\'m a ' + this.options.type + '<br />');
document.write( 'I\'m ' + this.options.age + '<br />');
```

The values took on the default property values we set in `Dogs` (Poodle, and 4).

Have a go hero – doing more with the thing

Why don't you try using the `.bark()` method that's in the `Dog` class on the `myOtherDog` object? What happens? Did it behave like you expected it to?

Using MooTools classes

Now that you know how to create a class in MooTools, it'll be a piece of cake to use the already-existing classes in the MooTools framework. You've already used a MooTools class, whether you know it or not, with the `Options` class that we implemented in the `Dogs` class.

Let's look at another class, the `Chain` class, so that we can explore how to use MooTools classes. And we're going to hit three birds with one stone here: by covering the `Chain` class to see how MooTools classes work in general, you'll also discover a key concept in the MooTools framework—**chainability,** and be able to witness the power of the `Chain` class. Once we're done, it'll be a cinch to use other MooTools classes such as `Fx` class for animation effects (we'll cover in greater detail in a later chapter).

The concept of chainability

Alright, so you caught me, chainability isn't a real word. Chainability refers to MooTools' ability to chain functions in sequence. It follows the concept of a **Stack**, a data structure that follows the principle of "last in, first out". Chaining allows you to create a stack of functions that you can execute in sequential order.

The Chain class

The `Chain` class, as you would expect, is a class for dealing with a chain of functions. It contains the following useful methods:

- ◆ `.chain()`—pushes one or more functions onto a chain stack
- ◆ `.callChain()`—executes the highest stack order function in our chain stack
- ◆ `.clearChain()`—clears our chain stack

A Chain example

Let's set up an example for showcasing the concept of chaining and the abilities of the `Chain` class. We're going to create a box using a `<div>` element that has a width and height of 50px and a background color of blue (hexadecimal value of **#00f**). For convenience, we're going to break my rule of separating style and structure that I discussed in the beginning of this chapter by declaring an inline style attribute. Here's our HTML markup for the `<div>` element:

```
<div id="box" style="background-color: #00f; height:50px;
width:50px;"> </div>
```

 Avoid using inline styles. It's a bad practice, and though development best practices for style and content separation is beyond the scope of this book, I'll make all the efforts I can in advocating the use of best practices. We'll break this rule in this case so that we're focused on the topic at hand and not our CSS and HTML.

Now that we have a nice `<div>` box to work with, what are we going to do with it?

A look ahead: Chaining Fx.Tween

I don't think I can let you read any more chapters without seeing some cool animation effects. So I'm going to cheat a bit (I hope the editors of this book don't notice that I snuck in some animation effects in this chapter), and jump ahead to use a `Fx.Tween` class, except that it's just like any other class in MooTools and that it deals with taking two CSS property values and transitions between them.

This is what we're going to do:

1. Move the blue box to the right by tweening its left margin.
2. Double its width (100px).
3. Fade it out.
4. Fade it back in.
5. Tween it back to its original position.

We're going to do this by chaining these four methods one after the other.

Let's write out the methods now:

```
.start('margin-left', 150)
.start('width', 100)
.start(opacity, 0)
.start(opacity, 1)
.start('margin-left', 0)
```

Alright, so we have our HTML markup set up and we already know what methods we're going to stack. Let's get your chain on!

Time for action – create a chain of Fx.Tween methods

Let's see how to create a chain of Fx.Tween methods by carrying out the following steps:

1. Create a new HTML document like we always do. It should have the following code:

```
<html>
<head>
<script type="text/javascript" src="mootools-1.2.1-core-nc.js">
</script>

<script type="text/javascript">
window.addEvent('domready', function()
{

});
</script>
</head>
<body>
<div id="box" style="background-color: #00f; height:50px;
width:50px;"> </div>
</body>
</html>
```

2. Create a new object called boxAnimation, an instance of the Fx.Tween class, and giving it the target of our box element, which has an id of box, using the following code in our domready event handler:

```
var boxAnimation = new Fx.Tween( $('box') );
```

3. Now that we have our `boxAnimation` object, let's apply the first method (moving it to the right by adjusting the left margin) by entering this line of code:

```
boxAnimation.start( 'margin-left', 150 );
```

4. We'll pause here and test our work. Save your document, and open it up in your web browser. You should see the following animation:

Then, you will see the following animation:

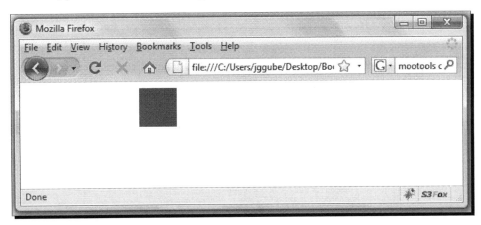

5. Now, we'll add the second method, and we'll chain it to the previous method. That way, as soon as the first method gets completed, it will start our next method. Here's how to do it:

```
boxAnimation.start( 'margin-left', 150 )
  .chain(function()
  {
   boxAnimation.start( 'width', 100 );
  })
```

6. You can save and test your work if you wish. If you execute our script, you'll see two consecutive animation effects move to the right and then increase width. This should be what you end up with:

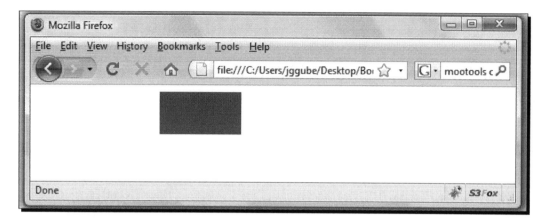

7. Let's add the rest of our chain methods, and this is what we should end up with:

```
.chain(function()
{
 boxAnimation.start( 'width', 100 );
})
.chain(function()
{
 boxAnimation.start('opacity', 0);
})
.chain(function()
{
 boxAnimation.start('opacity', 100);
})
.chain(function()
{
 boxAnimation.start('margin-left', 0);
});
```

Here's the full sequence of the animation:

The next goes like this:

Then comes the following:

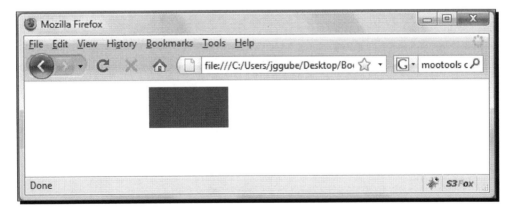

The next in the slide happens to be like the following:

The next slide looks like the following:

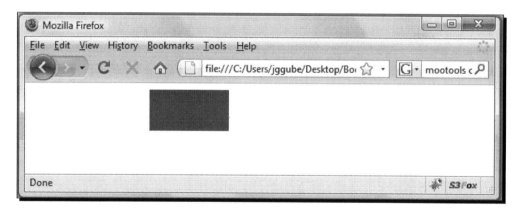

Lastly, the one aligned to the left:

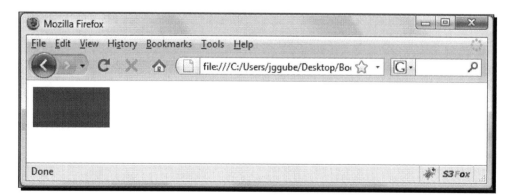

What just happened?

Here, we just learned about how to create and instantiate an object of a MooTools class (`Fx.Tween`), and learned how to use a method provided to us by another MooTools class (`Chain`) using the `.chain()` method.

Isn't MooTools classy?

By working through an example of how to chain methods in `Fx.Tween` together (we chained the `.start()` method which is actually in the `Fx` class and is available to classes that extend `Fx`, such as `Fx.Morph`), we're able to see the fundamental structure of MooTools. Its design is very class-based, and we work with objects by creating a blueprint, a template, and so on—oh here I go again!

Chainability

We saw the concept of chaining in this example, and how we can trigger methods one after the other on the same object (in our example, `boxAnimation`).

It doesn't seem so special now, especially since we're just moving and resizing a box, but once we get into the thick of things, like making asynchronous server-side calls where we need to fire off functions in a sequence based on the state returned by our server, you'll see just exactly how great chaining is.

Have a go hero – doing more with chaining Fx.Tween methods

You can try to add or remove chained methods and experiment with different CSS properties. Perhaps you'll want to transition the background color to red (#F00) or adjust the height to double its size (to 100px).

Summary

In this chapter we learned about:

- The concept of unobtrusive JavaScript. We did this by creating an "obtrusive" example and then reworked into an unobtrusive and more elegant solution.

- The concept of classes. We created our own class, explored it, and even extended it with another class. This gives us the basis of the structure and design of the MooTools framework.

- We learned the basics of using a class in MooTools. We used the `Fx.Tween` and `Chain` class to animate a blue box.

- Chainability: We discovered how we can chain methods one after another and execute them in sequence.

Though we covered a lot of theories in this chapter, it was necessary to give us a solid foundation for the next chapters and to give us a full understanding of how to write good MooTools code. Anyone can hack and dice with MooTools, but you now possess the knowledge of writing MooTools code that you can be proud of.

Now that we have some understanding of how to write JavaScript with MooTools, we are going to move right along with the thing you'll be doing the most of with MooTools, selecting and manipulating things in the Document Object Model.

3
Selecting DOM Elements

In the last chapter, we learned about the MooTools syntax as well as JavaScript best practices. More specifically, we discussed unobtrusive JavaScript and how we should separate our structure (HTML) from our website's behaviors (JavaScript).

In order to successfully and effortlessly write unobtrusive JavaScript, we must have a way to point to the `Document Object Model` *(DOM) elements that we want to manipulate. The DOM is a representation of objects in our HTML and a way to access and manipulate them. In traditional JavaScript, this involves a lot (like, seriously a lot) of code authoring, and in many instances, a lot of head-banging-against-wall-and-pulling-out-hair as you discover a browser quirk that you must solve.*

Let me save you some bumps, bruises, and hair by showing you how to select DOM elements the MooTools way. This chapter will cover how you can utilize MooTools to select/match simple elements (like, "All div elements") up to the most complex and specific elements (like, "All links that are children of a span that has a class of `awesomeLink` *and points to* `http://superAwesomeSite.com"`*).*

In this chapter we will look at:

- ◆ The `$()` and `$$()` functions
- ◆ Selecting HTML elements with pseudo-class selectors
- ◆ Selecting HTML elements based on their attributes

So let's get on with it!

MooTools and CSS selectors

MooTools selects an element (or a set of elements) in the DOM using CSS selectors syntax.

Just a quick refresher on CSS terminology; a CSS style rule consists of:

```
selector {
  property: property value;
}
```

- ◆ `selector`—indicates what elements will be affected by the style rule
- ◆ `property`—refers to the CSS property (also referred to as attribute). For example, `color` is a CSS property, so is `font-style`. You can have multiple property declarations in one style rule.
- ◆ `property value`—the value you want assigned to the property. For example, `bold` is a possible CSS property value of the `font-weight` CSS property.

For example, if you wanted to select a paragraph element with an ID of `awesomeParagraph` to give it a red color (in hexadecimal, this is `#ff0`), in CSS syntax you'd write:

```
#awesomeParagraph {
  color: #ff0;
}
```

Also, if I wanted to increase its specificity and make sure that only paragraph elements having an ID of `awesomeParagraph` are selected:

```
p#awesomeParagraph {
  color: #ff0;
}
```

You'll be happy to know that this same syntax ports over to MooTools. What's more is that you'll be able to take advantage of all of CSS3's more complex selection syntax because even though CSS3 isn't supported by all browsers yet, MooTools supports them already. So you don't have to learn another syntax for writing selectors; you can use your existing knowledge of CSS. Awesome, isn't it?

Working with the $() and $$() functions

The $() and $$() functions are the bread and butter of MooTools. When you're working with unobtrusive JavaScript, you need to specify which elements you want to operate on.

The dollar and dollars functions help you do just that, they will allow you to specify what elements you want to work on.

 Notice, the dollar sign **$** is shaped like an S, which we can interpret to mean 'select'.

The $() dollar function

The dollar function is used for getting an element by its ID, which returns a single element that is extended with MooTools Element methods or null if nothing matches. Let's go back to awesomeParagraph in the earlier example. If I wanted to select awesomeParagraph, this is what I would write:

```
$('awesomeParagraph')
```

By doing so, we can now operate on it by passing methods to the selection. For example, if you wanted to change its style to have a color of red, you can use the .setStyle() method which allows you to specify a CSS property and its matching property value, like:

```
$('awesomeParagraph').setStyle('color', '#ff0');
```

The $$() dollars function

The $$() function is the big brother of $() (that's why it gets an extra dollar sign). The $$() function can do more robust and complex selections, can select a group, or groups of elements and always returns an array object, with or without selected elements in it.

Likewise, it can be interchanged with the dollar function. If we wanted to select awesomeParagraph using the dollars function, we would write:

```
$$('#awesomeParagraph')
```

Note that you have to use the hash sign (#) in this case as if you were using CSS selectors.

When to use which

If you need to select just one element that has an ID, you should use the $() function because it performs better in terms of speed than the $$() function.

Use the $$() function to select multiple elements. In fact, when in doubt, use the $$() function because it can do what the $() function can do (and more).

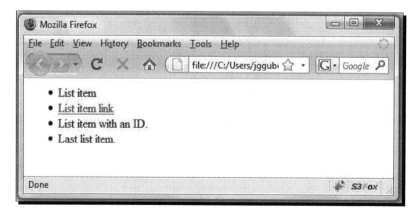

A note on single quotes (') versus double quotes (")

The example above would work even if we used double quotes such as $("awesomeParagraph") or $$("#awesomeParagraph"), but many MooTools developers prefer single quotes so they don't have to escape characters as much (since the double quote is often used in HTML, you'll have to do \" in order not to prematurely end your strings). It's highly recommended that you use single quotes, but hey, it's your life!

Now, let's see these functions in action. Let's start with the HTML markup first. Put the following block of code in an HTML document:

```
<body>
  <ul id="superList">
    <li>List item</li>
    <li><a href="#">List item link</a></li>
    <li id="listItem">List item with an ID.</li>
    <li class="lastItem">Last list item.</li>
  </ul>
</body>
```

What we have here is an unordered list. We'll use it to explore the dollar and dollars function. If you view this in your web browser, you should see something like this:

Time for action – selecting an element with the dollar function

Let's select the list item with an ID of `listItem` and then give it a red color using the `.setStyle()` MooTools method.

1. Inside your `window.addEvent('domready')` method, use the following code:

```
$('listItem').setStyle('color', 'red');
```

2. Save the HTML document and view it on your web browser.
You should see the third list item in red.

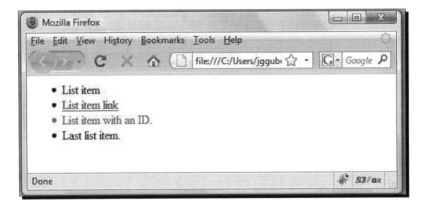

3. Now let's select the entire unordered list (it has an ID of `superList`),
then give it a black border (in hexadecimal, this is **#000000**). Place
the following code, right below the line we wrote in step 1:

```
$('superList').setStyle('border', '1px solid #000000');
```

4. If you didn't close your HTML document, hit your browser's
refresh button. You should now see something like this:

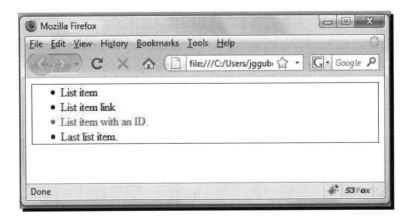

Time for action – selecting elements with the dollars function

We'll be using the same HTML document, but this time, let's explore the dollars function:

1. We're going to select the last list item (it has a class of `lastItem`). Using the `.getFirst()`, we select the first element from the array `$$()` returned. Then, we're going to use the `.get()` method to get its text. To show us what it is, we'll pass it to the `alert()` function. The code to write to accomplish this is:

```
alert( $$('.lastItem').getFirst().get('text') );
```

2. Save the HTML document and view it in your web browser (or just hit your browser's refresh button if you still have the HTML document from the preview **Time for action** open). You should now see the following:

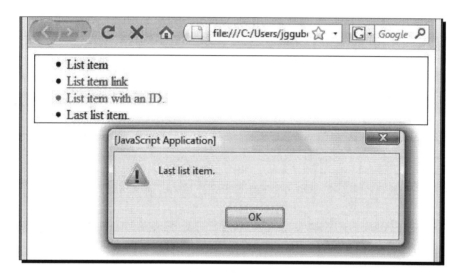

Time for action – selecting multiple sets of elements with the dollars function

What if we wanted to select multiple sets of elements and run the same method (or methods) on them? Let's do that now.

1. Let's select the list item that has an `<a>` element inside it and the last list item (`class="lastItem"`), and then animate them to the right by transitioning their `margin-left` CSS property using the `.tween()` method.

2. Right below the line we wrote previously, place the following line:

```
$$('li a, .lastItem').tween('margin-left', '50px');
```

3.   View your work in your web browser. You should see the second and last list item move to the right by 50 pixels.

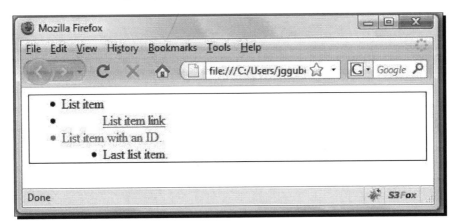

What just happened?

We explored the dollar and dollars functions to see how to select different elements and apply methods to them. You just learned to select:

◆   An element with an ID (`#listItem` and `#superList`) using the dollar `$()` function

◆   An element with a class (`.lastItem`) using the dollars `$$()` function

◆   Multiple elements by separating them with commas (`li`, `a`, and `.lastItem`)

◆   You also saw how you can execute methods on your selected elements. In the example, we used the `.setStyle()`, `.getFirst()`, `.get()`, and `.tween()` MooTools methods.

Because DOM selection is imperative to writing MooTools code, before we go any further, let's talk about some important points to note about what we just did.

$() versus document.getElementById()

When we used the `$()` dollar function, it's equivalent to using the `.getElementById()` native JavaScript method. The difference is that using `.getElementById()` ends up with longer code and, in Internet Explorer, elements returned by `.getElementById()` are not extended with MooTools Element methods.

If we wanted to perform the same operation using JavaScript's `.getElementById()`, instead of:

```
$('listItem').setStyle('color', 'red');
```

We would first have to declare an object that will contain our desired DOM element, like:

```
var listItem = document.getElementById('listItem');
```

But we have to extend the element with MooTools Element methods, or else `setStyle` will not be available. So we'll change the code a tiny bit:

```
var listItem = $(document.getElementById);
```

Then we'd pass the `.setStyle()` method on our object:

```
listItem.setStyle('color', 'red');
```

Can we all agree that we just saved a lot of typing and that we can worry less about browser issues that may occur using the `.getElementById()` method? I think we can!

Selecting multiple sets of elements

In step 2 of **Time for action – selecting multiple sets of elements with the dollars function**, we selected two sets of elements using one `$$()` function; we matched all `<a>` tags inside a list item `<li>` and all elements with the class of `lastItem`.

What we did in step 2 is the same as writing:

```
$$('li a').tween('margin-left', '50px');
$$('.lastItem').tween('margin-left', '50px');
```

Because one of MooTools' key design principles is to avoid repeating yourself (remember "DRY" in Chapter 2), you use the `$$()` function if you will be performing the same operations on the sets of elements, by separating your selection strings with a comma (,).

You can have as many sets of elements as you want.

Have a go hero – tween the list item element

Here's a good point to modify the example we wrote together. Try adding the list item with an ID of `lastItem` to the set of elements that used the `.tween()` method to transition to the left. If you did it correctly, the third list item should also move to the left when you test the script.

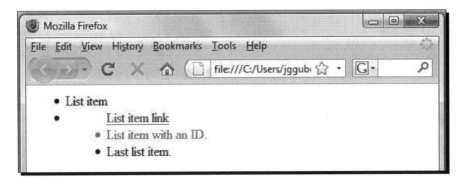

Common errors with the dollar and dollars functions

When selecting elements using the $$() function, the syntax is exactly like CSS selectors. For example, if we wanted to select all instances of <a> that are inside a list item <li> tag and give them a color of red, in CSS, we'd write:

```
li a {
    color: red;
}
```

The same thing can be done in MooTools using the following line of code:

```
$$('li a').setStyle('color', 'red');
```

The dollar function doesn't work with CSS selectors!

Note the use of an exclamation point here - and you should pause here for a moment, close your eyes, and imagine me shouting this at the top of my lungs to make sure everyone hears it.

The $() function doesn't work with CSS selectors like the $$() function does because it only takes the ID name, and nothing else. CSS selectors can look like #awesomeParagraph, p#awesomeParagraph, or .lastItem.

A common mistake that MooTools beginners make is trying to do this:

```
$('li a')
```

MooTools interprets the above line as:

"Select the element with the ID of 'li a'"

and not:

"Select all <a> elements that are inside a list item <li>"

like we intended it to.

So what happens when you do this? If you don't have an element in your web page with the ID of `li a` (which you shouldn't, because spaces are not allowed for IDs as part of HTML standard spec), then `$()` will return null since an element with the id "li a" does not exist.

Drop the pound # sign when using the $() function

If you're going to use the `$$()` function to select an element with an ID of `superList`, you have to write:

```
$$('#superList')
```

Again, imagine you're writing CSS code; you wouldn't write:

```
superList {
  border: 1px solid #000000;
}
```

Instead, you'd write:

```
#superList {
  border: 1px solid #000000;
}
```

But when you're selecting an element by its ID using the `$()` function, always remember to leave out the hash (#) sign because, like I said earlier, the `$()` function doesn't work with CSS selectors.

For example, you'll be disappointed by a JavaScript error if you write this code:

```
$('#superList').setStyle('border', '1px solid #000000');
```

It won't work because you would be selecting an element with an ID name of `#superList` and not `superList` like you intended.

Pop quiz – find the bad apple in the bunch

Which of the following selection operations won't work?

1. $$('ul li a span')
2. **$$('.myClass', 'p.indentedText', 'myID')**
3. $('myID')
4. $("thisID")

Selection using pseudo-classes

MooTools' selection awesomeness is further awesome'ized in its ability to utilize pseudo-classes. Pseudo-class selectors are special selectors that allow you to find items from the DOM using properties that can't be easily deduced using ordinary ID, class, tag, or attribute selectors. Psuedo-class selection will allow you to write complex selection strings; ones that would involve a ton of code if you were to write them in native JavaScript syntax.

A pseudo-class, in CSS3 specifications, allows you to select DOM elements that are difficult to select using normal selectors. The `pseudo-class` concept was introduced as part of CSS3 specifications by the W3C organization (the people in charge of establishing web standards).

Using a pseudo-class is simple, and follows the format:

```
:pseudo-classname
```

Or

```
:(pseudo-classname)
```

> You can read more about the concept of pseudo-classes from the W3C CSS3 Selectors Level 3 Working Draft at
>
> `http://www.w3.org/TR/css3-selectors/#pseudo-classes`

MooTools has a plethora of pseudo-class selectors that you can readily use, such as `:contains()` pseudo-class which searches for elements containing a certain string of text. For example, to find all paragraphs that have the text **MooTools is l33t**, you would write:

```
$$('p:contains(MooTools is l33t)')
```

If you've ever tried writing a similar piece of code using native JavaScript, you'll know exactly how much pseudo-classes will help you save some time and keep your sanity.

Pseudo-class example: Zebra striping a table

Let's see what pseudo-class selection can do with an example. In the following section, we're going to "zebra stripe" an HTML table, which basically means we're going to make the rows of our table alternate between two colors. Zebra striping a table is usually done to make HTML tables with a lot of data more readable.

Time for action – using pseudo-classes to zebra stripe a table

Let's set up the markup for our HTML table. It'll have three columns and six rows listing my favorite movies in order.

Pseudo-class example HTML table markup:

```
<body>
<table width="100%" cellpadding="1" cellspacing="0">
  <!-- column headings -->
  <tr>
    <th>Rank</th>
    <th>Movie</th>
    <th>Genre</th>
  </tr>
  <tr>
    <td>1</td>
    <td>The Matrix</td>
    <td>Action</td>
  </tr>
  <tr>
    <td>2</td>
    <td>Die Hard</td>
    <td>Action</td>
  </tr>
  <tr>
    <td>3</td>
    <td>The Dark Knight</td>
    <td>Action</td>
  </tr>
  <tr>
    <td>4</td>
    <td>Friday</td>
    <td>Comedy</td>
  </tr>
  <tr>
    <td>5</td>
    <td>Love Actually</td>
    <td>Drama</td>
  </tr>
</table>
</body>
```

Our HTML table should look like this:

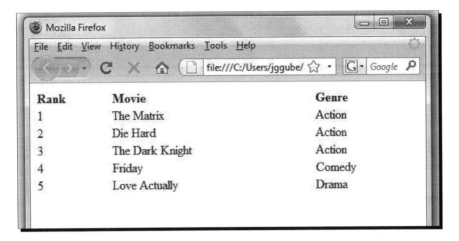

1. To color even rows with a light gray color, write this line of code (again, we use the . setStyle() method):

```
$$('table tr:even').setStyle( 'background-color', '#ebebeb' );
```

2. Save your work. View your document in a web browser. You should see something like this:

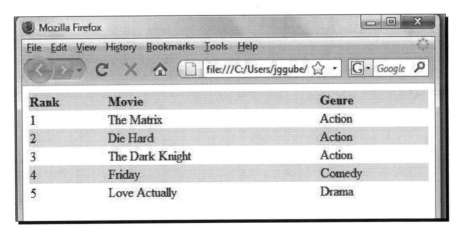

3. Now we're going to style the odd rows. This time, instead of `.setStyle()`, we're going to use the `.setStyles()` method so that we can supply more than one CSS property/CSS property value pair to be implemented. Here's the code to accomplish what we set out to do (which you can place right below the code in step 1):

```
$$('table tr:odd').setStyles( {
  'background-color' : '#252525',
  'color' : '#ffffff'
} );
```

4. Save and view your work in a web browser. Your HTML table that contains my favorite movies of all time should now look like this:

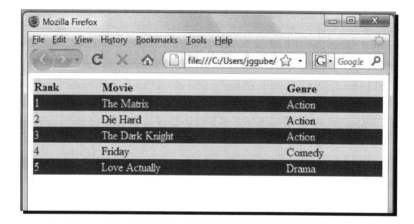

What just happened?

We learned one of the many ways in which pseudo-class selectors are helpful. In this case, we took a regular HTML table and zebra striped it so that we have different styles at alternating rows.

To zebra stripe our HTML table, we used the `:even` and `:odd` pseudo-class selectors to change the background color of even rows with a light gray color (#ebebeb in hexadecimal) and all odd rows of our tables with a dark gray background (#252525) with a white foreground color (#ffffff).

A couple of notes on the :odd and :even pseudo-class selectors

The :odd and :even pseudo-classes aren't available in W3C specifications; although the concept of using them is the same, they are custom MooTools pseudo-class selectors.

Secondly, the index of each one starts at 0. Because of this, using :even would select the first element (index 0) and third child elements because their index is actually 0 and 2, respectively. So they're kind of switched around in the conventional sense of odd and even.

Other pseudo-class selectors

There are nine MooTools pseudo-class selectors as of version 1.2:

Pseudo-class selector	Description
:contains	Matches elements that contain a particular text string.
	For example, matching all <div>'s with the text **I love MooTools** is $$('div:contains(I love MooTools)').
:empty	Matches elements that don't contain anything.
	For example, $$(div:empty) would match this: <div></div>.
:enabled	Matches elements that are enabled. Usually used in <input> tags.
:even	Matches all child elements that have an even index.
	For example, if there are four paragraphs, using $$('p:even') would select the first and third paragraphs (remember that the index starts at 0).
:first-child	Matches the first child element (that is, the child with an index of 0).
	For example, if there are four paragraphs in a <div> element, using $$('div p:first-child') would select the first paragraph inside the <div> element.
:last-child	Matches the last child element (that is, the child with the highest index).
	For example, if there are four paragraphs in a <div> element, using $$('div p:last-child') will select the fourth paragraph inside the <div> element.
:not	Matches elements that do not match a particular selector.
	For example, matching all paragraphs that do not have the class .intro would be $$('p:not(.intro)').

Pseudo-class selector	Description
`:nth-child`	Matches the nth expression child element. You can use mathematical expressions.
	For example, `$$('div:nth-child(3n+1)')` would select the first div (3(0)+1 = index 0 position), 4th div (3(1)+1 = index 4 position)… 3(n)+1 index position.
	You can also use, as an argument: `even`, `odd`, `first`, and `last` as in `div:nth-child(even)` which is exactly like the `:even` pseudo-class selector.
`:odd`	Matches all child elements with an odd index.
	For example, if there are four paragraphs, using `$$('p:odd')` would select the second paragraph and fourth paragraph (index 1 position and index 3 position).
`:only-child`	Matches all elements that are the only children of the only child element.
	For example, `$$(p:only-child)` would match the paragraph `<div><p>only child</p></div>`, but will not match these paragraphs `<div>><p>not an only child</p>><p>not only child</p></div>` because it has a sibling paragraph.

Working with attribute selectors

If you thought MooTools can't get any cooler with element selection, well, it gets much better. MooTools also implements CSS3's **attribute selectors**. An attribute selector allows you to select elements based on their CSS attributes, also commonly referred to as "properties" in MooTools.

For example, an `<input>` tag's `type` is considered one of its attributes (or properties), so is its `class`.

```
<input type="text" name="query" value="" />
```

In MooTools (as well as CSS3), the syntax for an attribute selector is as follows:

```
element[attribute=attribute value]
```

For example, if we wanted to select all `<input>` elements with a type of `text`, we would write:

```
$$('input[type=text]');
```

Attribute selector operators

Attribute selectors can match attribute values in various ways using attribute selector operators. The following table depicts a list and description of each attribute selector operator.

Operator	Description
=	Matches attribute value exactly and literally.
	For example, $$('a[class=**myLinkClass**]') will match all \<a> elements with the class of myLinkClass.
!=	Matches all elements with the attribute value that is not the value given.
	For example, $$('a[class!=**myLinkClass**]') will select all \<a> elements that don't have the class of myLinkClass.
^=	Matches all elements with the attribute value that starts with the value given.
	For example, $$('img[src^=**big**]') will match all images with the src attribute value that begin with the word big, such as **big-picture.png** or **biggiesmalls.jpg**.
$=	Matches all elements with the attribute value that ends with the value given.
	For example, $$('img[src$=**.jpg**]') will select all images that end with **.jpg**. Useful in selecting particular file extensions.

Attribute selector example: Styling different types of links

Often, you want to indicate to a user what a particular type of link is. For example, you may want to indicate to the user that a particular link goes to another website or that a link is a mailto: link that will open up their default email client. Perhaps, you want to highlight all links that point to a particular domain name like sixrevisions.com.

Time for action – using = attribute selector

Let's see exactly what attribute selectors can do. In the following HTML markup, you'll see a variety of links. Just pop this into an HTML document and we'll be good to go:

```
<body>
  <p>Go to the <a href="http://mywebsite.com">home page</a>.</p>
  <p><a href="http://mywebsite.com/about">This link</a> will not go to
    the home page.</p>
  <p>Please <a href="mailto:jacob@mywebsite.com">email me </a>or
  <a href="mailto:matt@mywebsite..com">email Matt</a>.</p>
  <p>Download this <a href="foo.zip">ZIP file</a>.</p>
</body>
```

You should have something like this:

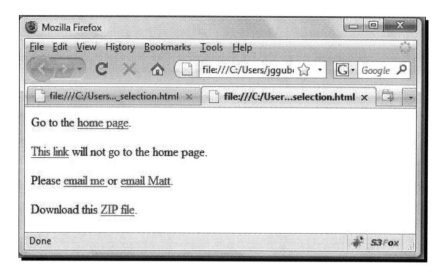

Let's style the first link with MooTools. Its `href` attribute goes to `http://mywebsite.com`. Let's say that we want all links in our web page to point to the site's home page, and they will be a green color. We'll use the `.setStyle()` method to apply the style.

1. To select all links in a web page that have the `href` attribute of `http://mywebsite.com`, we write:

```
$$('a[href="http://mywebsite.com"]').setStyle('color', '#7cc576');
```

2. Open up your HTML document in a web browser. You should see that the first link is now green:

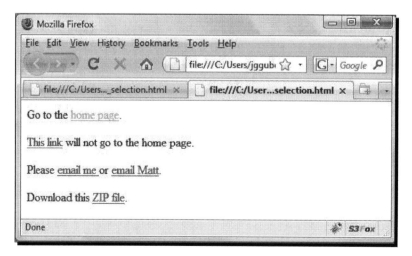

3. Your JavaScript should look like this at this point:

```
<script type="text/javascript">
window.addEvent('domready', function(){
$$('a[href="http://mywebsite.com"]').setStyle('color', '#7cc576');
});
</script>
```

Time for action – using != attribute selector

Now, continuing with our example, we should try out the NOT (!=) attribute selector. We're going to color all of the links in the web page that don't point to the home page in red (#9e0b0f).

1. To color all links that don't go to `http://mywebsite.com`, we write this after our previous line of JavaScript:

```
$$('a[href!="http://mywebsite.com"]').setStyle('color',
'#9e0b0f');
```

2. Save your work and open or refresh your web browser to view what our HTML document looks like now. You should see something like this:

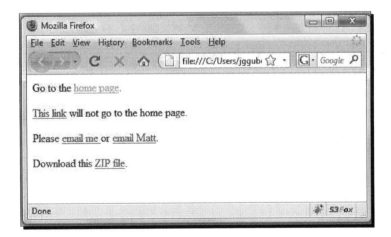

3. Your JavaScript should look like this at this point:

```
<script type="text/javascript">
window.addEvent('domready', function(){
$$('a[href="http://mywebsite.com"]').setStyle('color', '#7cc576');
```

```
$$('a[href!="http://mywebsite.com"]').setStyle('color',
'#9e0b0f');


});
</script>
```

Time for action – using ^= attribute selector

For all hyperlinks that have the `mailto:` attribute value inside its `href` attribute, let's make their underline dashed, and then give them a light blue color. This can give users a visual clue that the link they're going to be clicking on will open up their default email client.

Since we have to set multiple CSS properties, we'll use the `.setStyles()` method.

1. To select all links that start with the `mailto:` value in its `href` attribute, we write the following after our previous line of JavaScript:

    ```
    $$('a[href^=mailto:]').setStyles({
        // Remove link  underline first
        'text-decoration' : 'none',
        // Add a dashed bottom border
        'border-bottom' : '1px dashed #9e0b0f',
        // Set background color
        'background-color' : '#7da7d9'
    });
    ```

2. Open or refresh your HTML document. If all went according to plan, you should see the two links with the `mailto:` attribute styled in a similar fashion, as the screenshot below:

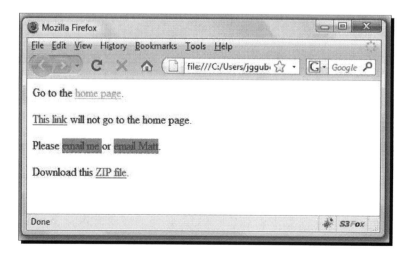

3. Your JavaScript should look like this at this point:

```
<script type="text/javascript">
window.addEvent('domready', function(){
$$('a[href="http://mywebsite.com"]').setStyle('color', '#7cc576');

$$('a[href!="http://mywebsite.com"]').setStyle('color',
'#9e0b0f');

$$('a[href^=mailto:]').setStyles({
    // Remove link  underline first
    'text-decoration' : 'none',
    // Add a dashed bottom border
    'border-bottom' : '1px dashed #9e0b0f',
    // Set background color
    'background-color' : '#7da7d9'
  });

});
</script>
```

Time for action – using $= attribute selector

Let's give the link that points to a ZIP file a different font style and a gray border by utilizing the $= attribute selector. This can be helpful in distinguishing links that will prompt the user to download a file from a web page.

1. In order to give links that point to a ZIP file a different style, use the $= as follows, after the previously entered JavaScript code:

```
$$('a[href$=.zip]').setStyles({
    // Remove link underline first
    'text-decoration' : 'none',
    // Assign a different font style
    'font' : 'bold 14px "Courier New"',
    // Give them some padding
    'padding' : 2,
    //Add a solid gray border around the link
    'border' : '1px solid #898989',

  });
```

2. Open or refresh your web browser and you should see something like this:

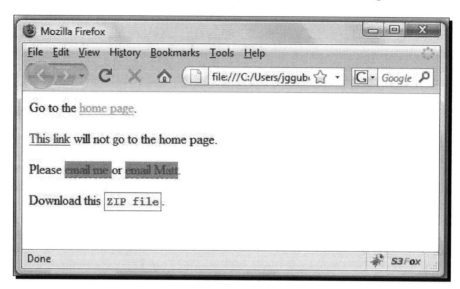

3. Your JavaScript should look like this at this point:

```
<script type="text/javascript">
window.addEvent('domready', function(){
$$('a[href="http://mywebsite.com"]').setStyle('color', '#7cc576');

$$('a[href!="http://mywebsite.com"]').setStyle('color',
'#9e0b0f');

$$('a[href^=mailto:]').setStyles({
   // Remove link  underline first
   'text-decoration' : 'none',
   // Add a dashed bottom border
   'border-bottom' : '1px dashed #9e0b0f',
   // Set background color
   'background-color' : '#7da7d9'
 });

$$('a[href$=.zip]').setStyles({
   // Remove link underline first
   'text-decoration' : 'none',
   // Assign a different font style
   'font' : 'bold 14px "Courier New"',
```

```
        // Give them some padding
        'padding' : 2,
        //Add a solid gray border around the link
        'border' : '1px solid #898989',

    });

  });
  </script>
```

What just happened?

We experienced how attribute selectors can help us write complex DOM selections. More specifically, we:

- Used the = attribute selector to select all links that point to `http://mywebsite.com` and assigned them a green color

- Used the != attribute selector to select all links that don't point to `http://mywebsite.com` and gave them a red color

- Used the ^= attribute selector to select all links that have an `href` attribute value that begins with `mailto:` to give users a visual clue that when the link is clicked, it will open up their default mail client; we gave these links a dashed underline and light blue background.

- Used the $= attribute selector to select all links that have an `href` attribute value the end in `.zip` to distinguish links that point to ZIP files; we gave these links a different font style and a gray border.

Attribute selector case sensitivity

When using attribute selectors, the criteria values you give them are case-sensitive. For example, in the example that uses `http://mywebsite.com` as the criteria for the = attribute selector, writing:

```
$$('a[href!="http://MyWebsite.Com"]').setStyle('color', '#9e0b0f');
```

This will not work! It's important to make sure you have the exact cases for the values you're trying to match. You'll have to extend your selector if you want to match different strings.

A common problem is in file extensions. Many people will write `.ZIP` as well as `.zip`, so your selector should look like this:

```
$$('a[href$=.zip], a[href$=.ZIP"]').setStyles({
...
  });
```

Note that we just added another selector string that matches all links with an `href` attribute value that ends in `.ZIP`.

DOM selection makes unobtrusive JavaScript do-able

Throughout this chapter, we've just seen how to create very narrow and refined DOM element selections. This will enable us to pinpoint exactly the elements we need to operate on.

What this means is that we're able to write JavaScript without touching our HTML markup. We simply have to hone into the elements we want to work on using the selection techniques we learned in this chapter.

Summary

In this chapter we learned about:

- The `$()` and `$$()` functions: how to use them to select DOM elements
- Pseudo-class selectors: how to use them to select otherwise difficult sets of DOM elements such as "all even rows of a table"
- Attribute selectors: how to further refine our selections by matching attribute (otherwise known as properties) values of elements in the DOM

We also discussed how the `$$()` function uses a similar syntax to CSS selectors, common mistakes to avoid in using the dollar and dollars functions, as well as the case sensitivity of attribute selector criteria.

Now that we've learned about selecting DOM elements, we'll learn other things we can do to manipulate the DOM to our will (cue evil 'muhahaha' laughter), and that's in the next chapter.

4

The Core's Useful Utility Functions

In this chapter, we'll be investigating the MooTools Core component which contains a collection of useful utility/helper functions and properties that we can use to write less code and obtain information about the browser client.

In this chapter we shall:

- ◆ Learn about browser properties that MooTools makes available to us, and how to use them to gain more data about our users
- ◆ Explore the Core's utility functions in order to discover functions that will make writing JavaScript easier

So let's get on with it!

What is the Core?

The Core is a MooTools component (`Core.js`) that contains a plethora of useful functions that deal with common JavaScript tasks, such as checking if the objects are defined, and merging the objects into one.

The Core is split into two sub-components: **Browser**, which gives you a set of tools for acquiring information about the client accessing your scripts, and **Core**, which contains a mixture of helpful functions for dealing with everyday JavaScript-related processes.

Browser: Getting information about the client

There are plenty of reasons why you would want to gain insight about the people viewing your web pages. For example, if you'd like to determine what the most popular web browser accessing your website/web application is, or what operating system people use, then you can use MooTools in conjunction with a server-side scripting language (like PHP), and a database (like MySQL), to mine this information.

The Browser component can do three things:

1. Determine whether a browser has a specific feature (`Browser.Features`)

2. What rendering engine (`Browser.Engine`) it uses

3. What operating system (`Browser.Platform`) the client is running on

Determining if the client has a specific feature

MooTools can help you find out whether or not **XPath** (a querying language for XML documents) or the `XMLHTTP` object (used for Ajax) are available in the client browser by using `Browser.Features`.

Browser.Features.xpath

`Browser.Features.xpath` returns a Boolean value (true or false).

By writing:

```
alert(Browser.Features.xpath)
```

You will be alerted whether or not the browser being used to view the web page supports xPath.

Browser.Features.xhr

`Browser.Features.xhr` works the same way as `Browser.Features.xpath` by evaluating `true` if the browser supports the XMLHTTP object.

Getting information about the client's rendering engine

A browser **rendering engine**, also known as a **layout engine**, is what the browser uses to interpret markup (HTML) and formatting/styles (CSS). For example, Microsoft's Internet Explorer browser uses the Trident rendering engine and Mozilla Firefox uses the Gecko rendering engine.

Knowing the client's rendering engine will enable you to deal with browser quirks more effectively using JavaScript-based techniques.

Let's go over some of the things `Browser.Engine` can do for us.

Determining the client's rendering engine and version

`Browser.Engine.name` returns a string value of the name of the rendering engine. `Browser.Engine.version` returns a string value of the version of the rendering engine. Let's see these two in action.

Time for action – determining the client's rendering engine and version

We're going to check what rendering engine you're using. If you have several browsers installed in your work station, try the same script in all of them:

1. For the markup, you can use the following:

    ```
    <body>
    <div id="browser-info">
        <p>The rendering engine you're using is: </p>
        <p>The rendering engine's version is: </p>
    </div>
    </body>
    ```

2. Open your HTML document in a browser to preview your work. You should see the following figure (it shouldn't have the rendering engine information yet):

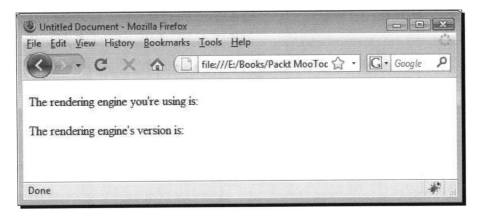

3. We'll get information about the browser engine name and version using `Browser.Engine.name` and `Browser.Engine.version`, and then assign them to the variables `browserEngine` and `browserEngineVersion`. If for some reason we can't determine the values, we assign them values "Unknown" by using || (which means "or"). To do this write:

```
var browserEngine = Browser.Engine.name || "Unknown";
var browserEngineVersion = Browser.Engine.version || "Unknown";
```

4. Now we'll use the `.appendText()` method to add to the `browserEngine` and `browserEngineVersion` at the end of their respective paragraphs. Right below the code in step 3, do the following:

```
//Selects the first paragraph
$$('#browser-info p:first-child').appendText(browserEngine);
// Selects the last paragraph
$$('#browser-info p:last-child')
                            .appendText(browserEngineVersion);
```

5. Now refresh your browser. Depending on your web browser, you should see something similar to one of the following:

  ❑   Mozilla Firefox 3.0

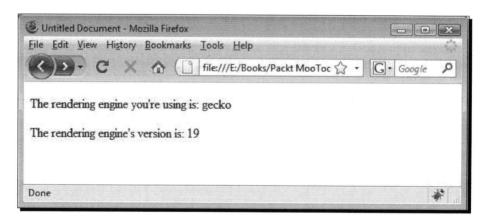

❑ Internet Explorer 7.0

❑ Safari 4.0 beta

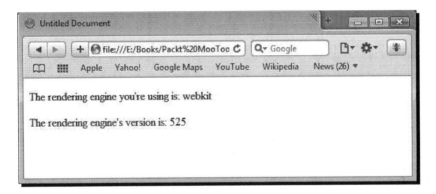

6. Your JavaScript should look like the following:

```
<script type="text/javascript">
window.addEvent('domready', function(){
var browserEngine = Browser.Engine.name || 'Unknown';
var browserEngineVersion = Browser.Engine.version || 'Unknown';

//Selects the first paragraph
$$('#browser-info p:first-child').appendText(browserEngine);

// Selects the last paragraph
$$('#browser-info p:last-child').appendText(browserEngineVersion);
}
</script>
```

Checking if the client is using a particular web browser

`Browser.Engine` can check what particular rendering engine the client is using. This is especially helpful if you want to do something specifically for a particular browser, such as serving a script to fix a browser rendering quirk for certain browsers.

The following block of code (for example), would display "You're using Internet Explorer" if your MooTools detects the Trident layout engine.

```
if(Browser.Engine.trident){
    alert('You\'re using Internet Explorer');
} else{
    alert('You\'re not using Internet Explorer');
}
```

In the following table, you will see the `Browser.Engine` properties for common rendering engines and some of the browsers that use them. They return a Boolean value of either true or false.

Property	Rendering Engine	Some browsers that use it
`Browser.Engine.gecko`	Gecko	Mozilla Firefox, Flock, SeaMonkey, K-Meleon, Netscape 9
`Browser.Engine.presto`	Presto	Opera
`Browser.Engine.trident`	Trident	Internet Explorer
`Browser.Engine.webkit`	WebKit	Safari

Have a go hero – checking to see if your browser uses Gecko

Why don't you try out the previous example to check for Gecko, which Mozilla-based browsers (Firefox and SeaMonkey) use. Just change `Browser.Engine.trident` in the `if` statement to the appropriate browser property.

Determining if the client has Adobe Flash installed

If you work with Flash, it's often beneficial to check whether the client has the Flash plugin installed, so that if they don't, you can perform an alternative action, such as displaying a message with instructions on how to obtain the Flash plugin.

You can use `Browser.Plugins.Flash.version` to determine what version of Flash the user has. If the property returns a null value, then the client doesn't have Flash installed.

In the following example, if the client has the Flash plugin installed, it will output: "Flash plugin detected and the version is: #versionnumber" if MooTools can detect it.

```
if(Browser.Plugins.Flash.version){
    alert('Flash plugin detected and the version is: '+Browser.Plugins.
Flash.version);
} else{
    alert('Flash plugin not detected');
}
});
```

Alternatively, you can use `Browser.Plugins.Flash.build` to find out what the Flash plugin build is.

Finding out information about the client's operating system

Often, it's valuable to find out what operating system (Windows, Linux, Mac OS) the client uses. The `Browser.Platform` property will allow us to do just that.

The following table showcases all the properties available for `Browser.Platform`:

Property	Platform	What it will tell you
Browser.Platform.mac	Mac OS	Boolean. Will return true if the client uses the Mac OS platform.
Browser.Platform.linux	Linux-based	Boolean. Will return true if the client uses the Linux operating system.
Browser.Platform.ipod	iPhone or iPod touch	Boolean. Will return true if the client uses an iPhone or iPod touch to access the web page.
Browser.Platform.other	Other platforms	Boolean. It will return true if the client's platform is not any of the above platforms.
Browser.Platform.name	N/A	String. Will return the name of the client's platform.

Potential uses of this property

You can gain information about your site's visitors by using this property in conjunction with server-side scripting and a database.

Perhaps though, a common usage of "platform-sniffing" is when you're offering downloads on your site and want to tailor the download page specifically to the client platform. Wouldn't it be cool if you could change the page on-the-fly and customize the user experience based on the operating system they're using?

Example scenario: Offering the correct download based on the client's platform

Let's pretend that you're a software application developer and that you just created an awesome application called SuperSoftware. There are multiple versions of it so that people with the Windows, Mac OS, and Linux machines can use SuperSoftware.

Let's set up the markup first.

SuperSoftware HTML

The HTML is simple; just a level 1 heading tag for the web page, a paragraph with instructions (`p class="instructions"`), and an unordered list with download options (`ul class="download-options"`).

```
<body>
    <h1>Download SuperSoftware</h1>
     <p id="instructions">Select the download for your operating
         system</p>
    <ul class="download-options">
        <li><a href='win.zip'>Windows XP/Windows Vista</a></li>
        <li><a href='mac.zip'>Mac OS X</a></li>
        <li><a href='linux.zip'>Linux</a></li>
    </ul>
</body>
```

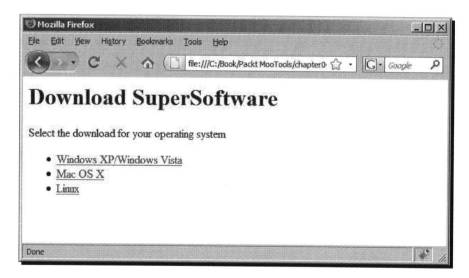

Now we have our markup set up and the above figure is what our download page will look like without CSS or JavaScript. People will still be able to access the download links without JavaScript or CSS, but we should probably make it prettier with some CSS.

SuperSoftware CSS

For styles, we just change the body background color, the default font family and colors, and place a border at the bottom of our `<h1>` tag to separate it from the page content.

```
body {
    background-color: #e0e9f3;
    font:normal 12px/14px Verdana, Geneva, sans-serif;
    color:#333;
}
h1 {
    font:normal 26px "Lucida Sans Unicode", "Lucida Grande",
      sans-serif;
    padding-bottom:5px;
    letter-spacing:-2px;
    border-bottom:1px solid #999;
}
a {
    color:#930;
}
```

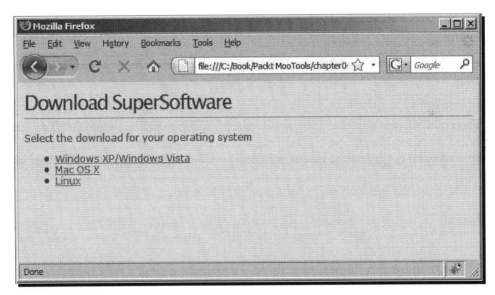

With just a few CSS style rules, our download page looks a bit better. Now it's time to supercharge SuperSoftware's download page with MooTools!

Time for action – using Browser.Platform to customize SuperSoftware's download page

We'll use the `Browser.Platform` property to detect what platform the client uses so that we can tailor the page based on the user's operating system.

1. Let's figure out what the user's operating system is and put it in a variable called `userPlatform`. The values will be of a string data type and will be of the following values: `win` (for Windows), `mac` (for Mac OS), `linux` (for Linux machines), `ipod` (Apple iPhone and Apple iPod touch), and `other` (platform can't be detected or is unrecognized).

```
window.addEvent('domready', function(){
   var userPlatform = Browser.Platform.name;
});
```

2. Next, we build a function called `pageCustomizer` that will customize our page. We'll pass `userPlatform` (later on) to it so that it knows what platform it'll be working with. Let's set that up now:

```
window.addEvent('domready', function(){
   var userPlatform = Browser.Platform.name;

// Customizes download page depending on client's platform
   var pageCustomizer = function(platform) {
      // ...code goes here...
}
});
```

3. `pageCustomizer` will have three local variables: `platformNameFull` which will contain the full name of the platform, `instructions`, which will be assigned instructions that are specific to a particular platform, and `downloadURL`, which is the location of the file for the particular platform.

We'll display all of these in the download page. Let's declare them now so that they're ready to be used.

```
var pageCustomizer = function (platform) {
   var platformNameFull = '';
   var instructions = '';
   var downloadURL = '';
}
```

4. Next, we need a control structure. We'll use `if`/`else` statements to give `platformNameFull` and `instructions` the appropriate values.

```
// Control structure
if(platform == 'win') {

} else if(platform == 'mac') {

} else if(platform == 'linux') {

} else {
    // If the platform is iPod or other
}
```

5. Let's assign values for `platformNameFull` and instructions. You can assign them any string values, but this is what I used:

```
        // Control stucture
if(platform == 'win') {
    platformNameFull = ' for Windows XP/Vista';
    instructions = 'We recommend installing SuperSoftware in
                    C:\\Program Files';
    downloadURL = 'win.zip';
} else if(platform == 'mac') {
    platformNameFull = 'for Mac OS X';
    instructions = ' Mac OS X users should be aware of a
        minor bug in SuperSoftware. <a href="mac-bug.html">
        See this page for details.</a>';
    downloadURL = 'mac.zip';
} else if(platform == 'linux') {
    platformNameFull = 'for Linux';
    instructions = ' Ubuntu users may experience some
                    sluggishness with SuperSoftware.';
    downloadURL = 'linux.zip';
} else {
    instructions = 'We couldn\'t detect your operating
        system. Please select a compatible download link below';
}
```

6. Let's manipulate the `<h1>` tag to display the operating system we detected.

```
// Display full name of platform.
$$('h1').appendText(platformNameFull);
```

Our first page customization is done! Here's what our page looks like now in a Windows platform (notice the title page has changed to display the full name of the platform).

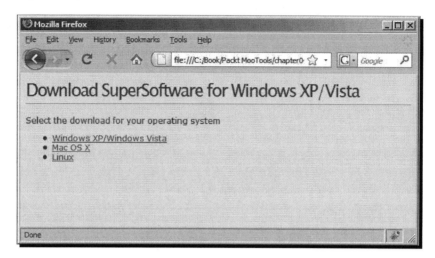

7. Next, we need to display the custom instructions. We'll replace the text inside `<p id="instructions">` with the value inside the `instructions` variable. We use the `.set()` method for this, which takes two arguments: the property you want to target, and the value you want to set it to. We want to the target `#instructions` HTML property and set it equal to the contents on our instructions variable. Here's what we do:

```
$('instructions').set('html', instructions);
```

This is what our page looks like in Windows:

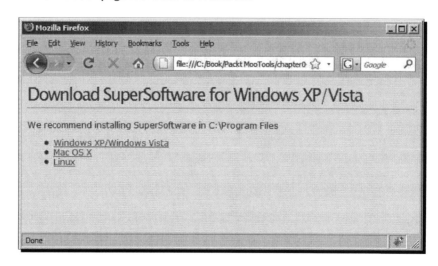

8. If `userPlatform` is not `other` or `ipod`, we want to get rid of the unordered list with the class of `download-options`, since we don't need it anymore. We will use the `.destroy()` method which removes selected objects from the DOM. We'll also use a control structure to check whether or not `userPlatform` isn't `other` or `ipod` so that we still display the download options if we can't detect the operating system.

We'll select `download-options` and run the destroy method on it, just like so:

```
if(userPlatform!='other' || userPlatform!='ipod' ) {
        $$('.download-options').destroy();
}
```

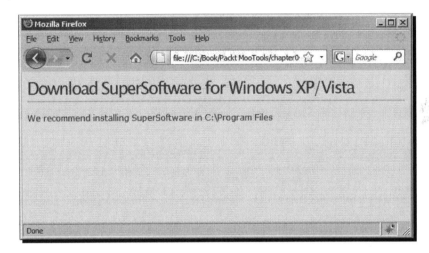

Just like magic, our unordered list is gone.

9. We should now present the user with their download option. We'll create a new `div` element (just like in Chapter 2) and give it some styles.

```
// New div element
var downloadBox = new Element('div', {
    'styles' : {
        'border': '2px solid #555555',
        'padding' : 10,
        'background-color' : '#a0c1e9'
    }
});
```

10. We should customize the content of `downloadBox` with the `downloadURL` value. We'll set its HTML property like so:

```
'html' : 'Download location: <a href="'+downloadURL+'">'+
  downloadURL+'</a></p>'
```

11. Next, we inject the `downloadBox` element right after the `#instructions` paragraph using the `.inject()` method.

```
downloadBox.inject($('instructions'), 'after');
```

12. Lastly, we need to call our `pageCustomizer()` function:

```
pageCustomizer(userPlatform);
```

We're done! We just supercharged an ordinary download page into a tailored web page that acts according to what the user's operating system is. Let's pull the entire script in one big go:

```
<script type="text/javascript">
window.addEvent('domready', function() {
    var userPlatform = Browser.Platform.name;
//Customizes download page depending on client's platform
    var pageCustomizer = function (platform) {
        var platformNameFull = '';
        var instructions = '';
        var downloadFilePath = '';
// Control stucture
        if(platform == 'win') {
            platformNameFull = ' for Windows XP/Vista';
            instructions = 'We recommend installing SuperSoftware in
                            C:\\Program Files';
            downloadURL = 'win.zip';
        } else if(platform == 'mac') {
            platformNameFull = 'for Mac OS X';
            instructions = ' Mac OS X users should be aware of a minor
              bug in SuperSoftware. <a href="mac-bug.html">See this page
              for details.</a>';
            downloadURL = 'mac.zip';
        } else if(platform == 'linux') {
            platformNameFull = 'for Linux';
            instructions = ' Ubuntu users may experience some
                            sluggishness with SuperSoftware.';
            downloadURL = 'linux.zip';
        } else {
            instructions = 'We couldn\'t detect your operating system.
                        Please select a compatible download link below';
        }
// Display full name of platform.
        $$('h1').appendText(platformNameFull);
```

```
// Display instructions
    $('instructions').set('html', instructions);
// Dispose download-options
    if(userPlatform!='other' && userPlatform!='ipod') {
        $$('.download-options').destroy();
// New div element
        var downloadBox = new Element('div', {
            'styles' : {
                'border': '2px solid #555555',
                'padding' : 10,
                'background-color' : '#a0c1e9'
            },
            'html' : 'Download location: <a href="'+downloadURL+'">
            '+downloadURL+'</a></p>'
        });
downloadBox.inject($('instructions'), 'after');
    }
  }
  // Call pagecustomizer
  pageCustomizer(userPlatform);
});
</script>
```

Here's the final result of SuperSoftware's download page and what it looks like in a Windows system (and yours should be different if you're using another operating system):

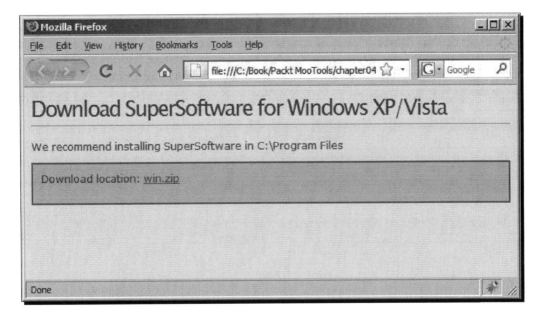

What just happened?

We explored the `Browser.Platform` property provided to us by MooTools by way of an example scenario—SuperSoftware's download page. We customize the page depending on what the user's operating system was. More specifically, this is what we did together:

◆ Determined the user's operating system using `Browser.Platform.name`

◆ Constructed a function called `pageCustomizer()`, that contains a control structure (`if`/`else` statements) to assign three local variables (`platformNameFull`, `Instructions`, `downloadFilePath`) appropriate values depending on the client's platform name

◆ Got rid of the unordered list using the `.dispose()` method (if the platform name was either `win`, `linux`, or `mac`)

◆ Created a new element called `downloadBox`, that we injected into the DOM using the `.inject()` method

You learned a lot in this section, so let's cap it off with a little pop quiz.

Pop quiz – finding out information about the client's operating system

If a user uses an Apple iPhone to navigate to SuperDownload page, which of the following choices would return `true`?

1. Browser.Platform.mac

2. Browser.Platform.iPhone

3. Browser.Platform.other

4. **Browser.Platform.ipod**

Exploring the Core utility functions

Now that we've investigated the Browser component of MooTools, let's check out the Core component.

The Core component contains a plethora of useful functions (15 of them to be exact) that many JavaScript developers believe should have been in native JavaScript. You'll find functions that will check if an object is defined, functions that work with date and time, and a hodgepodge of miscellaneous functions that will save you a lot of code-writing.

Let's delve into the Core by exploring all of its functions.

Checking to see if objects are defined

You can often run into trouble when an object you're trying to access in your script is null or undefined. Because JavaScript allows you to create empty objects and create them on-the-fly without declaring them first, you'll often need to check if an object you're trying to use contains something.

This leads to a lot of `if/else` statements and `try/catch` methods. Let MooTools do all the hard work by leveraging some of the useful utility functions it makes available to us, namely: `$chk, $defined, $pick, $try`.

Seeing if an object has a value with $chk

You can use the `$chk` function to see if an object is a true value or if it's false. This is especially useful for ascertaining that an object contains something.

For example:

```
window.addEvent('domready', function() {
    var myObject;
    if($chk(myObject)) {
        alert('Object has a value');
    } else {
        alert('Object does not have a value');
    }
});
```

In the above example, the alert box will display the second condition **Object does not have a value** because even though we declared `myObject`, we didn't assign it a value.

Compare it with the following code block:

```
window.addEvent('domready', function() {
    var myObject;
    myObject = 0;
    if(myObject) {
        alert('Object exists');
    } else {
        alert('Object does not exist');
    }
});
```

We've assigned a value to `myObject`, but it will still alert us that the **object does not exist**. It's because JavaScript uses a **falsy/truthy** system where "0" is considered "false" and "1" is considered "true".

If you need `myObject` to evaluate true even when it's given a value of 0 (or vice versa, you want it to evaluate false when it's given a value of 1), then you should use `$chk()`.

`$chk` also checks to see if the value is not `' '`, which is used to initiate variables that will hold string literals, such as:

```
var myString = '';
```

In the following example, we'll be alerted that the object does not exist because it doesn't contain a value:

```
window.addEvent('domready', function() {
    var myObject;
    myObject = '';
    if($chk(myObject)) {
        alert('Object exists');
    } else {
        alert('Object does not exist');
    }
});
```

Checking if an object is defined with $defined

`$defined` is very similar to `$chk` but it only evaluates whether an object is defined or not.

For example:

```
window.addEvent('domready', function() {
    var myObject;
    if($defined(myObject)) {
        alert('Object is defined');
    } else {
        alert('Object is not defined');
    }
});
```

Will alert us that the **Object is not defined** because we haven't assigned it a value.

Comparing it to $chk, the following block is considered as defined (evaluates `true`) even if the string literally contains nothing.

```
window.addEvent('domready', function() {
    var myObject;
    myObject = '';
    if($defined(myObject)) {
        alert('Object is defined');
    } else {
        alert('Object is not defined');
    }
});
```

Selecting the first defined object using $pick

$pick allows you to pass several objects into it, and it will select the first object that is defined.

In the following example, `definedFruit` will be assigned the value of **oranges have vitamin C** because it is the first object passed into $pick that is defined.

```
window.addEvent('domready', function() {
    var apples;
    var oranges = 'oranges have vitamin C';
    var grapes = 'grapes are purple';
    var definedFruit = $pick(apples, oranges, grapes);
});
```

Getting the return of first working function with $try

$try accepts multiple functions, and it will attempt to execute each one. It will return the first function that does not fail without executing consecutive functions. $try is really useful because this avoids having to write several `try`/`catch` blocks that "try" whether some code will fail or work properly.

Here's an example that sets the value of `myObject` to *This is my String. It's mine.*:

```
window.addEvent('domready', function() {
    var myObject = $try(
    function myFailedFunction() {
        myCounter++;
        //myCounter is not defined so it skips it
        return myCounter;
    },
    function myWorkingFunction() {
```

```
        var myString="This is my string. It's mine.";
        return myString;
    });
    alert(myObject);
});
```

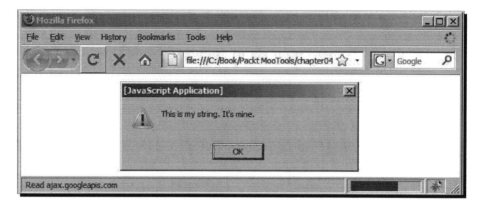

Dealing with time and intervals

The core utility functions include two awesome functions that deal with time and intervals: $time() **and** $clear().

The $time() function

The $time() function simply returns the current system time of the client, in the number of milliseconds that's elapsed since January 01, 1970.

Instead of figuring dates (which can be hard with leap years and such), the function can be used to determine how fast or slow certain processes are.

Let's explore a simple example, seeing how fast you can click on a button.

Time for action – the $time() function

We're going to see how fast (or slow) you click a button:

1. First, we'll grab the start time and place it in an object called startTime. Right below it, we'll call the alert function to print out a message soliciting the user to click on the **OK** button. Right after that, we'll get the ending time and place it into an object called endTime.

```
        var startTime = $time();
        alert('Click on the OK button.');
```

```
// The $time() function will be called again as soon as the
user presses 'OK' to get the endTime.
var endTime = $time();
```

2. Next, we need to calculate the difference between `endTime` and `startTime`. Let's place that value inside an object called `totalTime`.

```
var startTime = $time();
alert('Click on the OK button.');
// The $time() function will be called again as soon as the user
//presses "OK" to get the endTime.
var endTime = $time();
var totalTime = endTime - startTime;
```

3. Finally, we want to print out the results. We'll use the `.write()` JavaScript method to write the results into our document. We'll print out the time in milliseconds, and also the time in seconds for readability (we just divide `totalTime` by 1000).

```
document.write('It took '+totalTime+' milliseconds (or
'+totalTime/1000+' seconds) for you to click the OK button.');
```

4. Open the HTML in your web browser. The first thing you'll see should be the alert dialog box, asking you to click on the **OK** button.

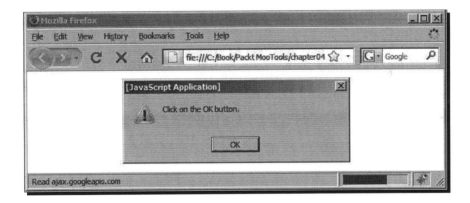

Once you click on the **OK** button of the dialog box, you'll see the total time it took for you to click the **OK** button (in units of milliseconds and seconds).

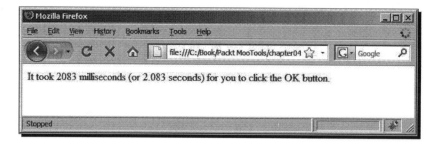

What just happened?

You discovered a way to use the $time() function to monitor the time it takes in between two processes. This has many uses, including profiling your scripts to see how long certain tasks take to execute. If you find a really slow function, it's time to rewrite (called **refactor**) it!

The $clear() function

The $clear() function simply removes delays and timeouts you may have set. It's often used with the .delay() method (which delays an execution of a function by the time, in milliseconds, that you pass to it) and the periodical() function, which executes a function in set intervals.

Let's explore the $clear() function with an example. We'll execute a function that transitions a blue box (a div element) to the right repeatedly using the periodical() function, then stop it from executing any further after the third execution.

Here's the HTML structure we'll be using (there's nothing fancy about it):

```
<div id="bluebox">
    <p>I'm Blue.</p>
</div>
```

To make our blue box easier to see, you can use this CSS style rule:

```
#bluebox {
    width:100px;
    height:100px;
    background-color:#00f;
    border:1px solid #006;
    text-align:center;
    color:#fff;
}
```

With everything set up, this is what you should see when previewing your HTML document.

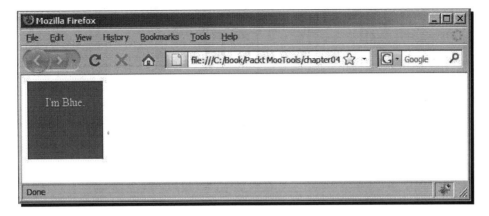

Let's look at making this box move using MooTools.

Time for action – exploring the $clear() function with periodical()

To showcase the use of `$clear()`, we'll use one of its complimentary functions, `periodical()`. We'll create a function that will transition #bluebox to the left in increments of 50 pixels, five times. Then we're going to stop executing the function further (or else it will keep moving to the left infinitely).

1. First, we'll create an integer object that will hold the number of times our function has executed.

```
var counter = 0;
```

2. Next, let's create our function, we'll called it moveLeft().

```
var moveLeft = function() {
    // our function code goes here.
}
```

3. Inside moveLeft, we'll write use the tween() method to move #bluebox to the left.

```
$('bluebox').tween('margin-left', (counter+1)*50);
```

4. Now, we need to increment the counter every time the function is called. We'll use the following line of code, which will execute as soon as our box has finished the animation to the left:

```
counter++;
```

5. Let's now use `periodical()` to execute the `moveLeft()` at intervals of 1 second (or 1000 milliseconds).

```
var moving = moveLeft.periodical(1000);
```

6. The problem with this is that it will keep on moving to the left. So we'll have to stop `moving`.

7. Inside the `moveLeft` function, we'll add an `if` conditional statement that checks whether the counter is equal to 5 or not. If it's equal to 5, then we know our function has been called five times, and therefore it's time to use `$clear()` on our `periodical()` function (which we call `moving`). Add the following `if` statement inside the `moveLeft()` function:

```
if(counter == 5) {
    $clear(moving);
}
```

8. We're done! Our `#bluebox` should now move left five times in set intervals of 1 second. Then when it's moved 5 times, it will stop moving. Here's the final script that we wrote together:

```
window.addEvent('domready', function() {
    var counter = 0;
    var moveLeft = function() {
        $('bluebox').tween('margin-left', (counter+1)*50);
        counter++;
        if(counter == 5) {
            $clear(moving);
        }
    }
    var moving = moveLeft.periodical(1000);
});
```

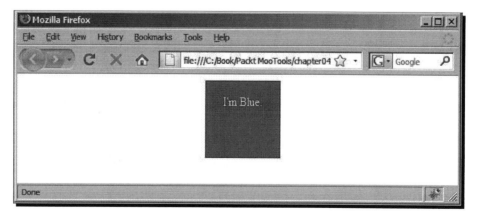

What just happened?

We explored one of the ways to use the $clear function, stopping/clearing periodical after a certain amount of time.

Besides that, you got a chance to discover another handy MooTools function—the periodical() function, which is helpful when you want to execute another function at set intervals.

Utility functions for working with objects

There are several utility functions that will come in handy for working with objects and saving a few more lines of code. Namely, they are:

- $extend()
- $merge()
- $each()

Extending objects with $extend()

$extends() accepts two arguments: the first one is the target object that will be extended, and the second argument is the object whose properties will be copied to the target object.

Here's an example script that uses the $extend function to extend the first object (called firstObject):

```
window.addEvent('domready', function() {
    //firstObject object
    var firstObject = {
        'color' : 'blue',
        'length' : 50
    };
    //secondObject object
    var secondObject = {
        'width' : 100,
        'depth' : 200
    }
    $extend(firstObject, secondObject);
    alert('firstObjects width is ' + firstObject.width);
});
```

Even though we didn't declare a 'width' index for `firstObject`, you can see that it took on the value of 'width' from `secondObject`.

Merging objects with $merge()

`$merge` works similarly to `$extend`, but it can take more than two objects as arguments and "deep-copies" objects, which means objects within objects will also be merged. If there is a conflict in properties (two objects have the same property), then the last object supplied into the `$merge()` function takes precedence.

In the following example, three arrays are merged into an array called `combinedObject`. Then we use the `.write()` method on our document to print out the values of inside `combinedObject`.

```
window.addEvent('domready', function() {
    //firstObject array
    var firstObject = {
        'color' : 'blue',
        'length' : 50
    };
    //secondObject array
    var secondObject = {
        'width' : 100,
        'depth' : 200
    }
    var thirdObject = {
        'width' : 300,
        'height' : 100
    }
    var combinedObject = $merge(firstObject, secondObject,
                                thirdObject);
```

```
    document.write('color: '+ combinedObject.color + "<br>");
    // This should be 300 because thirdObject comes later than
    //secondObject
    document.write('width: '+ combinedObject.width + "<br>");
    document.write('depth: '+ combinedObject.depth + "<br>");
    document.write('height: '+ combinedObject.height + "<br>");
});
```

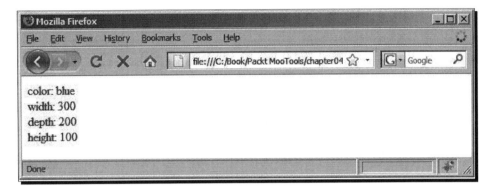

Iterating through objects using $each

$each is a helpful function to save you some time in having to write loops (like for, while, and so on). It takes two arguments: an object or array to be iterated upon, and the function to run on each item inside the object. The basic format of an $each function call is:

```
$each(targetObject, function(){});
```

The second argument, the function to run, can take in three arguments: the current item (or value), the index (or key), and the object that's being iterated upon. You can then use these arguments as references inside the function. The basic format of the function() argument for $each is:

```
function(currentItem, indexOrKey, targetObject)
```

Let's examine the $each() function in action. Let's say we have an object that contains the cars I'll be buying with the massive profits I make from the sales of this book (thank you by the way, I'll be thinking of you as I cruise around town with one of these bad boys):

```
var myCars = {
    'Ferrari 612 Scaglietti' : 'first',
    'Bugatti EB 16.4 Veyron' : 'second',
    'Masarati Quattroporte' : 'third'
}
```

Let's write a script that uses $each to print out my cars.

Time for action – exploring the $each function

Let's see how the $each function helps us to list down our dream cars:

1. Let's set up the structure of the $each function. As our target object, we pass the argument of myCars. priority a the current item value, and car the current object's key.

    ```
    $each(myCars, function(priority, car){
        // Code to print out each car goes here.
    });
    ```

2. We'll use the .write() method to display the contents of myCars.

    ```
    $each(myCars, function(priority, car){
        document.write('<strong>Priority:</strong> '+priority+',
            <strong>Car name:</strong> '+car+'<br />');
    });
    ```

3. Preview the script in your browser, and voila, you've got a list of my dream cars.

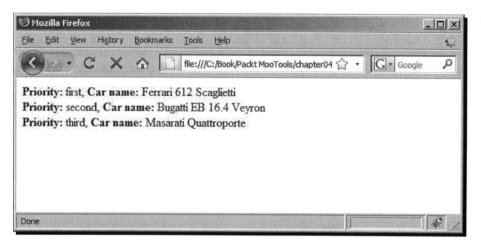

What just happened?

We explored a quicker way of iterating through objects using the $each function. $each can be used on any objects that are iterable, including arrays and class objects. The $each function saves you time in having to write complex, nested for and while loops.

Other utility functions in the Core

Here are hodgepodges of miscellaneous functions that are included in the Core.

Generating a random number with $random

`$random` is a helpful function and a shortcut for executing a numerical value between two ranges.

The basic format is:

```
$random(minValue, maxValue)
```

Using `$random` in the following way will assign `myDiceRoll` a numerical value between 1 and 6.

```
var myDiceRoll = $random(1,6);
```

Converting objects to arrays with $splat

`$splat` will take one argument and convert it into an array, if it isn't already one and if it's defined.

In the following example, `$splat` will create an empty array with a single value called `newArray`.

```
$splat(' newArray ');
```

If we pass an array as an argument, `$splat` won't do anything to it. In the following example, the alert dialog box will display 1, because we passed an array into `$splat`.

```
var myArray = $splat([1,2,3]);
alert(myArray[0]);
```

Determining the data type using $type

JavaScript is a liberal and lenient language. It doesn't require you to declare a data type before creating an object, and you can switch data types at any time.

`$type` allows you to check what your object's data type is. In the following example, `switchy` is an integer first, then changed to a string literal datatype, and lastly changed to a Boolean (true or false).

```
window.addEvent('domready', function() {
    // First it's Number
    switchy = 0;
    alert($type(switchy));
    // Switcheroo, now it's a String
```

```
    switchy = '';
    alert($type(switchy));
    // Another Switcheroo, now it's a Boolean
    switchy = true;
    alert($type(switchy));
});
```

Typically, in other languages, assigning a variable that's previously declared as a certain data type will issue an error and break your scripts. With JavaScript, it'll just go along with it and convert your variable's data type to the appropriate one. This is convenient when you're fully aware of the conversion happening, but if you're not, this can lead to logical errors which are very hard to catch since they may not break your scripts or alert you to an error. $type will check to make sure your variable is the data type that you need it to be.

Limited use functions

Here are a few functions that are included in the Core, but have a very limited and specific use. These functions are typically used for MooTools' internal functions (but are readily available to you anyway).

Creating a function placeholder with $empty

$empty simply creates an empty function. You typically use this inside class and events functions to avoid logical errors in your scripts while developing.

To create an empty function, simply write:

```
var myPlaceholderFunction = $empty;
```

Returning arguments using $lambda

$lambda just returns the value you pass to it. In the following example, $lambda just assigns myObject a value of false.

```
$myObject = $lambda(false);
```

$lambda is very obscure and is of limited use, so don't expect to be using it too much.

Creating a function that returns the specified value using $arguments

$arguments creates a function that returns the argument that you point to. In the following example, $mySimpleFunction will return a value of banana because $arguments points to the second argument of mySimpleFunction.

```
mySimpleFunction = $arguments(1);
alert(mySimpleFunction('apple', banana', 'grapes'));
```

Summary

In this chapter, we covered the Core component of MooTools, which is split up into two sub-components: Core->Browser and Core->Core.

Specifically, we:

- ◆ Learned how to obtain information about the client using browser properties, such as what browser they're using and what operating system they're using
- ◆ Explored the Core->Core's useful (and not so useful) helper/utility functions

Now that we've learned about the Core component, we're ready to animate objects in the DOM, which is the topic of the next chapter.

Working with Events

In this chapter, we'll be exploring browser events. We'll also see how MooTools can help us watch out for events such as mouse clicks, mouse movements, keyboard presses, and all the events that make our web pages more responsive to user actions.

In this chapter, we shall:

◆ Define what events are in web development terms

◆ Learn how to add event listeners to web page elements

◆ Find out how to create custom events to extend MooTools' event object

◆ Learn how to remove, clone, and fire off events

◆ Investigate MooTools events methods and properties

We have a lot of things to cover in this chapter, so hold on to your seats and enjoy the ride!

What are events exactly?

Events are simply things that happen in our web pages. MooTools supports all HTML 4.01 event attributes like `onclick` and `onmouseout`, but the framework refers to them without the "on" prefix (`click` instead of `onclick`, `mouseout` instead of `onmouseout`).

What's neat about MooTools is that it not only extends HTML 4.01 event attributes with a few of its own, but also ensures that methods and functions that deal with web page events work across all web browsers by providing us with a solid, built-in object called **events**. Event is part of the native component of MooTools, and is also referred to as the "event hash".

You can read the official W3C specifications on events in the HTML 4.01 Specification, section 18.2.3, under **Intrinsic events**: `http://www.w3.org/TR/html401/ interact/scripts.html#h-18.2.3`

We'll go over all of the available event attributes in MooTools so that you can learn what stuff we can listen to. There are several events that we can detect or "listen to". We can, for the sake of discussion, divide them into five groups: window events, form events, keyboard events, mouse events, and MooTools custom events.

Window events

Window events refer to activities that occur in the background. There are only two window events.

HTML event attribute / MooTools event name	What is it?
`onload` / `load`	This event occurs when the window and images on the page have fully loaded, and/or when all of the `iFrames` in the page have loaded. It can be used for monitoring when the web page has fully loaded (such as when you want to know if all images have been downloaded).
`onunload` / `unload`	This even happens when a window or an `iFrame` is removed from the web page. It has limited use.

Form events

There are events that occur within form elements (such as `<input>` elements), and we'll refer to these as form events.

For example, the `onfocus` event is triggered when the user clicks on an input field (you'll see this in action in this chapter), effectively focusing on that particular input field. Some of these events apply even to non-form elements.

HTML event attribute / MooTools event name	What is it?
onblur / blur	This event occurs when an element loses focus, either because the user has clicked out of it, or because the user used the *Tab* key to move away from it. This is helpful for monitoring the instant when the user loses focus on a particular element.
onchange / change	This event happens when the element loses focus or when its original value has changed. This is helpful for knowing when the user starts typing in the input text field or text area, or when a user selects different option in a select drop-down element.
onfocus / focus	This event is the opposite of the blur event; it is triggered when the user focuses on an element. This is useful for watching when the user highlights a form field or when they have navigated to it using the *Tab* key.
onreset / reset	This event only applies to form elements. This event is triggered when the form has been reset to its default values.
onselect / select	This event happens when the user highlights (selects) text in a text field.
onsubmit / submit	This event is only for form elements. This event occurs when the user submits a web form.

Keyboard events

There are events that happen when a user presses on a keyboard input device; let's call these the keyboard events.

For example, the onkeypress event is triggered when you press any key on your keyboard.

HTML event attribute / MooTools event name	What is it?
onkeydown / keydown	This event occurs when the user holds down a keyboard key.
onkeypress / keypress	This event is triggered whenever the user presses a keyboard key.
onkeyup / keyup	This event happens when the user releases a key.

Mouse events

There are several HTML event properties that allow you to deal with activities related to the mouse. Clicking, moving, double-clicking, and hovering are all mouse events.

HTML event attribute / MooTools event name	What is it?
onclick / click	This event occurs whenever the user uses the mouse button to click on an element.
ondblclick / dblclick	This event occurs whenever the user double-clicks on an element.
onmousedown / mousedown	This event occurs when the mouse button is held down.
onmouseup / mouseup	This event occurs when the mouse button is released.
onmousemove / mousemove	This event occurs when the mouse is moved.
onmouseout / mouseout	This event occurs when the mouse pointer is removed from the target element.
onmouseover / mouseover	This event occurs when the mouse pointer enters the target element.

MooTools custom mouse events

MooTools supplies us with three custom events that extend the standard mouse events.

MooTools event name	What is it?
mouseenter	This event is triggered when the user's mouse pointer enters an element, but does not fire again when the mouse goes over a child element (unlike mouseover). This is useful for detecting the mouseover event once in nested element structures, such as <li><a>item</a></li>. If we were to use the mouseover event, it would be triggered twice, once for <li> and once again for <a>.
mouseleave	This event works similarly to mouseenter in that it is triggered only once when the mouse pointer exits the target element, unlike the mouseout event that gets triggered more than once for nested element structures.
mousewheel	This even is triggered when the scroller on a mouse is used (available in most modern mouse input devices, usually situated in between the left and right buttons).

Adding event listeners

We can attach event listeners to elements on a web page using the `addEvent` and `addEvents` methods. By doing so, we're able to find out whenever that event happens, as well as execute a function to react to them.

Adding event listeners is the basis for interactivity, and is where JavaScript and (subsequently) MooTools has gained its popularity. Imagine being able to perform an operation whenever a user hovers over an image, or clicks on a link, or whenever the user submits a form; the possibilities are endless.

Adding a single event listener

The `addEvent` method allows you to add one event listener to an element method, and follows the format:

```
$(yourelement).addEvent(event, function(){})
```

For example, in the following code block, we attach a click event listener for all `<a>` elements. When the user clicks on any hyperlink on our web page, it runs a function that opens up an alert dialog box that says, **You clicked on a hyperlink**.

```
$$('a').addEvent('click', function(){
    alert('You clicked on a hyperlink');
});
```

In a moment, we'll create a simple web form highlighting the input field that the user is focused on.

Time for action – highlighting focused fields of web forms

Let's start with our web form's HTML.

1. We'll use `<input>` and `<textarea>` tags that will hold our user's information as well as provide them a means to submit the web form (`input type="button"`). We use the `<label>` tag to indicate to the user what information to put inside each form field.

```
<form action="" method="get">
    <p><label for="Name">Name: </label>
        <input name="Name" type="text"></p>
    <p><label for="Email">Email: </label>
        <input name="Email" type="text"></p>
```

```
    <p><label for="Comment">Comment: </label>
      <textarea name="Comment" cols="" rows=""></textarea></p>
    <p><input name="Submit" type="button" value="Submit"></p>
</form>
```

With the above markup, this is how our form looks:

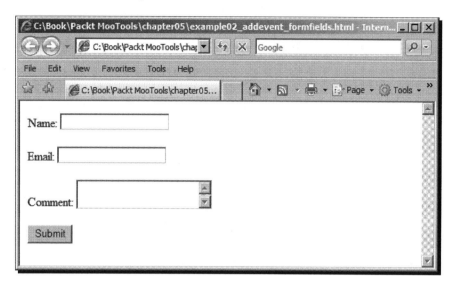

2. Our web form is a bit dull, so how about we spruce it up a bit with some CSS? Read the comments to gain insight on some of the more important CSS properties to take a note off.

```css
/* Center the fields using text-align:center */
form {
    width:300px;
    border:1px solid #b1b8c2;
    background-color:#e3e9f2;
    text-align:center;
    padding:25px 0;
}
label {
    display:block;
    font:12px normal Verdana, Geneva, sans-serif;
}
/* Give  the input and textarea fields a 1px border */
input, textarea {
    width:250px;
    border:1px solid #5c616a;
```

```
}
textarea {
   height:100px;
}
p {
   text-align:left;
   display:block;
   width:250px;
   overflow:auto;
   padding:0;
   margin:5px 0;
}
/* We will give fields that are currently focused on the .focus
class which will give them a distinct thicker border and
background color compared to the other input fields */

.focused {
   border:3px solid #b1b8c2;
   background-color: #e8e3e3;
}
```

With just a few styles, our simple web form has transformed to a more attractive form field.

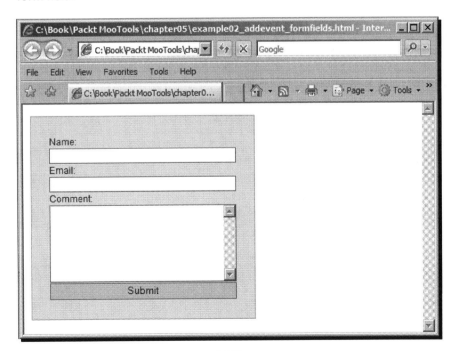

3. Let us move onto the JavaScript. We use the `addEvent` method to add an event listener for the form event, `onfocus`. When the user focuses on a particular field, we run a function that adds the `.focus` CSS class on that field which we declared as a style rule in step 2. We'll also remove `.focus` class on other fields on the web page.

```
window.addEvent('domready', function(){
  var els = $$('input, textarea')
  els.addEvent('focus', function(){
   els.removeClass('focused');
   this.addClass('focused');
  })
});
```

Now, when you focus on a form field, it will be highlighted with a thick blue border and with a lighter blue background. Users who use the *Tab* key to navigate in between form fields will appreciate this feature since they'll clearly see which field is active.

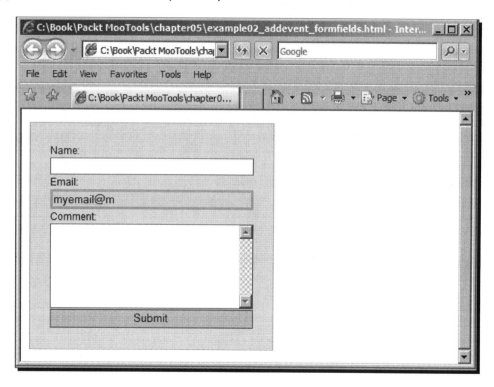

What just happened?

In the previous example, we created a simple and interactive web form that highlights the current field (the user has active). We did this by using the `addEvent` method, adding an event listener for the `focus` form event. When the user focuses on a particular input field, we executed a function that adds the `.focus` CSS class, which highlights the focused field `<input>` or `<textarea>` with a thick blue border with a light blue background.

By highlighting active fields in a web form, we have just improved our form's usability by providing visual feedback about which field the user is currently on.

Adding multiple event listeners

The `addEvents` method allows you to add more than one event listener to an element (or set of elements). This is the format for running the `addEvents` method on an element.

```
$(yourelement).addEvents({
    'event1' : function {},
'event2' : function {}
})
```

Let's explore the `addEvents` method using the previous web form example.

Time for action – adding tooltips to the web form

We'll use the same web form as before, but we'll modify it to provide a hover over tooltip for users. This can be used to provide more explanation for a particular field. Although the example we're using is pretty straightforward, there are some web forms that have labels that could use a little tooltip help to clarify to the users what they need to enter.

1. First, we have to modify our HTML. We'll add `<span>` tags with the text **(?)**, which when the user hovers over them, will display a relevant tooltip/information box beside our web form. We give each of these span tags a unique ID so that we can tell MooTools which help text to display. The tooltip/information box is a div with the ID of `feedback`.

```
<form action="" method="get">
  <p><label for="Name">Name: <span class="help" id="hName">(?)
    </span></label><input name="Name" type="text" /></p>
  <p><label for="Email">Email: <span class="help" id="hEmail">(?)
    </span></label><input name="Email" type="text" />
  </p>
  <p><label for="Comment">Comment: <span class="help"
    id="hComment">(?)</span></label><textarea name="Comment"
    cols="" rows=""></textarea></p>
  <p><input name="Submit" type="button" value="Submit" /></p>
```

```
</form>
<!-- holds user feedback -->
<div id="feedback"> </div>
```

2. Let's give our new elements some CSS styles.

```
#feedback {
    width:200px;
    border:1px solid #f90;
    background-color:#ffc;
    padding:5px;
    font:bold 12px Verdana, Geneva, sans-serif;
    /* Displays the div to the right of our web form */
    position:absolute;
    top:15px;
    left:315px;
}
.help {
    color:#009;
    font:bold 12px Arial, Helvetica, sans-serif;
/* Changes mouse cursor to pointer when mouse hovers on .help */
    cursor:pointer;
}
```

3. It's time for some MooTools code. First, we should hide the `#feedback` div.

```
$('feedback').setStyle('opacity', 0);
```

4. Let's create an array object called `helptext` that will hold our help text which we will display. For the index, we use the ID of the `.help` span tag for each input field, so that we easily reference the array position later on.

```
// Initialize helptext array, will store help text
var helptext = {};

// Put help text inside array
Helptext.hName = 'Enter your first and last name';
Helptext.hEmail = 'Enter a valid email address';
Helptext.hComment = 'Leave your feedback';
```

5. Next we'll add two event listeners using the `.addEvents()` method. The first event listener is for `mouseover`: when the user puts their mouse cursor over a `.help` span element, we show tween the `#feedback` div in, and give it the associated text.

```
'mouseover' : function() {

    // Get the span's ID
    var spanID = $(this).get('id');

    // Set the text inside feedback div, reference
    // array index using spanID
    $('feedback').set('html', helptext[spanID]);

$('feedback').tween('opacity', 1);

}
```

6. The second event listener that we add to our span elements is `mouseout`; when the user removes their mouse cursor from a span tag, it will hide the `#feedback` div.

```
'mouseout' : function() {
    $('feedback').tween('opacity', 0);
}
```

7. Our `addEvent()` code block now looks like this:

```
$$('.help').addEvents({
  'mouseover' : function() {
    $('feedback').tween('opacity', 1);
    // Get the span's ID
    spanID = $(this).get('id');
    // Set the text inside feedback div, reference
    // array index using spanID
    $('feedback').set('html', helptext[spanID]);
  },
  'mouseout' : function() {
    $('feedback').tween('opacity', 0);
  }
});
```

Our form should now look like this:

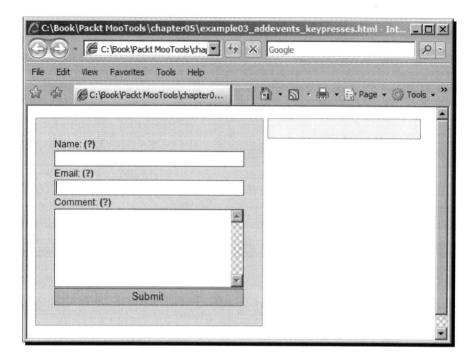

8. Here is the entire MooTools script:

```
window.addEvent('domready', function(){
  $('feedback').setStyle('opacity', 0);
  $$('input, textarea').addEvent('focus', function(){
      $$('input, textarea').removeClass('focused');
      $(this).addClass('focused');
  });
  // Initialize helptext array, will store help text
  var helptext = [];
  // Put help text inside array
  helptext['hName'] = 'Enter your first and last name';
  helptext['hEmail'] = 'Enter a valid email address';
  helptext['hComment'] = 'Leave your feedback';
  // Add events to span.help
  $$('.help').addEvents({
    'mouseover' : function() {
      $('feedback').tween('opacity', 1);
      // Get the span's ID
      spanID = $(this).get('id');
```

```
      // Set the text inside feedback div, reference
      // array index using spanID
      $('feedback').set('html', helptext[spanID]);
    },
    'mouseout' : function() {
      $('feedback').tween('opacity', 0);
    }
  });
});
```

9. When you hover over a **(?)**, you should see something similar to the following image:

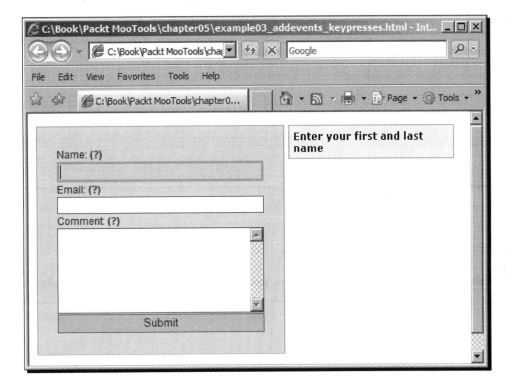

What just happened?

In the previous example, we discovered how to add more than one event listener to an element using the `.addEvents()` method.

Creating custom events

Besides the standard HTML events that you saw earlier in this chapter, you can also create custom events of your own. For example, you may want to create a custom event for a user pressing the *Caps Lock* key; you can do this by adding (extending) properties to the `Element.Events` object in MooTools. Here is the format for adding event properties to the `Element.Events` MooTools object:

```
Element.Events.eventname = {
    'base' : 'click', // A base event such as click, keypress,
        keydown, onload, etc.
    'condition' : function() {
        // conditions that need to be met to trigger event
    },
    'onAdd' : function() {
        // Functions to trigger when you bind/add the event to elements
    },
    'onRemove' : function() {
        // Functions to execute when you unbind/remove elements
    }
};
```

There are five things to take a note off in the above code sample.

- ◆ `eventname`: This is the name of your custom event.

- ◆ `base`: This is an optional string value which gives our custom event a standard event to listen to. If you have condition set, which is also an optional property, then you must also have base set.

- ◆ `condition`: This is a function that must be met to trigger the event; in other words, the function must return a boolean value of `true` in order for the event to fire. This is an optional property to set, but if you have `condition` set, you must also have `base` set.

- ◆ `onAdd`: This is an optional function property; it fires off the function that you assign to it whenever the custom event is added or bound to elements.

- ◆ `onRemove`: This is an optional function property, and it does the opposite of `onAdd`; if the custom event is removed or un-bound from elements, then it will trigger the function.

There's really no better way to learn about creating custom events than by creating one. That's what we'll do next!

Time for action – creating a custom event for showing help tips

Imagine that you created a web application that supports keyboard shortcuts. Keyboard shortcuts allow users to use web applications more efficiently. For this example, let us say that one of your keyboard shortcuts is *Shft + H*, which displays a box with help tips in it.

1. First step, let's set up the HTML for our help tip box. Our help tip box will be a `<div>` with an ID of `help`.

```
<body>
    <h1>myWebApp</h1>
    <p>Use <strong>Shift + H</strong> to view Help tips on how to
        use this web application.</p>
    <div id="help">
        <h1>Help Tips</h1>
        <p>This is the help tip box. It will display helpful tips on
            how to use this web application.</p>
        <p>Press <strong>Shift + H</strong> on the keyboard to
            toggle this box.</p>
    </div>
</body>
```

2. Let's give the help tip box some styles, as well as change the default font style of the HTML web page with some CSS. Let us give the help tip box a gray background with a dotted border to make it easy to distinguish. This step is optional.

```
body {
    font:12px solid Verdana, Geneva, sans-serif;
}
#help {
    width:200px;
    background:#ccc;
    padding:5px;
    border: 1px dotted #00f;
}
```

3. It's time for MooTools to step in. The first thing we'll do is hide the help tip box. We'll do this using the `.setStyle()` MooTools method, setting the opacity property to `0`.

```
$('help').setStyle('opacity', 0);
```

4. Next, we'll create our custom event. This custom event will be called `shiftH`. We'll use the base event `keypress` so that whenever you press something on the keyboard, the event will check to see if the appropriate keys are pressed (*Shift* and *H* keys at the same time).

```
// Add custom event to MooTools Events object
Element.Events.shiftH = {
    // Set our base event to 'keypress'
    base: 'keypress'
};
```

5. We should set the condition for this custom event. We want this event to be triggered whenever we have pressed *Shift* and *H* keys at the same time. We can use the MooTools event property called `.shift`, which returns a boolean value of `true` when the *Shift* key is pressed.

We will also use the `.key` event property, which returns a string that has the value of the key that was pressed in lowercase. In our instance the `.key` property should be equal to 'h'.

Both *Shift* and *H* keys must be pressed at the same time. In other words, our custom event (`shiftH`) will not be triggered when you press the *H* key without also pressing the *Shift* key (and vice versa). Therefore, the condition will return the `true` value only when `customEvent.shift` is `true` and `customEvent.key=='h'` is `true`.

```
// Add custom event to MooTools Events object
Element.Events.shiftH = {
    // Set our base event to 'keypress'
    base: 'keypress',
    // Condition that must be met
    condition: function(customEvent){
        if(customEvent.shift && customEvent.key=='h'){
return true;
        else{
            return false;
}
        }
    };
```

6. The only thing that is left is adding an event listener for `shiftH`. We'll use the `addEvent` method, that will run a function that toggles the #help div.

```
// Add custom event on document object
window.addEvent('shiftH', function(){
    // execute the stuff in here
});
```

7. The code we want to execute when the `shiftH` event is triggered is showing the `#help` div when it's hidden, and vice versa; in other words, we want to toggle the opacity of `#help` div. We'll transition the opacity using the `.tween()` method.

We'll create a variable for the opacity value we want to assign to the `#help` div; `opacityValue`. If the current opacity is `0`, then `opacityValue` will be `1`. If the current opacity is `1`, then `opacityValue` will be `0`. Then, we tween the `#help` div opacity property to `opacityValue`.

```
// If opacity is 0 then we tween to 1, and vice versa
var opacityValue = ($('help').get('opacity')) == 0 ? 1 : 0;
$('help').tween('opacity', opacityValue);
```

8. All together, our MooTools script looks like:

```
window.addEvent('domready', function(){
    $('help').setStyle('opacity', 0);
    // Add custom event to MooTools Events object
    Element.Events.shiftH = {
        // Set our base event to 'keypress'
        base: 'keypress',
        // Event condition
        condition: function(customEvent){
            if(customEvent.shift && customEvent.key=='h') return true;
        }
    };
    // Add custom event on document object
    window.addEvent('shiftH', function(e){
        // If opacity is 0 then we tween to 1, and vice versa
        var opacityValue = ($('help').get('opacity')) == 0 ? 1 : 0;
        $('help').tween('opacity', opacityValue);
    });
});
```

9. Test your web page in your favorite web browser. Then toggle the help tip box by pressing *Ctrl + H* keys.

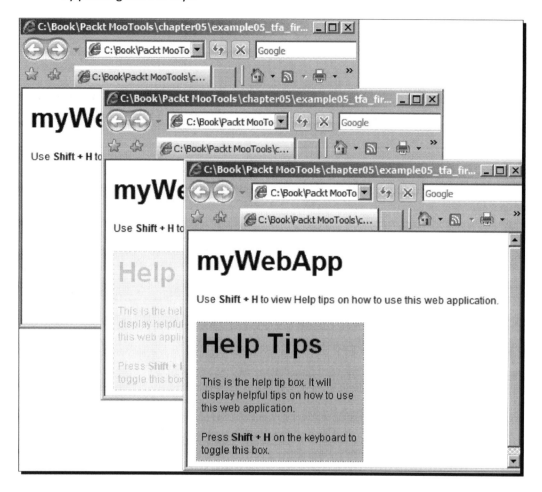

What just happened?

You've discovered how to create a custom event by extending the MooTools event object. We created a custom event called `shiftH` which had a base event of `keypress`. The condition that must be met for `shiftH` to be triggered is that both the *Shift* key and the *H* key are pressed at the same time.

Additionally, we were able to explore two MooTools methods included inside events: `.shift` which returns `true` if the *Shift* key is pressed, and `.key` which returns a lowercase string value of the key that is pressed.

Have a go hero – create your own custom event

Why don't you try to create your own custom event? How about modifying `shiftH` to `ctrlH`, and so that `#help` div is toggled when your users press *Ctrl + H* keys.

You can see what other event methods are available to you in the official MooTools documentation: `http://mootools.net/docs/core/Native/Event#Event`. In this instance, you'll have to replace the `.shift` event method to `.control` event method.

Removing, cloning, and firing off events

Besides adding event listeners, other operations you may want to do are removing events from an element, cloning events from other elements, and firing off events for elements manually. We'll go through each one of these operations.

Removing events from elements

There are instances when you want to remove an event listener that you've added to an element. One reason would be that you only want an element to be triggered once, and after that event has been triggered, you no longer want to trigger it again. To ensure it only fires once, you should remove the event once certain conditions have been met.

Removing a single event from elements

There are two methods available to you for removing events from elements. The first is `removeEvent()`, which removes a single specified event.

Time for action – removing an event

Let's say you have some hyperlinks on a page, which when clicked, will alert the user that they have clicked a hyperlink, but you only want to do it once. To ensure that the warning message appears only once, we'll have to remove the event after it has been fired.

This type of thing may be utilized for instructional tips: when the user sees an unfamiliar interface element, you can display a help tip for them, but only once, because you don't want the tip to keep showing up every single time they perform an action.

1. First, let's put some links on a web page.

   ```
   <a href="#">Hyperlink 1</a> <a href="#">Hyperlink 2</a>
   ```

2. Next, let's create a function object which we will call whenever a click event happens
on any of the links on our page. When the function fires, it will open up an alert box with a message, and then it will remove the click event from all `<a>` elements on the web page.

```
// Create an function object
var warning = function() {
    alert('You have clicked a link. This is your only warning');
    // After warning has executed, remove it
    $$('a').removeEvent('click', warning);
};
```

3. Now we add a click event listener that will fire off the warning function object.

```
// Add a click event listener which when triggered, executes the
//warning function
$$('a').addEvent('click', warning);
```

4. Our script should look like the following:

```
window.addEvent('domready', function(){
    // Create an function object that will be executed when a
    //click happens
    var warning = function() {
        alert('You have clicked a link. This is your only warning');
        // After warning has executed, remove it from all <a>
        //elements on the web page
        $$('a').removeEvent('click', warning);
    };

    // Add a click event listener which when triggered, executes
    //the warning function
    $$('a').addEvent('click', warning);
});
```

5. Test in your web browser by clicking on any of the hyperlinks on the page. The first time you click, you'll see an alert dialog box with our message. The second (or third, fourth, fifth, you get the picture) time you click on any hyperlink, the alert dialog box will no longer show up.

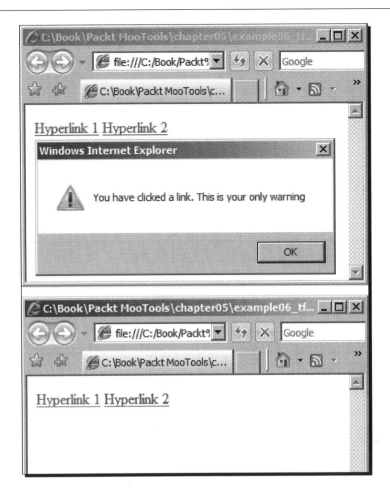

Removing a type of event, or all events, from elements

If you want to remove a type of event on an element (or set of elements), or if you want to remove all events regardless of their type from an element, you have to use the `removeEvents` method.

To remove a type of event from an element, you pass the type of event you want to remove as a parameter of the `removeEvents` method. For example, if you wanted to remove all click events that were added using the MooTools `addEvent` method from an element called `myElement`, you would do the following:

```
$('myElement').removeEvents('click');
```

If instead, you wanted to remove all events that `myElement` has, regardless of the type of event it has, then you would simply run `removeEvents` as follows:

```
$('myElement').removeEvents();
```

Cloning events from another element

What if you wanted to copy all event listeners from another element? This could be useful in situations where you clone an element using the `clone` MooTools element method. Cloning an element doesn't copy the event listeners attached to it, so you also have to run the `cloneEvents` method on the element being cloned if you wanted to also port the event listeners to the copy.

To clone the events of an element, follow the format:

```
// clone the element
var original = $('originalElement');
var myClone = original.clone();

// clone the events from the original
myClone.cloneEvents(original);
```

Firing off events

Sometimes you want to fire off events manually. This is helpful in many situations, such as manually firing off an event listener function that is triggered by another event. For example, to fire off a `click` event on `myElement`, without having the user actually clicking on `myElement`, you would do the following:

```
$('myElement').fireEvent('click');
```

Time for action – firing off a click event

Imagine that you have a hyperlink with a `click` event listener attached to it, that when triggered, alerts the user with a message. But you also want to fire off this alert message when the user presses the *Ctrl* key. Here's how you'd do this:

1. First, let us place a hyperlink in an HTML document. We'll put it inside a `<p>` element and tell the users that clicking on the hyperlink or pressing the *Ctrl* key will open up an alert dialog box.

```
<body>
    <p>Show a warning by clicking on this link: <a href="#">Click
me</a>. Alternatively, you can show the warning by pressing the
<strong>Ctrl</strong> key on your keyboard.</p>
</body>
```

2. Next, let's add an event to `<a>` elements. We'll use the `addEvent` method to do this.

```
// Add a click event
$$('a').addEvent('click', function(){
   alert('You either clicked a link or pressed the Ctrl key.');
});
```

3. Now we have to add another event listener onto our HTML document that watches out for a `keydown` event. The function that the event listener executes will check if the key pressed is the *Ctrl* key by using the `control` event method, which returns a Boolean value of true if the *Ctrl* key is pressed.

If the key that was pressed is the *Ctrl* key, we ask it to fire the click event function that we set in all our `a` elements by using the `fireEvent` method with click as its parameter.

```
// Add a keydown event on our web page
window.addEvent('keydown', function(e){
// If the keypress is the Ctrl key
   // manually fire off the click event
   if(e.control) {
      $$('a').fireEvent('click');
   }
});
```

4. All together, our MooTools script should look like this:

```
window.addEvent('domready', function(){
   // Add a click event
   $$('a').addEvent('click', function(){
      alert('You either clicked a link or pressed the Ctrl key.');
   });
   // Add a keydown event on our web page
   window.addEvent('keydown', function(e){
   // If the keypress is the Ctrl key
   // manually fire off the click event
   if(e.control) {
      $$('a').fireEvent('click');
   }
   });
});
```

5. Test your HTML document in the web browser. Click on the **Click me** link. It should show you the alert message we created. Press the *Ctrl* key as well. It should also open up the same alert message we created.

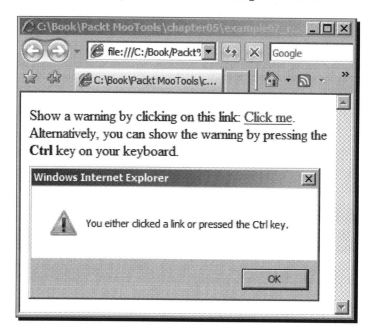

The MooTools event object

The MooTools event object, which is part of the native component, is what allows us to create and work with events. It's therefore worth it to take a bit of time to explore the events object.

Using event object methods

There are three event methods: `preventDefault`, `stopPropagation`, and `stop`.

Preventing the default behavior

An event usually has a default behavior; that is, it has a predefined reaction in the instance that the event is triggered. For example, clicking on a hyperlink will direct you to the URL that `href` property is assigned to. Clicking on a **Submit** input field will submit the form to the value that the `action` property of the form element is assigned to.

Perhaps you want to open the page in a new window, but instead of using the non-standard target property on an `<a>` element, you can use JavaScript to open the page in a new window. Or maybe you need to validate a form before submitting it. You will want to prevent the default behaviors of an event doing either one of these things. You can use the `preventDefault` method to do so.

Time for action – preventing the default behavior of a hyperlink

Imagine that you have a list of hyperlinks that go to popular sites. The thing is, you don't want your website visitors to ever get to see them (at least coming from your site). You can prevent the default behavior of your hyperlinks using the `preventDefault` method.

1. Here is the HTML markup for a list of `<a>` elements that go to popular websites. Place it inside an HTML document.

   ```
   <h1>A list of links you can't go to.</h1>
   <ul>
       <li><a href="http://www.google.com/">Google</a></li>
       <li><a href="http://www.yahoo.com/">Yahoo!</a></li>
       <li><a href="http://digg.com/">Digg</a></li>
   </ul>
   ```

2. We will warn the user with an alert dialog box that tells them they can't access the links, even when they click on it. We'll fire this alert dialog box when a user clicks on it. Notice the `e` argument in the function? That is the event object that is passed into the function, allowing us to access events' methods and properties.

   ```
   $$('a').addEvent('click', function(e){
   alert('Sorry you can\'t go there. At least not from this page.');
   });
   ```

3. Open your HTML document in a web browser and verify that the links still open their destination, since we haven't prevented the default yet. You will, however, see the alert dialog box we set up in step 2, showing you that, indeed, the click event listener function fires off.

4. Now we will prevent the links from opening by using the `preventDefault` method. We'll just add the following line above the `alert()`; line:

   ```
   e.preventDefault();
   ```

5. Test the document again in your web browser. Clicking on any hyperlink opens the alert dialog box, but doesn't open the hyperlink.

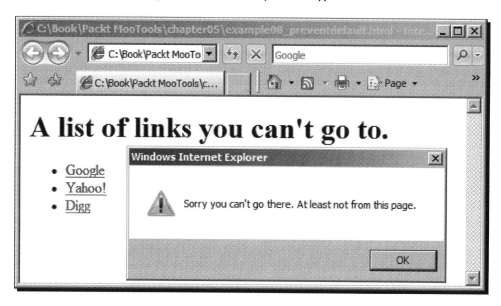

Preventing event bubbling

Event bubbling occurs when you have an element inside another element. When an event is triggered from the child element, the same event is triggered for the parent element, with the child element taking precedence by being triggered first.

You can prevent event bubbling using the `stopPropagation` method. Let's explore the concept of event bubbling and how to prevent it from occurring (if you want to), using the `stopPropagation` event method.

Time for action – preventing event bubbling

Let's say you have two divs, one inside another. When a div is clicked, it will open up the alert box that displays the div's ID property value.

1. Let's start with the HTML. In the following HTML markup, we have two div elements. The parent div has an ID of `#parent` and the child div has an ID of `#child`.

```
<body>
<div id="parent">
    <p>#parent</p>
    <div id="child">
        <p>#child</p>
```

```
        </div>
    </div>
    </body>
```

2. We'll style them with different background colors, widths, and heights so we can see each div better.

```
#parent {
    width:200px;
    height:200px;
    background-color: #999;
}
#child {
    width:100px;
    height:100px;
    background-color:#ccc;
}
```

3. Open the HTML browser. You should see the following:

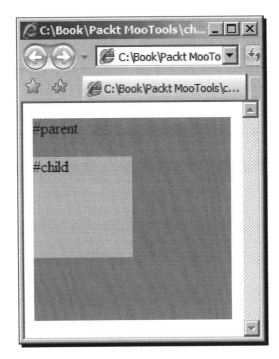

4. Let's explore the concept of event bubbling by adding a `click` event on all divs in the web page. When the `click` event is triggered, we will display an alert dialog box with the ID of the div that triggered the event.

```
$$('div').addEvent('click', function(e){
    alert('You clicked on #' + this.get('id'));
});
```

5. Open or refresh your work in your web browser. Click on the `#parent` div. You should see one alert dialog box that displays the ID of the parent div.

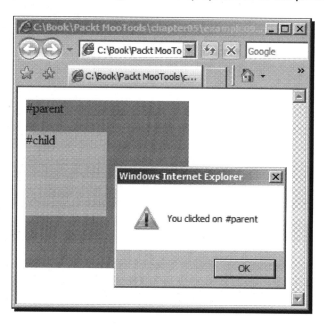

6. This step is where you'll see event bubbling in action. Click on the **#child** div. You should see two alert boxes, one right after the other. The first one will display an alert that you clicked on **#child** div, and the second one will alert you that you clicked on **#parent** div, effectively running the same function twice in one click.

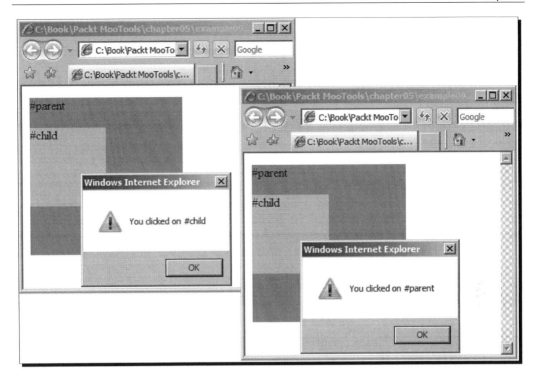

7. Let's prevent event bubbling from occurring. All we have to do is add this one line of code above the `alert()` line in step 4.

    ```
    alert('You clicked on #' + this.get('id'));
    ```

8. Refresh your HTML document. Click on the child element. You should only see one alert dialog box this time. In effect, we've prevented event bubbling, which is helpful when you only want to run the event's function once, not multiple times.

What just happened?

You've learned the concept of event bubbling, which is a useful thing to know because event bubbling can yield unexpected results if you don't keep it in mind. Sometimes you want to run a function only once, so you have to prevent the propagation of the event listener to the parent elements.

We did this by using the `stopPropagation` MooTools event method.

Stopping default behavior and event propagation

If you want to stop the default behavior of an element (`preventDefault`) as well as prevent event propagation (`stopPropagation`), you should use the "stop the event" method. This is a combination of both methods and it's a great way to save lines of code if you want to perform both operations.

If you had a link inside a `<p>` element, like so:

```
<p><a href="http://digg.com">link</a></p>
```

By default, clicking on this link will take you to the `Digg.com` website as well as trigger the click event on the `<a>` element and the `<p>` element. To prevent this from happening, which in essence means limiting the operation performed only to triggering the click event on the `<a>` element and nothing else, you can do the following:

```
$$('a').addEvent('click', function(e){
    e.stop();
});
```

Using event properties

MooTools event objects also contain a variety of properties (similar to the Browser Properties in Chapter 4). With these properties, you can find out many things about an event. We've already used several of these properties in this chapter, such as the `shift`, `control`, and `key` properties.

Here are all the properties of event objects. You can find a similar summary in the MooTools official documentation In the Event section: `http://mootools.net/docs/core/Native/Event#Event:constructor`.

Event property	Data type	What it does
`code`	Number	This property returns the key code that was pressed.
		You can see a list of JavaScript Key Codes for standard keyboard keys in Mozilla Developer Center, under KeyEvent: `https://developer.mozilla.org/en/DOM/Event/UIEvent/KeyEvent`.
		For example, if the user presses the *Enter* key, the key code number is 14, and thus `event.code` will return a number value of 14.

Event property	Data type	What it does
key	String	Returns the lowercase value of the key pressed. For example, it will return q if the *Q* key is pressed, and enter when the *Enter* key is pressed.
		Possible values of the key property are:
		letters a - z
		numbers 0 - 9
		'enter', 'up', 'down', 'left', 'right', 'space', 'backspace', 'delete', and 'esc'.
shift	Boolean	This property will return true if the Shift key was pressed.
control	Boolean	This property will return true if the Ctrl key was pressed.
alt	Boolean	This property will return true if the Alt key was pressed.
meta	Boolean	This property will return true if the Meta key was pressed.
wheel	Number	How many times the scoller button on a mouse was used.
page.x	Number	Returns the x coordinate position of the mouse relative to the entire browser window.
page.y	Number	Returns the y coordinate position of the mouse relative to the entire browser window.
client.x	Number	Returns the x coordinate position of the mouse relative to the browser's viewport.
client.y	Number	Returns the y coordinate position of the mouse relative to the browser's viewport.
target	Element	Returns the element or elements that are targeted by the event.
relatedTarget	Element	Returns the related element or elements that are targeted by the event (useful for seeing what elements can be affected by event bubbling).

Summary

We learned a lot in this chapter. We learned about web browser events and how they can help us watch for, and react to, user actions. We saw events in action in web forms and in a mythical web application that allows users to toggle a help tip box with a shortcut key.

Specifically, we covered:

- ◆ Adding event listeners to elements: We learned how to add a single event listener, as well as multiple event listeners, using the `addEvent` and `addEvents` methods. You'll find a lot of use for these as you get into the more advanced facets of MooTools.

- ◆ Removing, cloning, and firing off events: We saw how to remove events from elements using the `removeEvent` and `removeEvents` methods, cloning events with the clone method, and systematically firing off events, even when they are not triggered by users, using the `fireEvent` method.

- ◆ Creating custom events: We found out how to create custom events to extend MooTools' event object.

- ◆ Event properties and methods: We saw the available methods and properties that will help us work with events.

Your newfound understanding of events will tremendously help us in the chapter, when we deal with the fun stuff: JavaScript effects and animation, which, you'll be glad to know, is the topic of the next chapter.

6

Bringing Web Pages to Life with Animation

Users expect a highly-interactive experience when interfacing with websites and web applications. With MooTools, you can create stunning animation within your web pages with MooTools' smooth and slick JavaScript effects.

In this chapter we shall:

- ◆ Learn about the MooTools Fx class
- ◆ Learn how to animate a CSS property of an element
- ◆ Discover how to animate multiple CSS properties of an element
- ◆ Investigate some of Fx's useful methods for working with MooTools effects

So let's get on with it!

MooTools' Fx class

The MooTools Fx class is where the magic happens (or at least, one of the places where it happens). It contains the framework's animation effects logic that will help you transform CSS properties in a smooth and slick fashion. Before we get started with the fun stuff, let's go over the basics.

Basic syntax

Declaring a new `Fx` object follows the same syntax as declaring any other object in MooTools (like a new Event in Chapter 5). You create a new `Fx` object using the following format:

```
var nameOfFxObject = new Fx([options]);
```

However, it's unlikely that you will use the `Fx` class in the above manner, but rather, you'll use one of its extensions (`Fx.Tween` or `Fx.Morph`).

Let's go over the options and properties you can use to define your animation effect.

Fx options

You have a myriad of options that you can take advantage of inside the `Fx` class, giving you unprecedented control over your JavaScript animation effects. In the following table, you'll find the option name, the data type it accepts, its default value (if you don't declare a value for the option), and what the option is for.

It's important to note that when constructing your `Fx` object, you do not need to include any of these options because they're optional.

Option Name (Data Type)	Default Value	What it's for
`fps` (number)	50	Allows you to specify the number of frames per second of the effect.
`unit` (string)	'false'	The unit used for the effect transition (px, em, or %).
`link` (string)	'ignore'	What to do when the effect starts. The values you can use are:
		'ignore': will ignore the other effects currently running when this effect starts.
		'cancel': will cancel other effects currently running when this effect starts.
		'chain': the effect will start as soon as currently running effects end.
`duration` (number or string)	500	How long the effect will last in milliseconds (that is the value of 500 is half a second); the longer it is, the slower the transition. You can use numbers or one of the three preset duration values: short (250 ms), normal (500 ms), and long (1000 ms).

Option Name (Data Type)	Default Value	What it's for
`transition`	sine:in:out	The mathematical formula used for the effect transition. There's a big list of values you can use to learn about all the different types of transitions at the official MooTools Docs: `http://mootools.net/docs/core/Fx/Fx.Transitions`

Now that you know the basics of the `Fx` class, it's time to get "Mooving" and shaking, and that's what we'll do in the next part of the chapter.

Animating a CSS property with Fx.Tween

JavaScript animation effects have come a long way with the help of frameworks like MooTools that allow you to perform very fine-tuned, slick animations that rival the likes of Adobe Flash.

MooTools allows you to smoothly transition a CSS property from one value to another. For example, if you would like to transition the width of an element from 100px to 200px, or the color from #ffffff to #000000, you can.

The term "tween" comes from the animation industry; it is when the animator fades a frame into the picture while fading out the existing frame, giving the appearance of a smooth and seamless transition between the two frames.

`Fx.Tween` is a class extension of `Fx` that deals with animating one CSS property value into another. We'll explore just how cool `Fx.Tween` is with an example.

Time for action - creating a hide/show FAQ page

Let's say that you have a boring FAQ page on your website, and you'd like to add a bit of interactivity to it, as well as shorten the page so that users can quickly find the questions they're looking for. One of the ways we can achieve these two goals is by hiding the answers to the questions, and then showing them when the user clicks on the question.

To help us achieve our goals, we will use `Fx.Tween` to let users click on a frequently-asked question, which would reveal their corresponding answers.

1. We will start with the `HTML.definition` list `<dl>` element so that we can pair up the questions with their respective answers (`dd`). Here is the HTML code we're going to use (place your questions inside the `<dt>` element, and their corresponding answers in the following `<dd>` element).

```
<body>
<h1>My Product FAQ Page</h1>
<dl>
    <dt>...Question 1...<dt>
    <dd>...Answer 1...<dd>
    <dt>...Question 2...<dt>
    <dd>...Answer 2...<dd>
    <dt>...Question 3...<dt>
    <dd>...Answer 3...<dd>
    <dt>...Question 4...<dt>
    <dd>...Answer 4...<dd>
</dl>
</body>
```

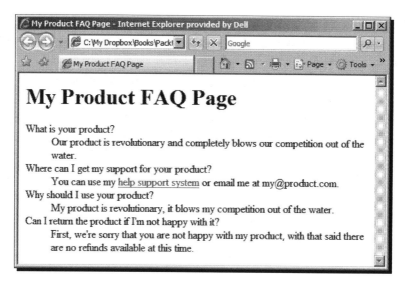

2. Let's make the FAQ page a bit prettier. We'll change the default font style to Verdana. For the questions (`dt`), we'll give them green color, a green bottom border, a bit of space in between each other, and change the `cursor` property to `pointer` to indicate to the users that they are clickable. For the answers (`dd`), we'll simply give them a bit of space from the questions.

```
body {
    font:normal 14px Verdana, Geneva, sans-serif;
    color:#333;
}
dt {
    color:#030;
    border-bottom:1px solid #090;
    margin-top:20px;
    cursor: pointer;
}
dd {
    margin-top:5px;
}
```

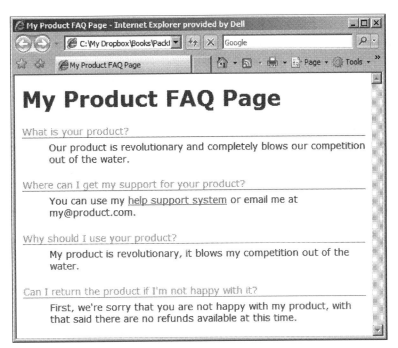

3. It's MooTools time! First, let's create some objects, namely two arrays that will hold all of the questions (called `questions`), and one that will hold the answers (called `answers`). This will make our code a bit cleaner and easier to read, as well as make the sets easier to reference later down the script.

```
window.addEvent('domready', function(){
// Define some objects to make code cleaner
// and easier to reference
```

```
var questions = $$('dt');
var answers = $$('dd');
```

4. When the page first loads, we have to hide all of the answers. We do this by using the `.setStyle()` method to immediately set the opacity CSS property of all the answer elements (dd) to 0%.

```
// On first load, hide the answers
answers.setStyle('opacity', 0);
```

5. We will need an event listener for the event that a user clicks on a question, so we'll use what we learned in Chapter 5 and utilize the `addEvent()` method to add a click event listener to the questions.

   When the user clicks on a question, we want to get the index position of the question so that we know which answer to show or hide. We do this using the `indexOf()` method on the definition term set (dt) and then storing this numerical value into a variable called `questionIndex`. If the user clicks on the first question: `questionIndex` will be 0, second question: `questionIndex` is 1, and so forth. Then we will pass `questionIndex` as an argument to a function called `toggleAnswer` which we will create in the next step. Note that you do not have to put the index position inside a variable like `questionIndex`, but doing so makes the code a bit more readable.

```
// Add click event listener to questions
// (all dt elements)
questions.addEvent('click', function(){
    // Get the index position of the question
    var questionIndex = questions.indexOf(this);
    // Call toggleAnswer function with the index
    // of this question as the argument
    toggleAnswer(questionIndex);
});
```

6. We're going to create a function that will deal with the hiding and showing (toggling) of the answers; we shall call this function `toggleAnswer` which accepts an argument that points to the index position of the answer to show (or hide). The argument will be `questionIndex` from the previous step.

```
// The toggleAnswer function
function toggleAnswer(index){

}
```

7. Inside `toggleAnswer`, we will declare a new `Fx.Tween` object called `toggleEffect`. It will transition the opacity CSS property of the element we pass to it, and the effect will have a short duration. The element we will pass to it as an argument is the answer whose index matches the question that was clicked (`answers[index]`).

```
var toggleEffect = new Fx.Tween(answers[index], {
    property : 'opacity',
    duration : 'short'
});
```

8. Next, we create a control structure for determining whether we will be transitioning to 100% opacity (the question is hidden) or 0% opacity (the question is currently showing). We use the `get()` method to see if the target element has a 0 opacity, and if it does, we'll start the effect at 0% opacity, and then end at 100% opacity, otherwise, we do the opposite. To start the `toggleEffect` animation, we use the `start()` method and pass the starting value and ending value of the opacity. We'll talk about the `start()` method in greater detail later on in the chapter.

```
if(answers[index].getStyle('opacity')==0){
    // If answer is hidden, transition to 100%
    toggleEffect.start(0, 1);
} else {
    // Else if answer is shown, hide it
    // and transistion to 0%
    toggleEffect.start(1, 0);
}
```

9. Review the entire MooTools script that we wrote together. Here it is without the comments.

```
window.addEvent('domready', function(){
var questions = $$('dt');
var answers = $$('dd');

answers.setStyle('opacity', 0);

questions.addEvent('click', function(){
    var questionIndex = questions.indexOf(this);
    toggleAnswer(questionIndex);
});
function toggleAnswer(index){
    var toggleEffect = new Fx.Tween(answers[index], {
        property : 'opacity',
```

```
            duration : 'short'
        });
        if(answers[index].getStyle('opacity')==0){
            toggleEffect.start(0, 1);
        } else {
            toggleEffect.start(1, 0);
        }
    }
});
```

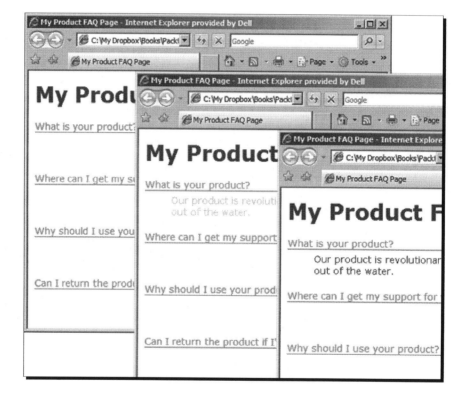

What just happened?

In the previous example, we used `Fx.Tween` to hide and show elements, namely `dd` elements which contain the answers to a hypothetical set of frequently asked questions (`dt`).

We did this by getting the index position of the question, then sending it to a function called `toggleAnswer`, which determines whether the corresponding answer is already showing or not; if it's hidden, it fades the question in, if it is shown, then it fades it out.

Have a go hero – modifying the hide/show transition effect

Try to see what happens when you modify the duration option (give it a slower or faster value). You should notice that the effect becomes more pronounced and noticeable as you increase the duration option of the `Fx.Tween` class instance.

Tweening a single CSS property using the tween() method

`Fx.Tween` comes packed with a few helpful methods for quickly transitioning a CSS property of an element. `tween()` is one such method that allows you to transition one CSS property value to another with fewer keystrokes than declaring a new `Fx.Tween` instance.

Using `.set('tween', options)` before starting the effect allows you to change the options before using `tween()`. You should use `tween()` on an element (or set of elements) instead of creating a new instance of `Fx.Tween` to save some lines of code. We've used the `tween()` method in a previous chapter, but let's talk about it in a bit more detail here.

Using `tween()` is simple, and follows the format:

```
$(yourelement).tween(property, [startvalue, endvalue]);
```

If you want to start the tween at the current value, then just providing an end value will transition the element from the current value to the end value, that is:

```
$(yourelement).tween(property, endvalue);
```

`tween()` is a deceptively simple method that provides you a quick way of creating highly-interactive and appealing user interaction.

Time for action – toggling the visibility of a div

Imagine you have a div that you would like to hide or show. The `tween()` method will allow you to do this very easily and with very few lines of code. Let's just jump right to it.

1. First, we set up the HTML. We use an `<a>` tag as the trigger. When clicked it will either hide or show the `#panel` div depending on its visibility.

```
<a href="#">Toggle div</a>
<div id="panel">
  <!-- Div content -->
</div>
```

2. We give the #panel div some simple styles by changing its background color to gray and giving it a black border. This step is optional but it makes it easier to see the transition.

```
#panel {
    background-color:#ccc;
    border:1px solid #000;
}
```

3. Moving on to MooTools. First, we declare a variable that holds the <a> element. This makes it easier to reference in our code. We also immediately set the opacity of the #panel div to 0.

```
// target is the div we hide or show
var target = $('panel');
// Hide div immediately
target.setStyle('opacity',0);
```

4. Finally, we add a click event for the <a> element. When the click event is triggered, we tween the opacity CSS property of the #panel div. If the opacity is currently 0, we set the end value to 1, and if the opacity is 1, we set the end value to 0.

```
// Click event
$$('a').addEvent('click', function(){
    // Tween opacity to 1 if currently 0, tween to 0 if
    //currently 1
    target.tween('opacity', target.getStyle('opacity')==0 ? 1 :
      0);
});
```

5. Test your work in a browser. At first, the #panel div should be hidden when the page loads. When you click on the <a> element, it will animate the visibility of the #panel div. Clicking on the <a> element when the #panel div is shown should animate the div to be hidden again.

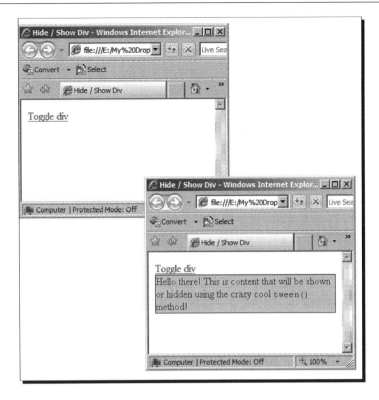

What just happened?

We learned how to use the `tween()` method by hiding and showing a web page element. More specifically, we animated the opacity CSS property of a div using the `tween()` method.

Fading elements

There is another shortcut method for animating elements within the `Fx.Tween` class, called `fade()`, that simply fades an element in and out. Rather than talking about it in length, let's just jump right into it with an example.

Time for action - fading an image in and out

Imagine that you have an element (or a set of elements) that you'd like to fade in and out from a web page. We can use the `fade()` method, in conjunction with event listeners, to make this happen with very few lines of code. This can be used for simple hide and show interactions, much like in the earlier example in this chapter with FAQ's.

1. We'll be fading an image in and out of a web page. We use a click event on a link to trigger the animation. For the image, we'll use an image from my Flickr account: `http://www.flickr.com/photos/31288116@N02/3380520852/in/set-72157615731243219/`.

2. We'll use two sizes of the images, one small and one big. The small one, when clicked, will fade in the bigger image, much like in thumbnail galleries. To download the small image, visit this link: `http://farm4.static.flickr.com/3636/3380520852_5494538698_s_d.jpg`

3. Download the large image using this link: `http://farm4.static.flickr.com/3636/3380520852_5494538698_d.jpg`

4. Store both images in the same directory with your HTML document that you will use for this example, so that we can easily reference them. Rename them to a shorter file name. How about `flower_small.jpg` for the small one and `flower_large.jpg` for the larger one?

5. Let's start with the HTML code. We'll simply put the images inside paragraph elements. The smaller image (the thumbnail) will have a class of `.small`, and the larger version will have a class of `.large`.

```
<body>
<p><img class="small" src="flower_small.jpg" width="75"
        height="75" /></p>
<p><img class="large" src="flower_large.jpg" width="404"
        height="500" /></p>
</body>
```

6. First, we need to hide the larger image immediately when the first page loads; we do so with the `.setStyle` method with opacity as the property argument, and `0` as the property value to set it to.

```
// Set opacity immediately to 0
$$('.large').setStyle('opacity', 0);
```

7. Next we need a click event listener on the thumbnail; we'll target the `.small` class and add a click event listener to it.

```
$$('.small').addEvent('click', function(){
  // Code to execute
});
```

8. It's time to utilize the `.fade` method. First, we create an object called large, just to make our code a bit cleaner. Then we run the fade method on large. We feed fade either a `1` or `0` using a ternary control structure; if the opacity of large is `0`, then we fade to `1` (showing it), otherwise, we fade to `0` opacity.

```
$$('.small').addEvent('click', function(){
  // Make code cleaner
  var large = $$('.large');
  // Run fade on method on .large
  //   If opacity of .large is 0 fade to 1
  //   Otherwise, fade to 0
  large.fade((large.get('opacity') == 0) ? 1 : 0);
});
```

9. Review the script we wrote together. Here it is without comments.

```
window.addEvent('domready', function(){
$$('.large').setStyle('opacity', 0);
$$('.small').addEvent('click', function(){
    var large = $$('.large');
    large.fade((large.get('opacity') == 0) ? 1 : 0);
});
});
```

Now, test the web page in a web browser.

What just happened?

We learned how to use one of the `Fx.Tween` shortcuts, the fade method. We applied it to an image to create a gallery style effect where you click on a thumbnail (`flower_small.jpg`) and it shows the full scale version of itself (`flower_large.jpg`).

Now we're ready to move on to another awesome `Fx.Tween` shortcut.

Highlighting elements

The other `Fx.Tween` shortcut that is helpful is the highlight method. You can use the highlight method to draw attention to elements by momentarily transitioning its background color, creating a "flashing" or "blinking" effect.

If you use the highlight method without any options, it uses a light yellow color (`#ff8`) as the "highlighting" color and makes the background of the element flash for a split second to draw the user's attention to it.

Time for action - indicating blank form fields that are required

Let's see what the highlight method can do for us. We're going to use it on a web form.

1. First we'll set up the form's HTML.

```
<form action="" method="">
<p>
  <label for="firstName">First Name:</label> <input
name="firstName" type="text" />
</p>
<p>
  <label for="lastName">Last Name:</label> <input name="lastName"
type="text" />
</p>
<p>
  <label for="email">Email:</label> <input name="email"
type="text" />
</p>
</form>
```

2. Then we target all the input elements and add a focus event listener to them. When an input field is focused on, we grab its parent (p) element and then run the highlight method on that element to animate its background color.

```
$$('input').addEvent('focus', function(){
    this.getParent('p').highlight();
});
```

On testing the above script in a web browser, you should see that the background color momentarily flashes to a light yellow color, and then fades back to the original background color (which defaults to transparent or no color in most web browsers).

3. Let's see what happens when we pass one color value to the method as an argument. This effectively functions as the starting color of the highlight. We'll use a blue color (#6dcff6).

```
$$('input').addEvent('focus', function(){
    this.getParent('p').highlight('#6dcff6');
});
```

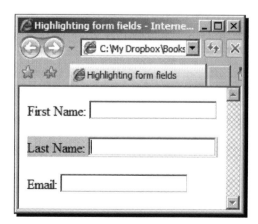

4. Now let's modify it so that we pass both a starting and ending value for the color options. You should see the blue color transitioning to the red color, then the red color transitioning to the element's default background color (transparent).

```
$$('input').addEvent('focus', function(){
    this.getParent('p').highlight('#6dcff6', '#ff0000');
});
```

What just happened?

We explored the highlight method and how we can use it to draw attention to the focused input fields on a web form. By passing no color options to the method, it uses a light yellow color that acts as a "blinking" or "flashing" animation effect. With one option, it replaces the default light yellow color to the one we've specified, and with two options, it uses the first color passed as the starting value, the second color as the ending value, before transitioning back to its original background color (which is transparent or 0% opacity).

Now that we've fully seen what `Fx.Tween` can do for us, let's see how we can use more than one CSS property to animate elements.

Animating multiple CSS properties with Fx.Morph

When you want to transition more than one CSS property at the same time, you'll have to use another `Fx` class extension, `Fx.Morph`. The biggest difference between `Fx.Morph` and `Fx.Tween` is that the former is able to transition more than one CSS property simultaneously (imagine transitioning the color, width, and height of an element at the same time).

Let's learn about `Fx.Morph` through an example!

Time for action - enlarging an image

Say you have an image that you'd like to scale up or down when the user clicks on it. This type of interaction is common in thumbnail galleries where images are displayed in thumbnails so that the web page can display many images at once. When the user clicks on an image that they find interesting, it enlarges so they can see the full size.

We'll do this for one image, but I'm sure that once you're done with the chapter, you can figure out how to apply it to multiple images on a web page (if you wish).

1. Let's grab an image to use for the example. You can download an image from one of my Flickr sets of a blue flower and save on your local machine as `blueflower.jpg`:
`http://farm4.static.flickr.com/3429/3379703917_835a79555f_d.jpg`

Place the image in an HTML document with an ID of `"image"`.

```
<body>
<img id="image" src="blueflower.jpg" width="500" height="301"
alt="blue flower" />
</body>
```

2. First, we'll declare a bunch of variables for helping us easily reference them.

```
// Create variable for easier referencing
var image = $('image');
// Get the current width, height, opacity as numbers
var width = image.getProperty('width').toInt();
var height = image.getProperty('height').toInt();
var opacity = image.getStyle('opacity').toInt();
```

3. Next, we immediately set the width and height of the image to 25% of its original value, and its opacity to 50% of its value by using division operations.

```
// On page load, reduce width and height to 25%
// reduce opacity to 50%
image.setStyles({
    'width' : width / 4,
    'height' : height / 4,
    'opacity' : opacity / 2
});
```

4. We add an event listener to our image to listen for mouse clicks on itself.

```
// Click event listener
image.addEvent('click', function(){
    // code to execute
});
```

5. Inside the click event listener, the first thing we will do is add a class property of "enlarged". We use the `toggleClass` method, which adds the specified class if it's not there, or remove the class if isn't there. This is how we'll know if the image is thumbnail size or full size (enlarged).

```
// Toggle enlarge class value
this.toggleClass('enlarged');
```

6. Next we set up the `Morph` object. Instead of the default transition type, we'll use one of my favorite transition types: `Fx.Transitions.Bounce.easeOut` which does a bouncy type of animation.

```
// Declare Fx.Morph object
var scaleEffect = new Fx.Morph(this, {
    'duration' : 550,
    'transition' : Fx.Transitions.Bounce.easeOut
});
```

7. Next we start the effect. We use the `hasClass()` method to determine whether or not the image is thumbnail class or if it is already enlarged, so that we know what values to transition to.

```
// Start the effect
var enlarged = this.hasClass('enlarged');

scaleEffect.start({
    // If the element has a class of enlarged
    // Then we scale all properties to 100%,
    // Otherwise we scale it down to 25% width/height
    // and 50% opacity
    'width' : enlarged ? width : width / 4,
    'height' : enlarged ? height : height / 4,
    'opacity' : enlarged ? opacity : opacity / 2
});
```

8. Review the script we wrote together, here it is all together without comments.

```
window.addEvent('domready', function(){
    var image = $('image');
    var width = image.getProperty('width').toInt();
    var height = image.getProperty('height').toInt();
    var opacity = image.getStyle('opacity').toInt();

    image.setStyles({
        'width' : width / 4,
        'height' : height / 4,
        'opacity' : opacity / 2
    });

    image.addEvent('click', function(){
```

```
        this.toggleClass('enlarged');

        var scaleEffect = new Fx.Morph(this, {
            'duration' : 550,
            'transition' : Fx.Transitions.Bounce.easeOut
        });

        var enlarged = this.hasClass('enlarged');

        scaleEffect.start({
            'width' : enlarged ? width : width / 4,
            'height' : enlarged ? height : height / 4,
            'opacity' : enlarged ? opacity : opacity / 2
        });
    });
});
```

9. Test your work. If done correctly, when you click on the image it should enlarge. If you click on it again, it should shrink back to the smaller, thumbnail size.

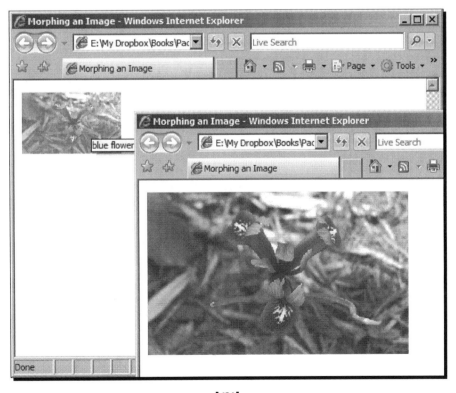

What just happened?

In the previous example, we witnessed how fun `Fx.Morph` can be. We used an image that we shrunk down to thumbnail size, and then we added a click event listener to it. When the image is clicked, we use `Fx.Morph` transition, configuring the width, height, and opacity properties of the image, all at the same time.

Have a go hero – modify the transition type

In the above example, I used my favorite transition type. There are a lot more types of transitions and the best way to find about all the different types of transitions is heading over to the MooTools Official Docs site, `Fx.Transitions`.

```
http://mootools.net/docs/core/Fx/Fx.Transitions
```

Modify the example by changing the transition option value to ones that you find interesting.

Using the morph() shortcut method

`Fx.Morph` comes with a useful method called `morph()` that you can use on elements to transition their CSS properties with very few lines of code. What's cool about `morph()` is that it can also use a class name as an argument, so if you have a class in your stylesheet with style properties, you can use it. Like the `tween()` method in `Fx.Tween`, you can use `.set('morph' options)` on the element to change the options before calling `morph()`.

Enough of chit-chat! Let's just jump right into it to see how exactly the morph method works.

Time for action - experimenting with morph

To explore the morph method, we will use a div with text inside it to morph several of its properties.

1. We will use an element to trigger the animation effect. We will run the animation on a div element with an ID of `morphDiv`.

    ```
    <a href="#null">Morph</a>
    <div id="morphDiv">
        <p>My Morphing Box.</p>
    </div>
    ```

2. We will give `morphDiv` some CSS styles to modify its default styles.

    ```
    #morphDiv {
        width:100px;
        height:100px;
        border:1px solid #333;
    ```

```
background:#ccc;
font:normal 12px Arial, Helvetica, sans-serif;
}
```

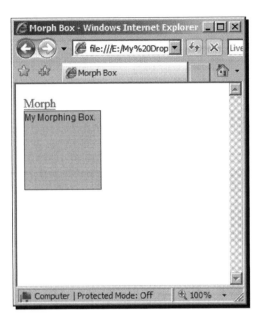

3. We add a click event listener to the `<a>` element so that when it's clicked, it executes the `morph` method on `morphDiv`. We transition several properties.

```
$$('a').addEvent('click', function(){
    $('morphDiv').morph({
        'width' : 200,
        'height' : 200,
        'border' : '5px dashed #ff0000',
        'font-size' : '24px'
    });
});
```

4. When you click on the `<a>` element, it should transition all of the CSS properties of `morphDiv` to the values we've specified in step 3.

5. Let's declare a style rule for a class called `morphed`, with the exact values we used in the morph method arguments in step 3.

```
.morphed {
    width:200px;
    height:200px;
    border:5px dashed #ff0000;
    font-size:24px;
}
```

6. Let's modify the code in step 3 to instead use `morphed` as the argument.

```
$$('a').addEvent('click', function(){
    $('morphDiv').morph('.morphed');
});
```

7. Test your work again. It should still perform the exact same transition.

What just happened?

We saw how we could save a few lines of code using the `morph()` method. First, we used CSS properties as arguments to specify the end value of our transition effect. Then we used a class argument to perform the same transition effect.

Other Fx methods

There are several `Fx` methods that are useful for working with animation `Fx`. You've already seen one of them, the `start()` method, which simply starts an animation effect. In this section, we shall go over methods available to you when working with MooTools animation.

Starting an effect

The `start()` method allows you to start an effect. It takes in the properties you'd like to transition, and their end value. Here are a few examples of using the start method format on instances of `Fx.Tween` and `Fx.Morph`.

```
// In Fx.Tween this transitions the width from the current value
//to 100px
myTween.start('width', 100);
// In Fx.Tween this transitions the width from 50px to 100px
myTween.start('width', 50, 100);

// In Fx.Morph this transitions the height to 100 and the color
//to #ff0000
myMorph.start({
    'height' : 100,
    'color' : #ff0000
});
// In Fx.Morph this transitions the height from 50px to 100px
myMorph.start({
    'height' : [50px, 100px]
});
```

Setting properties immediately

If you want to set CSS properties immediately without a transition, you should use the `set()` method. This method is useful for quickly setting CSS properties and can be a great way to 'reset' properties to their original values without a transition.

Here's an example which sets the opacity to 0%.

```
var effect = new Fx.Tween('myElement', {'duration' : 'short'});
// myElement is set to 0 opacity immediately
effect.set('opacity', 0);
```

Cancelling a transition

There may be instances when you want to cancel a transition immediately while it is still running. If so, you can use the `cancel()` method which stops the specified transition. Used with event listeners, you can cancel an effect when certain events occur.

Here's an example format:

```
myEffect.cancel();
```

Pausing effect

Instead of cancelling an effect, maybe you'd just like to pause it. If so, you can use the `pause()` method. It uses the following format:

```
myEffect.pause();
```

Resuming a paused effect

If you'd like to resume an effect that you paused, you can use the `resume()` method. The format is similar to the `pause()`, and `cancel()`, methods:

```
myEffect.resume();
```

Summary

In this chapter we learned about JavaScript animation effects:

- We covered the basic `Fx` syntax and options available to you, so that you can have utmost control over your animation effects

- We learned how to animate one CSS property with the `Fx.Tween`

- We covered some useful effects methods in the `Fx.Tween` class: `tween()`, `fade()`, and `highlight()`

- We then learned how to animate multiple CSS properties with `Fx.Morph`, as well as learned a shortcut method called `morph()` that allows us to quickly transition several CSS properties at once

- Finally, we briefly covered other `Fx` methods for starting, cancelling, pausing, and resuming effect transitions

Now that we know about animation effects, it's time to move onto even more interactivity in our web pages, and next chapter, we're going to super-charge our web pages with Ajax!

7
Going 2.0 with Ajax

Prior to the conceptualization and widespread adoption of Ajax techniques, web pages used to reload the entire page whenever data was sent or requested from the server.

With Ajax, websites and web applications become highly-responsive, no longer needing to request an entire page's content when new data is available. You have the ability to request certain types of data as well as only update parts that you need to update.

What this ultimately means is that websites that leverage Ajax techniques are able to provide the user a much fuller and seamless experience that provides them with instantaneous server-side data. There is less waiting for requested information on the user's behalf and our web servers save bandwidth by not having to reacquire an entire web page's content.

JavaScript is at the forefront of this evolution of websites and web applications.

MooTools helps us write our Ajax scripts quicker, faster, and better.

This chapter shows you how to deal with Ajax requests and responses. By the end, you will have enough expertise on the subject to be able to implement Ajax functionalities into your web applications. In this chapter, we shall:

- Learn about MooTools' Request class
- Discover how to create Ajax Request objects
- Find out how to get data from the server and other files asynchronously
- Figure out how to send data to the server without a page refresh
- Learn about HTTP headers and the methods available to us in working with them

Let's get started, shall we?

What you'll need

Before you begin your Ajax adventure, you should be aware that—because of the JavaScript security model—most of the examples in this chapter require a web server or a local host web server installed on your computer for you to get the examples to work.

If you have a remote web hosting account, you should upload your files through FTP in a location where you can test it.

If you don't have a web server available, it's quite easy to install one on your computer. Some notable web server packages include WAMP and XAMPP.

On my site, you can find a step-by-step tutorial on installing XAMPP which you can read and review to get you up and running in no time. What's great about XAMPP is that it is one of the few tools you can use that is compatible with Windows, Mac OS, and Linux operating systems.

```
http://sixrevisions.com/tutorials/web-development-tutorials/using-
xampp-for-local-wordpress-theme-development/
```

Creating a Request object

In order to start utilizing the Ajax features of MooTools, let's take a few moments to discuss the Request class.

The Request class is MooTools' class for creating Request objects for dealing with Ajax-based HTTP server-side/client-side communication. With this class, you'll be able to easily send and retrieve data, as well as perform useful operations on these data.

To create a Request object, use the following format:

```
var requestObject = new Request(options);
```

The Request class is feature-packed; it has oodles of options for making your life as an Ajax developer much easier. Let's look at the options available to you.

Request object options

In the following table, you will see the Request class options. You will see the option name, the data type that it accepts, its default value, and what it's for. We will use several of these throughout the chapter, so it would be ideal if you reviewed them now.

Request option	Data type / Default value	What it does
url	String / `null`	The url option points to the location of the file where data is to be sent.
		Example, 'http://example.com/scripts/ajax.php' or '/scripts/ajax.php'
method	String / `'post'`	The HTTP method used to send data. Possible values: `'post'` or `'get'`.
data	String / `''`	The data to be sent. When no data is explicitly mentioned, it sends an empty string.
link	String / `'ignore'`	What to do when another request is created while this request is running.
		`'ignore'` will not run the new request.
		`'cancel'` will stop the current request.
		`'chain'` will perform the request after the current request has been made.
async	Boolean / `true`	If set to `false`, only the current request can run, making the request "synchronous". Possible values: `true` or `false`.
encoding	String / `'utf-8'`	The character set type of the data to be set.
headers	Object / `null`	An object for HTTP request headers.
isSuccess	function	Function to execute when request is successful.
evalScripts	Boolean / `true`	Evaluates code inside `<script>` tags in HTML document.
evalResponse	Boolean / `false`	If true, evaluates the entire response data set.
emulation	Boolean / `true`	If set to true, other HTTP request methods other than `'post'` and `'get'` are allowed where the method is sent as post-data named `'_method'`.
urlEncoded	Boolean / `true`	If true, URL encodes data set.
noCache	Boolean / `false`	Prevents caching, specifically to remedy Internet Explorer cache settings that are troublesome for refreshed data.

Request events options

The Request class has its own event listeners. They're used for performing operations during certain situations of an Ajax request. Let's take a few moments to discuss them here.

Running a function immediately when a request is made

If you want to run a function just when a request is made, you can do so with `onRequest`. Here is an example that alerts users when a request is sent to a file on the server called `myscript.php`.

```
var makeRequest = new Request ({
    url: 'myScript.php',
    onRequest: function(){
        alert('You just sent a request!');
    }
});
```

Running a function when the request is completed

If you want to run a function after the request has been completed, you can do so with `onComplete`. You should only use this option when you want to run a function when the request is finished, regardless if it was a success or not. Here is an example:

```
var makeRequest = new Request ({
    url: 'myScript.php',
    onComplete: function(response){
        $('#log-box').inject(response);
    }
});
```

Running a function when the request is cancelled

Sometimes you want to cancel an ongoing request. A situation might be that a new request is triggered by the user and it conflicts with the current request. If you want to run a function when the request has been cancelled, you can do so with the `onCancel` option. Here is an example:

```
var makeRequest = new Request ({
    url: 'myScript.php',
    onCancel: function(){
        alert('You cancelled the previous Ajax request!');
    }
});
```

Other Request events

Sometimes, things don't work out and your request is terminated. At that event you only want to run a certain function if the request is successful; use the `onSuccess` option.

On the same token, if you only want to run a function when the request fails, use `onFailure`.

When you want to run a function when an exception in the HTTP header occurs, check out `onException`.

Now that we know the Request class inside out, it's time to see it in action. We'll start by learning how to request data from remote files.

Requesting data

One of the most basic tasks involved in Ajax/RIA development is requesting data from server files. We will learn about a method for requesting static data.

Time for action – requesting remote data

Imagine that you have a file on the server that contains data that you'd like to use on a web page. We will devise a way to get that data, and then display it on our web page without requiring a page refresh.

1. Create an HTML document that will hold our remote data, and save it with the file name of `mydata.html`.

2. In `mydata.html`, put in some HTML content. This is what I used, but feel free to put your own valid HTML markup:

    ```
    <p>This is some <strong>remote</strong> data that I requested.</p>
    ```

3. Next we need an HTML document that will be our web page that requests the data from `mydata.html`. Create this HTML document and place it in the same location as `mydata.html`.

4. In our web page HTML document, we place an `<a>` element that will serve as the trigger for making our Ajax request. This document also has a div where we will place the data we get from `mydata.html`; give this div an ID of `content-holder`. In the HTML document, we use the following markup:

```
<a href="#">Click this to request data.</a>
<div id="content-holder"> </div>
```

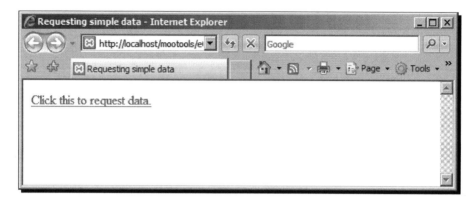

5. The first thing we should do is write an event listener for the `<a>` element. Here, we utilize the `addEvent` method with an event argument of `click`.

```
window.addEvent('domready', function(){
$$('a').addEvent('click', function(){
    // Code to execute goes here
  });
});
```

6. Next, we build our Request object; we're going to call it `requestData`. We point to the location of our remote data (`mydata.html`) via the `url` option. Then, when our request has been completed, we update the `#content-holder` div's content with the response that we get from the request; we do this with our trusty `set()` method.

```
window.addEvent('domready', function(){
   $$('a').addEvent('click', function(){
      var requestData = new Request ({
         url: 'mydata.html',
         onComplete: function(response){
            $('content-holder').set('html', response);
         }
      });
   });
});
```

7. Now the only thing left is to send the request; we do so with the `send()` method included in the Request class.

```
requestData.send();
```

8. Test your work in a web browser. When you click on the `<a>` element, the page should display the HTML data we got from `mydata.html`, without a page refresh.

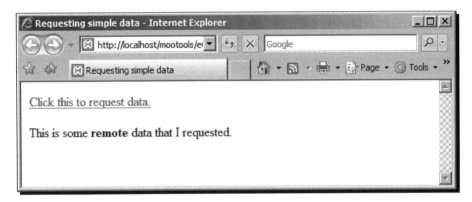

What just happened?

In the above example, we learned the very basics of how Ajax works; we can request data from a file and then load that data in using JavaScript. Imagine if we had sent the request to a server-side script, that, when passed a value gives us a result (all in the background). The possibilities are endless!

Note that the example we just did will not work if you're not running your web page in a web server. The above example, and subsequent examples in this chapter, must run in a web server. If you have a web host account, upload your files in a testing directory. If you don't have one, install a web server package on your local machine, and use a web server deployment package such as XAMPP to make this easier.

Requesting HTML and JSON data

You can use the general Request class to get all sorts of data, but if you know that you'll be working with HTML or JSON data, there is the `Request.HTML` and `Request.JSON` classes that extend the Request class with useful features specifically for those formats.

Working with HTML data

In the previous example, we requested an entire HTML document. By using `Request.HTML`, we can work more easily with data returned as HTML. We'll learn about this subclass by way of an example.

Time for action – updating a web page with HTML

We'll use the `Request.HTML` to update a web page with HTML data. This can be useful when you are receiving data as HTML markup.

1. First, we create a text file that holds our HTML data. Save this text file in the same location as the HTML document that will contain your MooTools code. For the text file, I used the following markup (and again, feel free to customize your HTML document):

```
<html>
<head>
</head>
<body>
    <ul>
        <li>List item #1</li>
        <li>List item #2</li>
        <li>List item #3</li>
    </ul>
</body>
</html>
```

2. Create a new HTML document that will serve as our web page; it will contain our MooTools code and the following HTML markup:

```
<body>
<a href="#">Click to make the request!</a>
    <div id="holder"></div>
</body>
```

3. Create an event handler for the `<a>` element being clicked (which triggers the request).

```
<script type="text/javascript">
window.addEvent('domready', function(){
    $$('a').addEvent('click', function(){
    // code goes in here.
    });
});
</script>
```

4. Let's build our `Request.HTML` object. We use the `url` option to point to our `myhtmldata.txt` file. We use the `update` option to specify what element we want to update with the requested data. We chain the `send()` method as a shortcut.

```
$$('a').addEvent('click', function(){
    var requestHTMLData = new Request.HTML ({
        url: 'myhtmldata.txt',
        update: $('holder')
    }).send();
});
```

5. Test your work in the web browser. When you click on the link, it should update the `#holder` div with the unordered list we placed in `myhtmldata.txt`.

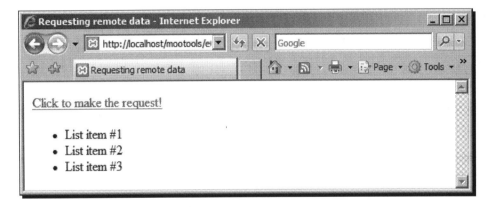

What just happened?

We learned how to load remote data from a text file into our HTML document using the `Request.HTML` class.

In the process, we encountered a nifty class option that can be used throughout the `Request.HTML` class called `update` that will update an HTML element in the web page with the received data. Additionally, we learned that we can chain the `send()` right after declaring the Request object to immediately send the request as soon as it is created.

Loading HTML documents remotely

If you have HTML documents that you would like to load into a web page, you can easily do so with the `load()` method for `Request.HTML`. Let's explore this useful method by way of an example.

Time for action – loading HTML data

We're going to give the user the option to load data from other HTML files. This gives us the ability to provide them with requested data on demand.

1. Start by creating two HTML documents that will serve as our remote HTML data. Save them as `htmlremote1.html` and `htmlremote2.html`. Place some sample HTML markup to help you determine which file is being loaded. Here is what I used for `htmlremote1.html`:

```
<p>This is data from <strong>htmlremote1.html</strong></p>
```

2. Next, create a new HTML document that will be our web page that loads the two HTML documents. Name it anything you like, but save it in the same location as the two other HTML files.

3. In our HTML document, we will add two `<a>` elements that will serve as means for the user to request the data they want. We also create a div element with an ID of `load-area` that will contain the HTML that we retrieve.

```
<a id="load-htmlremote1" href="#">Load content from htmlremote1.
html</a>
|
<a id="loadhtmlremote2" href="#">Load content from htmlremote2.
html</a>
<div id="load-area"></div>
```

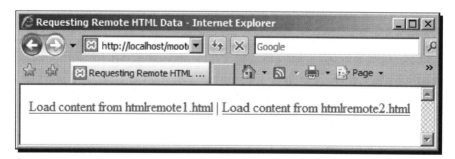

4. We will create an event listener for the event that an `<a>` element is clicked, using the `addEvent()` method.

```
<script type="text/javascript">
window.addEvent('domready', function(){
    $$('a').addEvent('click', function(){
        // Code goes in here
    });
});
</script>
```

5. Before we work on the code logic for loading in the remote HTML files, we should first determine the ID of the link that was clicked so that we know which file to load; we conveniently place it in a variable named `linkID` for later use.

```
var linkID = this.get('id');
```

6. Then we run the `load()` method on the `#load-area` element so that the retrieved data is placed inside it. To indicate which HTML files to load, we use a ternary operator with the logic: "if `linkID` is equal to `load-htmlremote1` then the value is `htmlremote1.html`, otherwise the value is `htmlremote2.html`".

```
// Load the appropriate html document based on linkID value
$('load-area').load((linkID=='load-htmlremote1') ?
'htmlremote1.html' : 'htmlremote2.html');
```

7. Test your work in a web browser. When you click on one of the links, it should load the appropriate external HTML file.

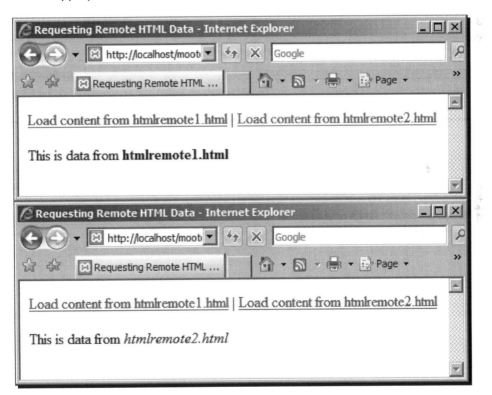

Working with JSON data

JSON, which stands for JavaScript Object Notation, is a standard data format written in JavaScript syntax. It is a great way to interchange complex data sets because it's lightweight and universal. For more information about JSON, visit `http://www.json.org`.

Just as you would expect, MooTools has a class for working with JSON data: `Request.JSON`. This subclass extends the Request class with tools and options specifically for working with JSON objects.

This class works well alongside MooTools' JSON object which is MooTools' JSON parser and encoder.

Time for action – working with Ajax and JSON

In this example, we will use a JSON object from a remote server file to update a web page when the user requests it.

1. First, we need some sample JSON data to work with. In the following code block you can see an example of a JSON object that you can use as your sample data. Save this file as `myjsondata.json`.

```
{
    "name": "Jacob Gube",
    "age": 26,
    "hairStyle": "Short",
    "location": "Bloomington"
}
```

2. Next, create an HTML document that will serve as the web page requesting JSON data. This document contains the `<a>` element that triggers the request, and a div called `holder` that will be updated with the JSON data.

```
<a href="#">Click to make the JSON request!</a>
    <div id="holder"></div>
```

3. The final step is building our `Request.JSON` object (named `jsonRequest`). In this object, we point our request to our JSON file using the `url` option. By using the `onSuccess` method, we can run a function that sets #holder div's HTML to the data inside the JSON object when the server's response is successful.

```
$$('a').addEvent('click', function(){
    var jsonRequest = new Request.JSON({
        url: 'myjsondata.json',
        onSuccess: function(personData){
            $('holder').set('html',
```

```
                 '<strong>Name:</strong> ' + personData.name +
                 '<br /><strong>Age:</strong> ' + personData.age +
                 '<br /><strong>Hair Style:</strong> ' +
                    personData.hairStyle +
                 '<br /><strong>Location:</strong> ' +
                    personData.location);
          }
      }).send();
   });
```

4. Test your work in a web browser. When you click the `<a>` element, you should see something like the following figure:

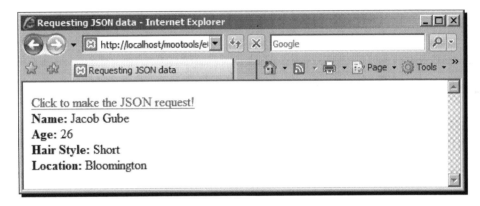

What just happened?

In the previous example, we saw how the `Request.JSON` class works to our advantage. JSON is a great way to exchange data because it's lightweight and standardized; it's ideal for interoperable systems development.

Cancelling a Request

If you would like to immediately cancel an ongoing Ajax request, you may do so using the `cancel()` method. This can be helpful in terminating a specific Request object when a certain event occurs. One reason you would cancel an Ajax request is if it conflicts with a certain process.

The format of cancelling a request is:

```
requestObject.cancel()
```

Now that we've learned about requesting data, we will now discuss how to pass data to other files so that they can perform their own operations on that data.

Sending data

In the previous section, we dealt with getting data from web server files; however, usually we would also like to send data out of our web page.

Time for action – sending data to PHP

We're going to demonstrate how powerful Ajax is via a simple example; we're going to send a PHP script a string, and it will reverse the string as we type. We do this by asynchronously updating the web page as the user presses on their keyboard.

This involves server-side scripting, and we'll use one of the most widely-available languages out there—PHP. Chances are, your web server has the capability to run PHP files (and if you followed my advice on installing XAMPP, you're all set). Don't worry, we won't be working with complex PHP and if you know any language, even just JavaScript, you'll understand what's going on.

This simulates more complex examples, such as sending in a user string, which PHP, or your preferred server-side scripting language, processes to query the database and check if that user string exists. Depending on the query's result, it will respond to MooTools accordingly.

1. We'll start by creating our web page. The structure of our document will have a `textarea` element that will house the text that the user types. Additionally, we create an empty `div` element called `response` that will print out the response we get from PHP. We use a label to display the instructions for the `textarea`.

```
<body>
  <label for="user-input">Enter stuff:</label>
  <textarea name="user-input" type="text" ></textarea>
  <div id="response"></div>
</body>
```

2. We start the JavaScript by creating a request instance first. We shall call it `ajaxRequest`. This way we can reuse the request instead of having to create a new one whenever the user types. For the `url` option, we use the value to PHP script's file name (which we will create in the subsequent steps). Upon a successful Ajax request and response, we update the HTML content of our `#response` div with the value that PHP sends back using the `set()` method.

```
<script type="text/javascript">
window.addEvent('domready', function(){}
     var ajaxRequest = new Request({
         url: 'php-script.php',
         onSuccess: function(response){
```

```
                    $('response').set('html', response);
            }
        });


    // Additional lines of code here
    });
    </script>
```

3. We need to construct an event handler for the `user-input` text area. First, we need to select it from the DOM, and to do so, we use the `name=` operator in the `Selectors` class to match the text area. We want to send our Ajax request whenever the user presses and then releases a keyboard key, so we listen to the `keyup` event.

```
$$('textarea[name=user-input]').addEvent('keyup', function(){
        // Next lines of code will go here
    });
```

4. Next, we create a variable that takes the current value inside the text area. Every time the user types something in the text area, this variable will be updated and sent into our PHP script for processing.

```
var value = this.get('value');
```

5. Now there are two more things we will have to do to send the Ajax request. First we will have to use the `.cancel()` method to overcome stalled requests. If a previous request takes longer to finish, it will complete later and update the text content with old data. Then we will make the request with the `.send()` method by sending the `data` option. We assign it an HTTP URL variable called `userInput` with the value of what is currently in the text area.

```
ajaxRequest.cancel().send({
    data: {'userInput': value}
});
```

6. Finally, we create the PHP script. To start, place the following code block inside a new document in your source code/text editor. Then save it in the same location as your HTML document using the file name `php-script.php`. The script is very simple; it puts the data that we sent (`userInput`) into a holder variable called `$dataSent`. Then we pass that variable into a PHP function called `strrev()`, which simply reverses the string. We put the output of that function into a variable called `$dataToSendBack`. The last task is printing out the PHP response, which is what gets sent back to our client-side script. The last line that starts with `echo` is what the `response` argument in the `onSuccess` method in our MooTools script will contain.

```php
<?php
// Put the data that is sent into a variable
$dataSent = $_POST['userInput'];
// Pass the current input to a function called strrev which
// reverses the string and place into dataToSendBack
$dataToSendBack = strrev($dataSent);
// Send back back the new variable
echo '<strong>You are typing backwards:
</strong>'.$dataToSendBack;
?>
```

7. Test your work on a web browser. Type in some text. You should see the
#response div updated every time there is a keystroke.

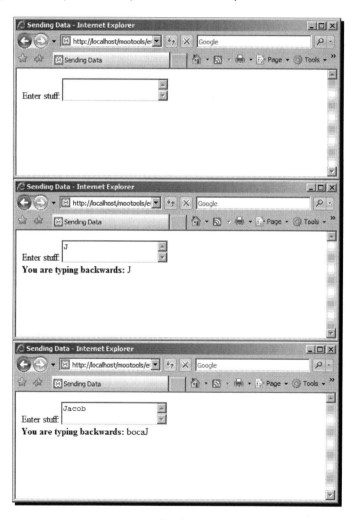

What just happened?

In the preceding example, we saw how to talk to the server using MooTools. Specifically, we used the MooTools Request class to create an Ajax Request object that sent the user input to a PHP script. That PHP script took the user input and operated upon it; it ran the data into a PHP function called `strrev()` that reversed the string. After the PHP process was done, it sent back the processed data to our client-side script, we then took the response and performed a DOM manipulation to insert the data into a div called `#response`.

Through this simple example, we witnessed Ajax in action. We saw how we could communicate with the server, sending and receiving data from a script, without needing a web page reload. This created a seamless experience, one that would be valuable in web applications that mimic functionalities and instant feedback that desktop applications have.

Setting and getting HTTP headers

HTTP headers are meta information about an HTTP response; they define a lot of information about the data that you are sending and receiving. For example, with the **Cache-Control** HTTP response header, you can determine whether your data will be cached on the user's browser, and the **Date** HTTP request header gets a timestamp of the request.

This information is contained in the documents that you request, but is not shown explicitly in the HTML document's source code. But you can easily attain and set HTTP request and response headers by using JavaScript.

 For a full list of HTTP headers, please view the Wikipedia page entitled *List of HTTP headers* via the following HTTP address: `http://en.wikipedia.org/wiki/List_of_HTTP_headers`.

Setting an HTTP header for an Ajax Request object

When you create a MooTools Request object, you can choose to set HTTP headers for it using the `setHeader()` method in the Request class. For example, let's say you created a Request object called `myRequest`; to set an HTTP header/value pair, follow the format:

```
myRequest.setHeader('headername', 'headervalue');
```

If you want to set `Cache-Control` to instruct the browser not to cache the information being requested, you would write:

```
myRequest.setHeader('Cache-Control', 'no-cache');
```

One instance where you would want to do this is when requesting sensitive data that you don't want to store in the user's computer, or if you want to avoid caching issues for constantly-updated data (such as Flash objects). Doing this will not guarantee that the browser will actually follow your command, but in most instances, it would work.

Alternatively, you can use the `headers` option when creating the prototype of your Request object to set HTTP headers.

Getting an HTTP header

Whenever you get a server response, it provides you contextual information about that particular response via HTTP headers. Think of it as meta information. Sometimes you want to obtain this information after a successful Ajax response. Perhaps, you want to know the date the response was sent to output to the user how long an Ajax request/response took, or how the data is encoded.

Use the `getHeader()` method in the MooTools Request class to obtain this information. The format of getting HTTP headers about a Request object is as follows:

```
myRequest.getHeader('headername');
```

If you want to see when the HTTP response was sent, you could write:

```
myRequest.getHeader('Date');
```

Let us explore the setting and getting of HTTP headers by way of example.

Time for action – getting the Last-Modified HTTP header

We are going to get HTTP headers from the server during our Ajax request. This can be helpful in displaying contextual information about the server that's sending us our response. In this particular instance, we're going to determine when the file that we requested was last modified.

1. The first thing we're going to do is get the time when our HTML document was last modified. Start by creating an HTML document and saving it onto your server with MooTools ready to go.

2. Next, set up our MooTools Request object. For the `url` value, set it to the name of the HTML document that you uploaded to your server. We will use the `onSuccess` Request class method to watch for the eventuality that our Ajax request was successful. Upon success, we alert the date that the HTML document was last modified by getting the value of the `Last-Modified` HTTP header using the `getHeader` method. Finally, we use the `send()` method to initiate the Ajax request.

```
<script type="text/javascript">
window.addEvent('domready', function(){
   var ajaxRequest = new Request({
      // Make the request to the same page
      url: 'e05_getting_headers.html',
      // When the server response is completed
      onSuccess: function(){
         // Display the last time the document was modified
         alert(this.getHeader('Last-Modified'));
      }
   }).send();
});
</script>
```

3. Test your work in a web browser. Upon the success of your Ajax Request, you should see the something like the following dialog box.

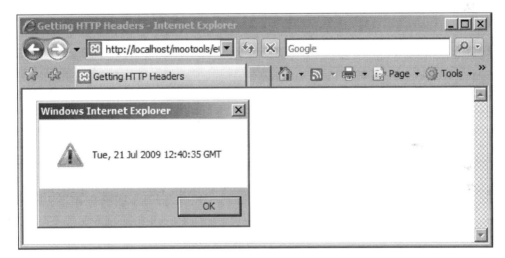

What just happened?

In the previous example, we learned how we can get information about a web page that we've requested. More specifically, we looked into an HTTP header called Last-Modified to see when the web page was last modified.

Have a go hero – get the content length of the requested page

Did you know that you can determine the content length of a requested document? To do so, you can see what the value of the Content-Length HTTP header is. This gives you the size in terms of 8-bit bytes.

Modify the previous example to alert the Content-Length value instead of the Last-Modified value, and see how big our HTML document is.

Summary

Congratulations, you're now a professional Ajax developer! We covered plenty of things in this chapter.

Specifically, we covered:

- ◆ Creating a Request object: We learned how to create an Ajax Request object in MooTools, as well as the options and methods available to us for working with Request objects.

- ◆ Requesting data: We discovered how to request data from the web server. In the process we explored the Request.HTML and Request.JSON classes, which make working with HTML and JSON data a breeze.

- ◆ Sending data: With the help of PHP, we witnessed just how powerful Ajax is by sending data to a server-side script that processed our data and sent it back to us, asynchronously. This allowed us to create an uninterrupted user experience that instantly updated the web page upon a user event.

- ◆ Setting and getting HTTP headers: We learned that HTTP requests and responses have attached meta information that tell us about the server and the data we're requesting. They're called HTTP headers and we used MooTools methods in the Request class to get and set this information.

Now that we've learned about the classes, methods, and functions we can use for working with Ajax, we're ready to extend MooTools' core functionalities with plugins; that's the topic of the next chapter.

8

Beefing Up MooTools: Using the MooTools More Plugins

The MooTools project offers highly useful additional classes that extend the MooTools Core library, officially called MooTools More. These classes are often referred to as **plugins** *because you can simply plug them into your web pages to extend the MooTools Core library.*

You'll find a diverse set of plugins that do a wide variety of tasks, from adding simple text hints on web form input fields, to permitting drag--and-drop functionality to be used in web games.

Plugins are, in essence, MooTools classes written by either MooTools core developers and/or members of the MooTools community. They utilize the MooTools API to either extend functionalities of existing Core classes, or create an entirely new class utilizing Core functions and methods.

Although there are many third-party plugins out there that are equally awesome when compared to the More plugins, we'll limit our discussion specifically to official MooTools plugins.

In this chapter we shall:

- ◆ Learn how to obtain and install MooTools More plugins
- ◆ Learn how to make a slick Accordion area to display content in an engaging and compact manner using the Fx.Accordion plugin
- ◆ Make more user-friendly forms using the OverText plugin
- ◆ Create a simple web game, to make things fun, using the Drag and Drag. Move plugin

Downloading MooTools More plugins

MooTools More plugins can be found on the official MooTools website. To see the available plugins, go to the More Builder section of the site, located at the following web address: `http://mootools.net/more`

The More Builder is a web tool for downloading a customized library containing your plugins of interest. You can select the plugins you'd like to acquire, and the More Builder will automatically include any other plugins and JavaScript libraries that are required (dependencies) in order for the selected plugins to work.

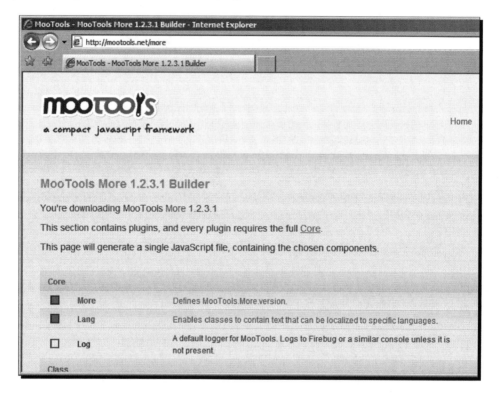

Time for action – downloading the Fx.Accordion plugin

Let us see how the MooTools More Builder works by downloading an Fx plugin called Fx.Accordion.

1. In your web browser, navigate to the More section in the MooTools official site. The web address is: `http://mootools.net/more`.

2. Scroll down to the section called **Fx** and click on the box beside **Fx.Accordion**.

3. Click on the box beside **Fx.Accordion**. This will automatically include other components, namely: **Fx.Elements** and **More**. These components are required for Fx.Accordion to run, so they must be included in the download.

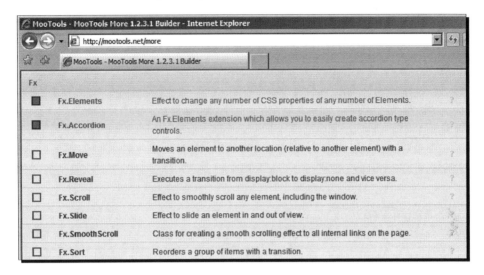

4. Scroll down the page towards the heading, **Download Options**. Choose the compression type that you want. If you are interested in studying the code of the plugins (which I suggest you do), choose **No Compression**. Otherwise, choose a compressed version to reduce the file size to minimum.

5. Click on the **Download** button to proceed with the download. Save this JavaScript file in a convenient location, because we will be using this later in the chapter.

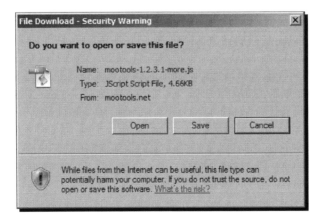

What just happened?

We learned how to download a MooTools More plugin using the More Builder. You should have noted that when selecting a plugin to download, the other plugins are automatically checked for you; these are other plugins that are required in order for the selected plugins to work.

Installing MooTools plugins

Using a MooTools plugin is as simple as referencing it in the HTML document. However, important considerations must be made to make sure that they are included in the correct order in your HTML documents. More specifically, the order should be:

1. MooTools Core Library

2. MooTools More Library

3. Your MooTools script

Time for action – installing Fx.Accordion

Before we proceed any further in our exploration of MooTools plugins, we should first learn how to install them in our HTML documents.

1. To start, create an HTML document and reference the MooTools Core library's location in the `<head>` section. Make sure that the file path in the `src` attribute is pointing to the correct location.

```
<html>
<head>
<script type="text/javascript" src="/filelocationofscript"></script>
</head>
<body>
...
</body>
</html>
```

2. Next, include the More library that you downloaded earlier, right beneath the Core library.

```
<html>
<head>
<script type="text/javascript" src="/filelocationofscript">
</script>
```

```
<script type="text/javascript" src="mootools-1.2.3.1-more.js">
</script>
</head>
<body>
...
</body>
</html>
```

3. Finally, create another `<script>` tag pair where you will insert your own MooTools code, right below the inclusion of the More library.

```
<html>
<head>
<script type="text/javascript" src="http://ajax.googleapis.com/
ajax/libs/mootools/1.2.2/mootools-yui-compressed.js"></script>
<script type="text/javascript" src="mootools-1.2.3.1-more.js">
</script>
<script type="text/javascript">
window.addEvent('domready', function(){
    // MooTools script goes in here
});
</script>
</head>
<body>

</body>
</html>
```

Now, we are ready to move on and utilize MooTools plugins.

What just happened?

You learned the correct way of installing a MooTools plugin in an HTML document. We learned that the order of `<script>` tags in our document is essential for the plugins to work properly.

Now that we know how to download and install MooTools plugins, it's time to see some plugins in action.

Discovering a handful of MooTools More plugins

There are—at the time of this writing—over 40 MooTools plugins available on the MooTools site, and there's no indication that this collection will stop growing as more and more developers contribute their own work to share to their fellow coders. Though we won't get to use all of the plugins in the More collection, we will certainly see a handful of them in action in this chapter.

By using a few plugins, I hope that you see just how great More plugins are, how they uphold the MooTools way of reducing the amount of code you have to write, and that I prompt you to explore other More plugins to enhance your JavaScripts.

To find full documentation of each MooTools More plugin, check out the official MooTools More docs pages at: `http://mootools.net/docs/more`

We'll start with a plugin we already have in hand, Fx. Accordion.

Creating engaging content using Fx.Accordion

Fx.Accordion is a class for making a group of elements, whose visibility is toggled, by clicking on a trigger. Clicking on a trigger expands or collapses the target element in a smooth and animated manner.

Time for action – creating an accordion

Accordions are great for displaying a large amount of content in a compact manner, as well as establishing an engaging experience by allowing users to interact with your content. In this example, we're going to create an accordion area that displays information about a hypothetical development firm. We'll have accordion sections for work, services, clients, and contact.

1. First things first: solid HTML. We have to make sure that our accordion has good markup so that when JavaScript and CSS are disabled, users can still access content. We contain our accordion inside a div that's intuitively called `accordion`. Then we have h2/div pairs for each section. The h2s will serve as the trigger for expanding a section later on; we give then a class of `trigger`. The content of each section is inside `div`s with a class of `section`.

    ```
    <body>
    <h1>Portfolio Site</h1>
    <div id="accordion">
      <h2 class="trigger">Work</h2>
      <div class="section">
        <!-- Work section content -->
      </div>
    ```

```
    <h2 class="trigger">Services</h2>
    <div class="section">
      <!-- Work section content -->
    </div>
    <h2 class="trigger">Clients</h2>
    <div class="section">
      <!-- Work section content -->
    </div>
    <h2 class="trigger">Contact</h2>
    <div class="section">
      <!-- Work section content -->
    </div>
  </div>
</body>
```

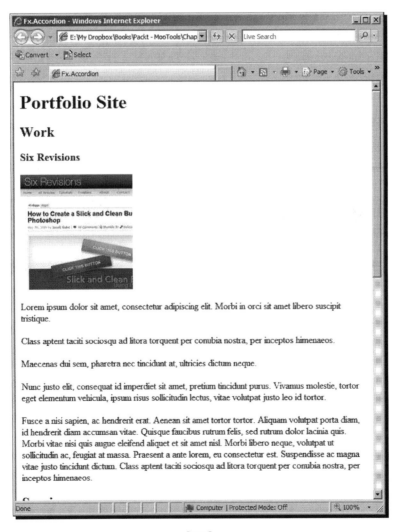

2. Next, we'll use some CSS to make our accordion a bit more pleasing to the eye. Read the comments in the following CSS code block to take note of some style rules.

```css
<style type="text/css">
/* Reset margin and padding of all elements to 0 */
* {
 margin:0;
 padding:0;
}
body {
 background:#ccc;
 font:12px Arial, Helvetica, sans-serif;
 color:#333;
}
#accordion {
 background:#fff;
 border:1px solid #999;
 width:640px;
 margin-left:5px;
}
/* Change mouse pointer to pointer when hovering over trigger */
.trigger {
 height:30px;
 line-height:30px;
 display:block;
 letter-spacing:10px;
 background: #333;
 border-bottom:2px solid #ccc;
 color:#fff;
 margin:0;
 cursor:pointer;
}
h1, p, img { margin:5px; }
img { float:left; }
</style>
```

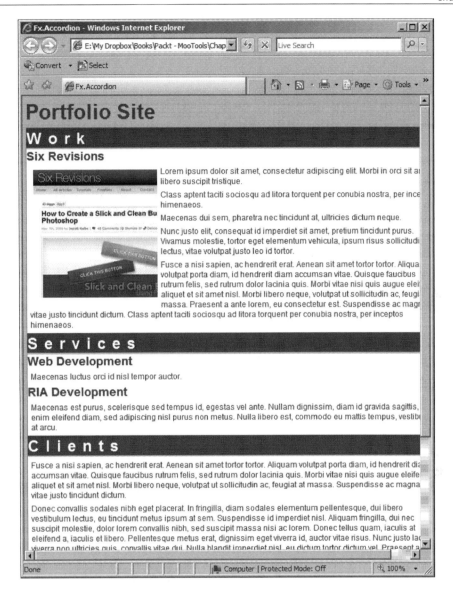

3. Next, we'll include the Fx.Accordion library that we downloaded earlier in the chapter. Remember the importance of the order of including our libraries and scripts: MooTools Core library first, then MooTools More, and finally, our own scripts.

```
<script type="text/javascript" src="mootools-core.js"></script>
<script type="text/javascript" src="mootools-more.js"></script>
<script type="text/javascript">
window.addEvent('domready', function(){
```

```
      // Script goes here
   });
   </script>
```

4. Finally, we instantiate our accordion. We create a new object called `accordion`. We feed it with three arguments: the elements that will trigger the expanding and collapsing of the sections (`.trigger`), the sections that will be hidden and shown (`.section`), and finally, the container of our accordion (`#accordion`). Then we set a few option values: `alwaysHide` is set to `true` to permit us to collapse all sections (by default, the plugin forces at least one section to be shown), and `trigger` set to `'mouseover'` which lets us expand and collapse each section when the user mouses over the `.trigger` elements (by default, the value is `'click'`).

```
window.addEvent('domready', function(){
    var accordion = new Accordion('.trigger', '.section',
                                  $('accordion'), {
        alwaysHide: true,
        trigger: 'mouseover'
    });
});
```

5. Test your work in a web browser. On initial page load, you should see an animated transition as the first section is displayed. Then, when you hover over other section titles (like **Clients**, for example), the first section should collapse, and the new section should expand.

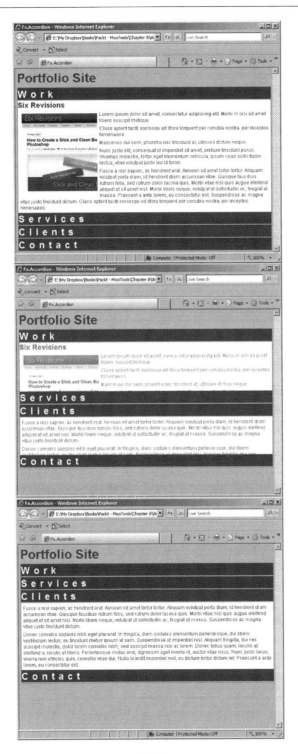

What just happened?

In the previous example, we created a simple accordion using the Fx.Accordion MooTools More plugin. We instantiated an object called accordion using the Accordion class and pointed to our accordion by feeding it the value of the trigger class (`.trigger`), the sections that will be expanded and collapsed (`.section`), and the container of our Accordion elements (`$('accordion')`).

Just like with most MooTools classes, the format for instantiating a MooTools Accordion object is as follows:

```
var objectName = new Accordion('trigger', 'sections', 'container');
```

Fx.Accordion options

Before moving onto another MooTools more plugin, let's go over some options available in the Fx.Accordion plugin. We've already used two: `alwaysHide` and `trigger` in the above example.

In the following table, you will see a list of Fx.Accordion options that you can set to customize your own accordions.

Option name	Data type	Default value	What it's for
alwaysHide	boolean	false	When set to true, users can collapse all sections. The plugin (by default) forces at least one section to be shown at all times.
display	integer	0	By default, it shows the first section (which has an index of 0). Set this to -1 to hide all sections.
fixedHeight	boolean	false	Sets a fixed height for all sections.
fixedWidth	boolean	false	Sets a fixed width for all sections.
height	boolean	true	By default, there is an animated transition when expanding and collapsing sections; set this to false if you don't want any animations.
initialDisplayFx	boolean	true	If you don't want an effect transition when the page first loads, set this to false.
opacity	boolean	true	If you don't want an opacity transition when hiding and collapsing sections, set this option to false.
show	integer	0	Makes the index of the element show first.

Option name	Data type	Default value	What it's for
trigger	string	'click'	The event type to be used on the trigger elements for expanding or collapsing section.
width	string	false	If set to true, there will be a width transition for expanding and collapsing sections.

Downloading all the MooTools More plugins we need

Before we move onto exploring the other More plugins in this chapter, let's go ahead and download them in one go.

Time for action – downloading more Mootools More plugins

In the next part of this chapter, we're going to work with four more MooTools More plugins: **Date**, **OverText**, **Drag**, and **Drag.Move**.

1. Head over to the **More Builder** on the official MooTools site. As a reminder, the web address is http://mootools.net/more.

2. Click on the box beside the **Date** plugin. It should automatically check other plugins that are required for it to work.

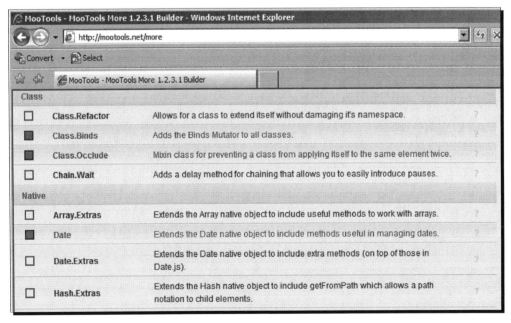

3. Click on the box beside **OverText**. It should automatically check other plugins that are required for it to work.

4. Click on the box beside **Drag**. It should automatically check other plugins that are required for it to work.

5. Finally, click on the box beside **Drag.Move**. It should automatically check other plugins that are required for it to work.

6. Scroll down the page to the **Download Options** section. Check the compression type you want (I chose **YUI Compressor**, which is the default) and then click the **Download** button.

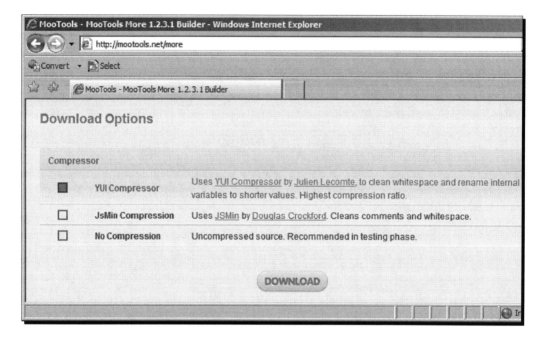

7. Place the file in same location as your MooTools Core library and the HTML documents you will use.

Extending JavaScript's native Date object

JavaScript's Date object is useful for working with date and time formats, but it lacks a lot of common utilities that web developers need. The Date plugin extends the native Date object with a host of useful functions and methods for dealing with date inputs.

Let's explore some of these functions.

Time for action – building a Date calculator tool

Let's witness the power of the Date plugin by building a pure client-side web tool that adds or subtracts values based on the current date. The tool will allow users to enter how many days, months, or years to add or subtract to the current date. This can be helpful for getting the exact date of past events. Note that this calculator doesn't do input validation, and thus, if you were to use it, you would have to modify it so that it validates the user's input. In particular, if the user inputs an invalid value to add or subtract to the current date, such as 'apple' instead of a number, the script will break.

1. We'll start by setting up the HTML. The first key element is a paragraph that will show the current date. We will have three form fields to allow users to set the options for the calculation. The first form field is a `<select>` element (drop-down menu) that will determine what operation we will use: either Add or Subtract. The second form field is an input text element, which will take a numerical whole number as a valid value (if the user enters something else, our script will break). The third form field is another `<select>` element that will determine whether we're adding/subtracting days, months, or years. Lastly, we have a paragraph element called #new-date that will show the resultant date after we run our script.

```
<body>
<h1>Date Calculator</h1>
<!-- Today's date -->
<p id="current-date"><strong>Current date: </strong></p>
<!-- Input fields -->
<select id="operation" name="operation">
      <option value="add">Add</option>
    <option value="subtract">Subtract</option>
</select>
<input id="number" name="number" type="text" value="" />
<select id="interval" name="interval">
      <option value="day">Days</option>
      <option value="month">Months</option>
      <option value="year">Years</option>
</select>
<p><input id="calculate" name="calculate" type="button"
         value="Calculate" /></p>
<!-- Element to display calculated date -->
<p id="new-date"> </p>
</body>
```

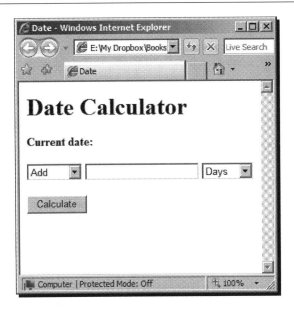

2. Next, make sure that you have the MooTools libraries and your script set up correctly.

```
<script type="text/javascript" src="mootools-1.2.3.1-core.js">
</script>
<script type="text/javascript" src="mootools-1.2.3.1-more.js">
</script>
<script type="text/javascript">
window.addEvent('domready', function(){
    // Script goes here
});
</script>
```

3. First, we will initiate a date object—aptly named `date`—that will hold the current date (which it takes from the computer's date and time settings). Once this is done, we can run methods onto the object, such as `date.get('year')`.

```
// Initiate date object
var date = new Date();
```

4. Next, we will build a string that will hold today's date to output on the web page. The text format of the date is month/day/year (that is, February 18, 2009 is 2/18/2009); we put this string inside a variable called `currentDateDisplay`. The Date plugin extends the Core library in such a way that we can use the `get` method to determine the month (`.get('mo')`), day (`.get('date')`), and year (`.get('year')`) of a date instance. We then use the `appendText` method to append the `#current-date` paragraph element with the string value inside `currentDateDisplay`.

```
// Build current date as a string to display in web page
// Format: mm/dd/yyyy
var currentDateDisplay =
  date.get('mo')+'/'+date.get('date')+'/'+date.get('year');
// Append #current-date paragraph with currentDateDisplay
$('current-date').appendText(currentDateDisplay);
```

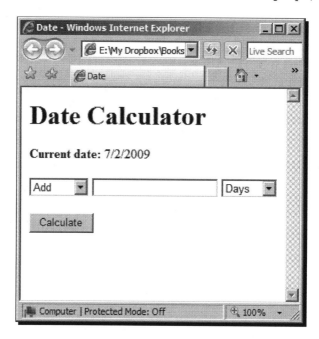

5. The next step is pretty straightforward; we add a click event listener on the Calculate button.

```
$('calculate').addEvent('click', function(){
  // Calculation happens in here
});
```

6. The first part of calculating the new date is to get the values from the form fields. To make our code cleaner and easier to maintain, we place these values into variables. To determine which option is selected in the `<select>` elements, we use a handy MooTools method called `getSelected()`. To get the text input field value, we can simply use the trusty `get` method with `'value'` as the argument.

```
// Get values and place in variables
var operationSelected = $('operation').getSelected();
var numberValue = $('number').get('value');
var intervalSelected = $('interval').getSelected();
```

7. The next chunk of code is the meat of our programming logic. We get the value of the selected option using the `getProperty` method with `'value'` as the argument. If the value is `'add'`, then we use the increment method, otherwise, we use the decrement method. Both methods are part of the Date plugin, which takes two arguments: the **interval** ('month, 'day', 'year', 'seconds') you would like to add (or subtract) and the **how many** (in integers) to add (or subtract). For the interval, we use the value of the option selected in the `<select id="interval">` element. And for the how many part, we get the value entered in the #number text input field (which we earlier placed inside a variable called `numberValue`). We place the calculated date inside a date object called `newDate`.

```
// If value of $('operation') is 'add', use increment method...
    if(operationSelected.getProperty('value')=='add'){
        var newDate =
            date.increment(intervalSelected.getProperty('value'),
            numberValue);
    // otherwise use decrement method
    } else{
        var newDate =
            date.decrement(intervalSelected.getProperty('value'),
            numberValue);
    }
```

8. The final process we need to perform is to produce the calculated date inside the `<p id="new-date">` element. First, we build the new date as a string, placing the value inside `newDateDisplay`. Then we use the set method to set the HTML inside the `<p>` element.

```
// Build new date as a strong to display in web page
var newDateDisplay =
    newDate.get('mo')+'/'+newDate.get('date')+'/'+
    newDate.get('year');
// Set #new-date paragraph's HTML with newDateDisplay
```

```
$('new-date').set('html', '<em>Result:
   </em>'+newDateDisplay);
```

9. Here is the entire Date calculator script without comments. Study it to make sure you understand the code logic.

```
<script type="text/javascript">
window.addEvent('domready', function(){
    var date = new Date();
    var currentDateDisplay =
      date.get('mo')+'/'+date.get('date')+'/'+date.get('year');

    $('current-date').appendText(currentDateDisplay);

    $('calculate').addEvent('click', function(){

        var operationSelected = $('operation').getSelected();
        var numberValue = $('number').get('value');
        var intervalSelected = $('interval').getSelected();

        if(operationSelected.getProperty('value')=='add'){
          var newDate =
            date.increment(intervalSelected.getProperty('value'),
            numberValue);
        } else{
          var newDate =
            date.decrement(intervalSelected.getProperty('value'),
            numberValue);
        }

        var newDateDisplay =
          newDate.get('mo')+'/'+newDate.get('date')+'/'+
          newDate.get('year');
        $('new-date').set('html', '<em>Result:
          </em>'+newDateDisplay);
    });
});
</script>
```

10. Test your work in a web browser. Enter a numerical integer value, click on the **Calculate** button, and you should have the desired date.

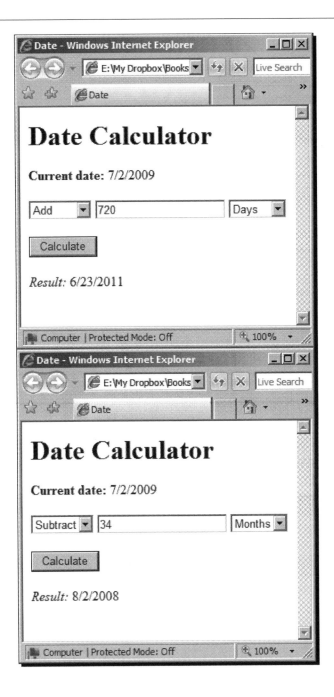

What just happened?

We created a simple web tool for calculating past and future dates, based on the current date. More specifically, we allow users to select whether they want to add or subtract from the current date, enter a numerical integer, and then also ask whether they'd like to add or subtract days, months, or years. The script we wrote used the Date plugin and some of its useful utility functions and methods to make this whole script possible in fewer than 20 lines of code.

To learn more about the Date plugin and other useful functions and methods it has, visit the official MooTools docs pages for it at `http://mootools.net/docs/more/Native/Date`.

Making web forms more user-friendly with the OverText plugin

MooTools More plugins range from very simple features to complicated features (such as input validation in web forms). Overtext is in the simple range. What it does is it shows text in an input field (which can be used to prompt the user on what to enter), and when they focus on the input field, the text disappears so that they can proceed with entering their text.

Let's explore this plugin by way of an example.

Time for action – creating a web form that uses OverText

OverText is great for providing contextual hints about an input field. For example, an input field that takes a birth date could suggest the proper date format, or a password text field could give the user a reminder to use a strong and memorable password. In some instances, you may even consider replacing input labels with OverText to save some space. In this simple web form example, we'll use OverText for input fields.

1. Let us create the HTML web form. We have three input fields with IDs of `name`, `email`, and `dateofbirth`. They also have corresponding labels for semantics and web accessibility. The most important thing to note is that our `input` elements have `alt` properties: the value of its `alt` property will be the text that will be shown as an over text.

   ```
   <body>
   <h1>Web Form with OverText</h1>
   <form>
     <p>
       <label for="name">Name: </label>
       <input id="name" alt="Enter first and last name" type="text"/>
     </p>
     <p>
       <label for="name">Email: </label>
   ```

```
    <input id="email" alt="Format: email@email.com" type="text"/>
  </p>
  <p>
    <label for="name">Date of Birth: </label>
    <input id="dateofbirth" alt="Format: mm/dd/yyyy" type="text"/>
  </p>
</form>
</body>
```

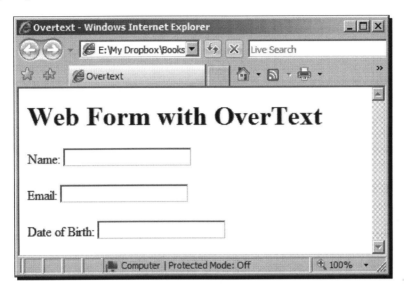

2. Let's give the form some basic styles. The most important style rule to note is the span: our over text will be span elements.

```
<style type="text/css">
label {
    width:100px;
    display:block;
    float:left;
}
input { width:200px; }
/* A few style rules for the OverText text*/
span {
    color:#999;
    width:300px;
    font:12px Verdana, Geneva, sans-serif;
}
</style>
```

3. Time to write our OverText script. We use the `each` method to cycle through each input field. For each iteration, we create a new `OverText` class instance with the first argument set to the ID of the input element (which we determine via the `get` method). We set the `element` option of the class instance to `span` (by default, they are `label`s).

```
<script type="text/javascript">
window.addEvent('domready', function(){
    $$('input').each(function(el){
        new OverText(el.get('id'), {
            element: 'span'
        });
    });
});
</script>
```

4. That's it! Now, test the script in a web browser. You should see the over text as gray text equal to the value of the `alt` properties of each `input` element. When you click on an `input` to start typing, the over text disappears.

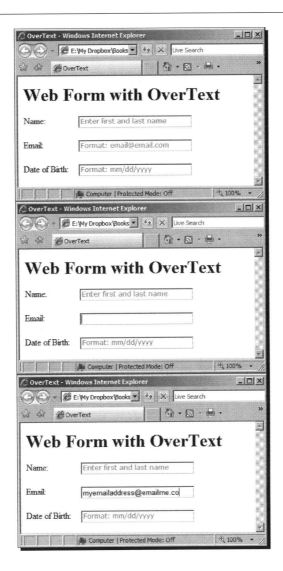

What just happened?

In the previous example, we used the OverText plugin to make a web form more usable by giving contextual hints to users while filling out the form. For example, for the Date of Birth input field, we suggested the correct date format to enter.

Drag-and-drop with Drag and Drag.Move

The last two plugins we'll explore in this chapter are the Drag and Drag.Move plugins. The Drag plugin extends the MooTools Core library to enable **draggable** elements; elements that, when clicked on with the mouse, can be moved around the web page. The Drag.Move plugin is an extension of the Drag plugin and is a subclass that opens up even more functions and methods for working with drag and drop content.

Important note on web accessibility

Though the drag-and-drop interaction pattern is becoming more and more popular, you should ensure that web pages that use this type of interactivity degrade correctly. Specifically, you should make sure that users who have vision impairments—and thus cannot see where to click and drag to, and mobility impairments—and thus, cannot move conventional input devices such as a mouse—are still able to access important information and perform critical site tasks.

We will learn about these two plugins by creating a simple web game.

Time for action – creating a simple drag-and-drop game

We're going to create a web game that will utilize the Drag and Drag.Move plugins. There will be a small gray box that you can drag around the web page (called a draggable). There will also be a larger box to drag to (called a **droppable**). When the draggable is dropped inside the droppable, you get 1 point.

1. First, we will set up the HTML. We contain the draggable and droppable elements inside a div called #drag-container. The draggable element will have an ID of #draggable and the droppable element will have an ID of #dropbox. Finally, we have a section for placing the user's score called #log.

```
<body>
<h1>Drag and Drop</h1>
<p><strong>Instructions</strong>: drag the smaller gray box inside
the larger box. You get 1 point for each successful drop.</p>
<div id="drag-container">
  <div id="draggable"> </div>
  <div id="dropbox">Drag stuff here.</div>
</div>
<div id="log"> </div>
</body>
```

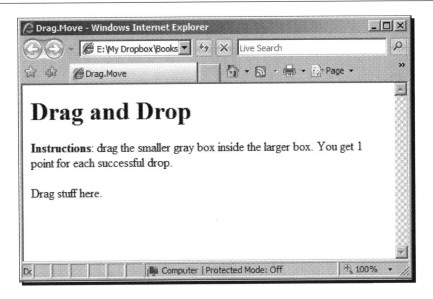

2. As you can see in the previous figure, we need some CSS styles to make our web game visually relevant. Let's discuss the important styles. For `#drag-container`, we need to explicitly declare the `position` attribute as **relative**, or else dragging will not function in Internet Explorer. For the `#draggable` element, we need to explicitly declare a `position` property set to **absolute**, even though the plugin automatically does this for us via DOM manipulation (also for IE). We also set a `z-index` property to **1**—a higher value than `#dropbox`—so that it always appears on top of the latter. Finally, `.start-drag` is a class that we will apply via JavaScript to `#draggable` once the dragging has started; it will be a visual indication that shows when the element has been dragged, and when it has been dropped.

```
body { font:10px Verdana, Geneva, sans-serif; }
#drag-container {
    height:250px;
    width:250px;
    border:1px solid #999;
     /* Needed for Internet Explorer */
     position:relative;
}
#draggable {
    background-color:#ccc;
    width:60px;
    height:60px;
    text-align:center;
    /* Needed for Internet Explorer */
```

```
        position:absolute;
    top:0;
     left:0;
    /* Keep draggable on top of #dropbox */
    z-index:1;
}
#dropbox {
    border:2px solid #999;
    text-align:center;
    width:100px;
    height:100px;
    position:absolute;
    top:75px;
     left:75px;
    /* Keep #dropbox below #draggable */
     z-index:0;
}
/* Class to apply when dragging starts */
.start-drag {
    background-color:#000;
    border:2px solid #000;
}
#log { font-size:18px; }
```

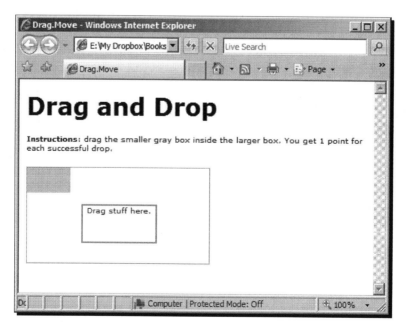

3. In the previous screenshot, you can see our web game taking shape. The structure and styles are in; now all there is left to do is make it functional. To start, we will initiate a variable that will hold the user's score (called successCount).

```
<script type="text/javascript">
$(window).addEvent('domready', function(){
    // Counts successful drops
    var successCount = 0;
});
</script>
```

4. Next, we set up the structure of our Drag.Move instance. We call the instance dragEl, and pass as an argument $('draggable') to indicate the target element to make draggable.

```
    // Create Drag.Move class instance
    var dragEl = new Drag.Move($('draggable'),{
        // Options, methods, event listeners go here
    });
```

5. Next, we set the droppables option to $('dropbox'), to indicate that the #dropbox div is a droppable area.

```
    var dragEl = new Drag.Move($('draggable'),{
        // Indicates elements considered as drop areas
        droppables: $('dropbox'),
        // Rest of the stuff will go here...
    });
```

6. Drag has a special event option called onStart that watches out for the event that the dragging has started (that is, the user clicks and holds down the mouse button on the draggable element). We use the set method to DOM insert the text Start drag... inside it, and the addClass method to assign the element the .start-drag class.

```
    var dragEl = new Drag.Move($('draggable'),{
        // Indicates elements considered as drop areas
        droppables: $('dropbox'),
        // Event listener for when dragging starts
        onStart: function(el){
            el.set('html','<p>Start drag...</p>')
            .addClass('start-drag');
        },
        // Rest of the stuff goes here...
    });
```

7. There's an event option just for the Drag.Move class called `onEnter`, which can run a function when the draggable element comes in contact with the droppable element. When this event occurs, we use the `highlight` method (from Fx.Tween) to make `#dropbox` flash red (hexidecimal value of `#ff0000`), indicating that the element has entered the area.

```
// Create Drag.Move class instance
var dragEl = new Drag.Move($('draggable'),{
    // Indicates elements considered as drop areas
    droppables: $('dropbox'),
    // Event listener for when dragging starts
    onStart: function(el){
        el.set('html','<p>Start drag...</p>')
        .addClass('start-drag');
    },
    // Event listenter for when draggable object
    // enters a droppable area.
    onEnter: function(el, dropbox){
        // Highlight the droppable area entered
        dropbox.highlight('#ff0000');
    },
    // Rest of the stuff goes here...
});
```

8. The final option we will set for our Drag.Move instance (and the most verbose one) is the `onDrop` option, which runs a function when the draggable element is dropped inside the droppable element. The function after the `onDrop` option uses two arguments. The first argument (`el`) refers to the element being dragged. The second argument (`dropArea`) will contain the DOM element that the `el` has been dropped upon; if the value of this argument is **null**, it means it was not dropped in a droppable element. We set up a control structure (`if`/`else`) to check the value of `dropArea`. If it is not null, then we increment our score tracker (`successCount`) by 1 to indicate that the user successfully gained 1 point. We also update the `#log` div with the new score. And then we set the HTML inside `el` to say "Dropped in dropbox" to add a visual queue that the drop was a success, as well as remove the `.start-drag` class because we're no longer dragging. Otherwise, if `dropArea` is null, then we set the HTML of `el` to say "Not in dropbox." and still remove the `.start-drag` class.

```
var dragEl = new Drag.Move($('draggable'),{
    // Indicates elements considered as drop areas
    droppables: $('dropbox'),
    // Event listener for when dragging starts
    onStart: function(el){
```

```
        el.set('html','<p>Start drag...</p>')
        .addClass('start-drag');
    },
    // Event listenter for when draggable object
    // enters a droppable area.
    onEnter: function(el, dropbox){
        // Highlight the droppable area entered
        dropbox.highlight('#ff0000');
    },
    // Event listener for when draggable is dropped
    onDrop: function(el, dropArea){
        // Second argument is null if
        // draggable is not dropped in a droppable
        if(dropArea!=null){
            // Increment variable by 1
            successCount++;
            // Update #log div with new successCount value
            $('log').set('html','<p>Successful drops: ' +
              successCount + '</p>');
            // Update #draggable HTML to indicate it was dropped
            //inside a droppable
            el.set('html','<p>Dropped in dropbox.</p>')
            .removeClass('start-drag');
        }
        else{
            // If not dropped in droppable area
            el.set('html','<p>Not in dropbox.</p>')
              .removeClass('start-drag');
        }
    }
});
```

9. Here is the drag-and-drop script in its entirety (without code comments);
    study it to make sure you understand what we just accomplished.

```
<script type="text/javascript">
$(window).addEvent('domready', function(){
    var successCount = 0;

    var dragEl = new Drag.Move($('draggable'),{
```

```
        droppables: $('dropbox'),
        onStart: function(el){
            el.set('html','<p>Start drag...</p>')
            .addClass('start-drag');
        },
        onEnter: function(el, dropbox){
            dropbox.highlight('#ff0000');
        },
        onDrop: function(el, dropArea){
            if(dropArea!=null){
                successCount++;

                $('log').set('html','<p>Successful drops: ' +
                    successCount + '</p>');

                el.set('html','<p>Dropped in dropbox.</p>')
                .removeClass('start-drag');
            }
            else{
                el.set('html','<p>Not in dropbox.</p>')
                .removeClass('start-drag');
            }
        }
    });
});
</script>
```

10. Test your work in a web browser and enjoy your newly created web game!

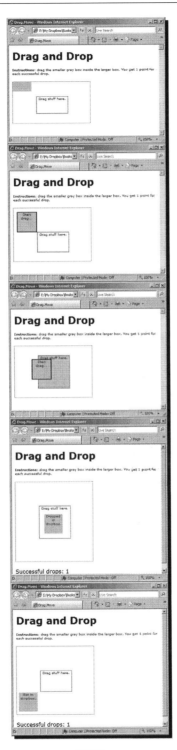

What just happened?

We created a very simple web game that allows users to drag-and-drop an element into another element. When they successfully drop the draggable element inside the droppable element, they get a score of one. This was accomplished using the Drag and Drag.Move MooTools More plugin.

Summary

In this chapter we learned about MooTools More plugins:

- ◆ What MooTools More plugins are: We determined that they're useful classes that can be used to extend the MooTools Core library.

- ◆ Downloading and installing MooTools More plugins: We learned that the More Builder in the official MooTools site is where we obtain More plugins and that we can customize our download so that only the plugins we want will be included.

- ◆ Discovering some More plugins: We discovered four out of the 40+ More plugins to see just how useful More plugins are. We used Fx.Accordion to create a slick and interactive content area, OverText to make web forms more user-friendly, and Drag/Drag.Move to create a simple web game.

Now that we've learned about MooTools More plugins, how about we create our own MooTools plugins? That's the topic of the next chapter.

9
Creating Your Own Plugin

Authoring your own plugin is a great practice for creating flexible, extensible, and reusable scripts. Plugins are inline with the MooTools philosophy of writing reusable code that you can instantiate and customize. For example, if you build many websites and find that there are certain JavaScript functionalities that you reuse and tweak for each project, you can simply write a class for it and instantiate them with varying options in your projects.

You can also release plugins to the public, and, thus, participate and help your fellow MooTools developers. This can be an added advantage to your curriculum vitae; it can showcase your abilities in writing MooTools code, the right way.

In this chapter we shall:

- ◆ Design a plugin by making a design sheet
- ◆ Create a script that accomplishes the function of the plugin; it will serve as a pattern and as a lesson on converting your existing scripts into a reusable and flexible plugin
- ◆ Create documentation for the plugin and preparing it for public release

Let's get started, shall we?

Why create a plugin?

As I mentioned in the preceding chapter, plugins are flexible classes that you can reuse and share, whether you have an existing script that you want to reuse several times in multiple projects, or have an idea of a useful script that you'll know will be used over and over again. It's a good idea to write a class that you can instantiate and provide customizable options for.

In this chapter, we're going to create a simple auto image captioning plugin. We'll start from the design/conceptualization phase of the plugin, all the way up to documenting our code and preparing it for public release. We're going to follow MooTools coding standards (which you can learn about by simply downloading a MooTools More plugin and studying the code and comments).

Designing the plugin

With a little forethought, we can effectively build a flexible class. We have to think of what the plugin is meant to do (and what it isn't meant to do), what options will be helpful, and the basic logic of how the plugin will work.

Often, it is helpful to invest some time in writing down necessary information about a plugin you're about to write. Your notes can be the blueprint of what you're building, and also serve as a great way to conceptualize the code logic of the plugin. I call this document a **design sheet**.

This design sheet can also help greatly when we finalize our code's documentation, and for preparation of the plugin for public release. The design sheet can change; you may realize that there are more options that you need in order to make the plugin truly customizable, and there may be options that you thought would be good to have, but would just be overkill in the final product.

Before we begin any writing, we're going to design our plugin, so grab your favorite notebook or word-processing software and get ready to do some writing.

Time for action – creating a design sheet for our plugin

We are going to create a design sheet for the auto image captioning plugin that we're going to build. The format that you should use for this design sheet should be one that you and/or your team is comfortable with. In this example, I will show you how to create a design sheet arranged as a table: you can do this by depicting it in a notebook, or on a word-processing application (such as Microsoft Word or OpenOffice).

1. Create the headings of the design sheet: **Plugin name**, **What will it do**, **How will it do it**, and **Plugin Options**.

Plugin name	What will it do	How will it do it	Plugin Options

2. Write in the plugin name. The plugin name must be capitalized. MooTools best practices for naming a class is by **camelcasing** words of the class name, that is, where each elements initial letter is capitalized. When coming up with a class name, make sure that it's as intuitive as possible and outlines what it does. Since we're creating an image auto captioning plugin, the name is **ImageCaption**.

Plugin name	What will it do	How will it do it	Plugin Options
ImageCaption			

3. Next, we should define what the intent of the plugin is. This will help us conceptualize the code we will have to write and find options we might want to provide the user for customizing the class instance, as well as uncover some potential pitfalls when writing our script. In this case, the plugin will take the `alt` property of the image and place it as HTML text below it. If the `alt` property is not present, it will try to check if the `title` property is present. Now we can see the first potential pitfall of our script: what if both `alt` and `title` properties weren't available? We should have a backup plan for this situation. Our backup plan is that the caption text will equal to an empty string (`' '`). We don't have to write all this down, we just want a basic one to two sentence definition of our plugin (which you'll see in action later in the chapter when we document our code).

Plugin name	What will it do	How will it do it	Plugin Options
ImageCaption	ImageCaption will take the `alt` property (or `title` property) of an image, and insert it as HTML text to serve as a photo caption (its description).		

4. The next step is to plot out the code logic. For this to work, we will iterate through all the images in a web page, take each image's `alt` property and store it in a variable, wrap the image in another element that will contain both the image and the caption, and then inject the caption text in it, right below the image, as a `<span>` element.

By writing down the code logic, we've discovered a couple of things. First, what if the user doesn't want all images in a web page to be captioned? This means we should have a plugin option for specifying which images should be captioned. Second, what if the user wanted the image caption to be above instead of below the image? We should also have a plugin option for the position of the caption text. By writing this down, we're able to flesh out two options for the final column.

Plugin name	What will it do	How will it do it	Plugin Options
ImageCaption	ImageCaption will take the `alt` property (or title property) of an image, and insert it as HTML text to serve as a photo caption (its description).	We will take the `alt` (or title) property value of the target images in a web page, wrap that image in another element that will contain the image and the caption text, and then inject the caption text into the DOM, above or below the image, as a `<span>` element.	

5. In the last column, we should determine options we'd like to provide to the user. This list should be flexible: while writing the plugin, you might realize there are more options that we should provide, or that some options that you initially thought were great, aren't really that useful or can't be made available due to the way the script was written.

We should allow the user to specify the class name to the wrapper of the image/caption pair so that they may be able to style these elements using CSS. Next, we should allow users to change the element type of the wrapper (by default, both will be `<span>` elements). Finally, users should be able to position the caption text above the image. To make this easier, we'll follow the format: **option name** - (**datatype**, defaults to **default value**) description. This format is consistent with MooTools docs and will help us later on when we document our plugin.

Plugin name	What will it do	How will it do it	Plugin Options
ImageCaption	ImageCaption will take the `alt` property (or title property) of an image, and insert it as HTML text to serve as a photo caption (its description).	We will take the `alt` (or title) property value of the target images in a web page, wrap that image in another element that will contain the image and the caption text, and then inject the caption text into the DOM, above or below the image, as a `<span>` element.	wrapperClass - (string, defaults to 'imgWrapper') the class name of the wrapper element. wrapperType - (string, defaults to 'span') the element type of the wrapper. captionType - (string, defaults to 'span') the element type of the caption text. captionPosition - (string, defaults to 'after') where the caption text element will be injected to the DOM relative to the image.

What just happened?

In the previous example, we constructed a design sheet for our plugin in order to give us a better understanding of what we will be coding. In addition, it will serve as a guide (or "blueprint") of our plugin while we write it, and later on, when we document our code, we can take parts of it.

Now that we've got a good understanding of what we'll be doing, it's time to start coding.

Creating the ImageCaption script

Oftentimes, you will already have a script lying around that you wish to convert to a plugin because you found yourself using it repeatedly in your projects. For beginner MooTools developers, it may be helpful to first get the functionality working, and then convert it to a flexible plugin, thus using the script as a pattern.

To begin, we'll focus on scripting the image caption function. This will also help you understand how the code works to make it easier to transition it into a MooTools plugin.

Time for action – writing the ImageCaption script

Before we start writing our MooTools plugin, we'll take an additional step; we're going to write a functional script that accomplishes the task we've set out to do, which is to automatically caption images in a web page using their `alt` (or `title`) property. Imagine auto-captioning 20 images (or more) in a web page without having to do much other work than assigning them an `alt` or `title` property? This reduces the amount of HTML we have to write, which in turn, reduces HTML clutter and file size.

1. Start with some HTML by putting images in a web page. In this web page, place three image elements (encapsulating these image elements inside a `p` tag is optional). For the first image, include an `alt` property/value pair. For the second image, do not provide any `alt` or `title` property/value pairs. This will serve as a test case on how our script will work without an image caption. The third one will have a title property instead of an alt property.

```
<h1>ImageCaption Script</h1>
<p><img src="lake_mead.jpg" width="300" height="201" alt="Lake
mead in a speeding car." /></p>
<p><img src="clouds.jpg" width="150" height="101" /></p>
<p><img src="red_rocks.jpg" width="300" height="201" title="A
photo of Red Rock Mountain near Las Vegas, Nevada." /></p>
</body>
```

2. Next, we write our MooTools script. We will iterate through each `img` element, adding a caption for each of them. We do this by using the `each` method.

```
<script type="text/javascript">
window.addEvent('domready', function(){
$$('img').each(function(image){
  // code to execute goes here
});
});
</script>
```

3. The first action is to get the caption text value and the width of the image. We get the `alt` property value by using the `getProperty` method, and place it inside a variable called `captionText`. Since we have to take into account that the alt property may not be present because the user does not have it assigned to the image (and thus, using the `getProperty` method will return `null`), we use the `||` operator.

Here's how it works: the value to the left of the `||` will take precedence over the value on its right. If the value on the left is `null`, then it will try the value on its right. You can have as many `||` operators as you would like and if the last value is still `null`, then the variable will be assigned a `null` value.

Therefore, the last value should avoid returning `null` (unless you want it to) and is the "back up" plan.

In this instance, if there are no `title` or `alt` properties, then we use an empty string (`' '`) as our caption text; this will prevent our script from malfunctioning because `captionText` will never be equal to `null`.

```
$$('img').each(function(image){
    var captionText = image.getProperty('alt') || image.
getProperty('title') || '';
});
```

4. Next, we should get the width of the image so that we can set its wrapper element equal to it; this makes it so that our wrapper is not too wide, which will affect the position of the image caption. Again, we utilize the `getProperty` method to do this. Because the `getProperty` method returns a string value, we can use the `toInt()` method to convert it to an integer data type. Like with `captionText`, we want to avoid a `null` value (which will happen when the user does not include a width property on the `img` element). Therefore, we use the `||` operator to conditionally assign `width` a string value of `'auto'`.

```
$$('img').each(function(image){
    var captionText = image.getProperty('alt') || image.
getProperty('title') || '';
```

```
        var width = image.getProperty('width').toInt() || 'auto';
});
```

5. Now, it's time to construct the wrapper element. We use the `Element` constructor with an argument of string value of `span` to denote that our wrapper element will be a `<span>` element. We use the class option to define the value of the wrapper's CSS class—`imageCaption`. We use the styles option to set required CSS styles onto the wrapper element: it has to be a block element so that we can float the image/caption set if we choose to. We also need to set the width CSS property to either the width property of the image defined by the user, or to `auto`, this is where the `width` variable earlier on comes into play. We call this element `wrapper` and we will be referencing it later in the script.

```
$$('img').each(function(image){
    var captionText = image.getProperty('alt') || image.
getProperty('title') || '';
    var width = image.getProperty('width').toInt() || 'auto';

    var wrapper = new Element('span', {
        'class': 'imgCaption',
        'styles': {
            'display': 'block',
            'width': width
        }
    });

});
```

6. Next, we create the caption text element, again, using the `Element` constructor, named `caption`. `caption` will be a `<span>` element. To set the text inside the `<span>`, we use the html option with the value of `captionText` that we took earlier from the `alt` (or `title`) property. Finally, we use the styles option to set the basic CSS styles of the element; it has to be a block element so that it displays below the `img` element, and so that we may make adjustments to it easily.

```
$$('img').each(function(image){
    var captionText = image.getProperty('alt') || image.
getProperty('title') || ' ';
    var width = image.getProperty('width').toInt() || 'auto';

    var wrapper = new Element('span', {
        'class': 'imgwrapper',
        'styles': {
            'display': 'block',
```

```
            'width': width
        }
    });

    var caption = new Element('span', {
        'html': captionText,
        'styles': {
            'display': 'block',
            'width': width
        }
    });
});
```

7. Now we have to modify the DOM to wrap the `img` element with the wrapper element as well as inject the caption element after the image. This only takes up two lines of code. We use the `wraps` method to wrap the image with the wrapper. We then use the `inject` method to insert the `caption` element after image.

```
window.addEvent('domready'', function(){
$$('img').each(function(image){
    var captionText = image.getProperty('alt') ||
        image.getProperty('title') || ' ';
    var width = image.getProperty('width').toInt() || 'auto';

    var wrapper = new Element('span', {
        'class': 'imgwrapper',
        'styles': {
            'display': 'block',
            'width': width
        }
    });

    var caption = new Element('span', {
        'html': captionText,
        'styles': {
            'display': 'block',
            'width': width
        }
    });
    wrapper.wraps(image);
    caption.inject(image,'after');
});
});
</script>
```

8. Test your work in your web browser. You should see that our first and third images have text captions, but the second one will not (because we didn't set an `alt` or `title` property on that `img` element).

9. We can stop there and call it a day, but our image captions don't look very pleasing to the eyes. We'll use CSS to style our captions. Here, it is important to note a crucial concept: separating functionality from style. By not using JavaScript to limit our CSS styles, we give our script a lot more flexibility in its design. We only set the display CSS property and width property because they are necessary, the rest is in the hands of the developer/designer. The following are the CSS styles used here, but you should take the liberty to get the style and layout you wish your image captions to have.

```
/* Styles for the wrapper */
.imageCaption {
    background-color:#e1e1e1;
    border:1px solid #ccc;
    padding:5px;
    text-align:center;
    float:left;
    margin:0 10px 5px 0;
}
/* Styles for the image */
.imageCaption img {
    border:1px thin #fff;
}
/* Styles for caption text */
.imageCaption span {
    font:italic 12px Georgia, "Times New Roman", Times, serif;
    color:#333;
    letter-spacing:-1px;
    margin-top:5px;
}
/* Web page styles not related to image captions */
body {
    font:normal 11px/20px Verdana, Geneva, sans-serif;
    color:#363636;
}
h1 {
    font:30px Georgia, "Times New Roman", Times, serif;
    letter-spacing:-1px;
    color:#930;
}
p {
    margin:10px 0;
}
```

10. To get the full effect of how the image captions work, dummy text was also inserted. Testing your work in a web browser should show you something similar to the following screenshot:

What just happened?

In the above example, we created a simple script that automatically captions the images in a web page. This is the pattern that we will use in constructing our ImageCaption plugin. One of the things we learned is that, in order to create flexible scripts, we must limit the amount of CSS styles we use in the script and let the user determine the styles they would like for their image caption.

Noting down pitfalls and places of improvement to the script

In preparation for writing our plugin, the next step we should take is review our script to find places where we can run into trouble, and places where we can improve flexibility and customizability.

In reviewing the ImageCaption script we wrote, we noticed that we use the $$() to select all the images on a web page. What if the user just wants a particular class of images to have captions? We will have to address that issue when writing our plugin.

On the same token, we noticed that we use the `<span>` element for the wrapper and caption text element, what if the user wanted to use a `<div>` element for the wrapper and `<p>` element for the caption text? That's another issue we'll resolve in our plugin.

Also, we can see that we're committed to using the `imageCaption` class for our figures, but what if the user is already using that class for something else, or they would like to name it something different to follow their coding conventions? We need our plugin to be able to allow the user the option to set their class name(s).

Finally, we can see that although the script works, we'd need to modify it heavily if we wanted two types of image captions in a web page. For example, if we wanted one image caption with a different background or floated to the left, we'd have to write a lot of duplicate code to get that instance. Writing this script into a plugin allows us to instantiate different variations of the plugin class that can have different classes.

Now that we know the places where we can improve our script and provide the user script's more customizability options, it's time to start writing our plugin.

Converting the script to a flexible plugin

In this section, we will take the previous script and convert it into a MooTools plugin. We'll be using, to the best of our abilities, MooTools More coding conventions and standards so that MooTools developers using your plugin can easily read it and modify it (if needed).

The best way to learn MooTools coding conventions is by reading the Core library's code. Perhaps a more pertinent method in this chapter is to read a MooTools More plugin's source code by downloading an uncompressed version of it.

Additionally, you can take a look at the following web page in GitHub, which is where the MooTools project is stored for Core developers:

Syntax and Coding Style Conventions on GitHub

```
http://wiki.github.com/mootools/mootools-core/syntax-
and-coding-style-conventions
```

Time for action – creating the ImageCaption plugin

We'll now create our plugin.

1. A plugin should be in its own JavaScript file. The file name, for best practice, must be the same as the class name. Since our class name is `ImageCaption`, our JavaScript file should be named `ImageCaption.js`. To start, create a new JavaScript file and name it `ImageCaption.js`.

2. Next, let us set up the "template" for our class. A plugin will have three staples. The first is `Implements`, which handles the `Options`. Because a plugin is typically flexible and customizable , it will have an `options` option. Finally, it will have the `initialize` option, which, if you can remember, runs the code whenever our class is instantiated.

```
var ImageCaption = new Class({
    Implements: [Options],
    options: {
        // Available options

    },
    initialize: function(){
        // Code to run whenever this class is instantiated.
    }
});
```

3. We will start with the plugins options. Our plugin will have four options, as we've defined in our design sheet earlier. `wrapperClass` is the class of the wrapper element, `wrapperType` and `captionType` are the element types of the wrapper and the caption elements. Finally, `captionPosition` allows the user to specify where to insert the caption element relative to the `img` element. The values assigned to each option are the default values that we also mentioned down in our design sheet. They're all string data types. If the user specifies an option during class instantiation, then our default options are overwritten and their specifications take precedence over the default values.

```
var ImageCaption = new Class({
    Implements: [Options],
    options: {
        wrapperClass: 'imageCaption',
        wrapperType: 'span',
        captionType: 'span',
        captionPosition: 'after'
    },
    initialize: function(){


    }
});
```

4. Next, let us write the code which will be run when our plugin is instantiated.
Our plugin requires one argument from the user, the target image elements to be
captioned, which can use either the $$() or $() function to point to the
elements. It also requires the options argument so that it can set the options
of the class instance.

```
var ImageCaption = new Class({
    Implements: [Options],
    options: {
        wrapperClass: 'imageCaption',
        wrapperType: 'span',
        captionType: 'span',
        captionPosition: 'after'
    },
    initialize: function(images, options){
        // Code to run whenever this class is instantiated.
    }
});
```

5. First, we need to set the options of the instance so that we can reference it
throughout our class. We use the setOptions method to do this, with the
options object as the argument.

```
var ImageCaption = new Class({
    Implements: [Options],
    options: {
        wrapperClass: 'imageCaption',
        wrapperType: 'span',
        captionType: 'span',
        captionPosition: 'after'
```

```
    },
    initialize: function(images, options){
        this.setOptions(options);
    }
});
```

6. The next phase is creating the code for captioning the target images. We can do this in two ways: run it right in the `initialize` function or create a class method to compartmentalize our class. We'll choose the latter option by creating an `ImageCaption` method called `addCaption`. For each target image, we call the `addCaption` method to add a caption to it (we use the each method to iterate through each target `img` element).

```
var ImageCaption = new Class({
    Implements: [Options],
    options: {
        wrapperClass: 'imageCaption',
        wrapperType: 'span',
        captionType: 'span',
        captionPosition: 'after'
    },
    initialize: function(images, options){
        this.setOptions(options);
        images.each(function(image){
            this.addCaption(image);
        }, this);
    },
    addCaption: function(image){
        // captioning code
    }
});
```

7. Let's work on the `addCaption` method. Since we use the script we built earlier in the chapter, this part should be a piece of cake. First, we get the `captionText` and width value of the image, just like in the previous example.

```
addCaption: function(image){
    var captionText = image.getProperty(captionProperty) ||
        image.getProperty('title') || ' ';
    var width = image.getProperty('width').toInt() || 'auto';
}
```

8. Then let's create the `wrapper` and `caption` elements. Instead of explicitly declaring the values, we use the class options to set them; this way, we create a flexible class.

```
var wrapper = new Element(this.options.wrapperType, {
    'class': this.options.wrapperClass,
    'styles': {
        'display': 'block',
        'width': width
    }
});
var caption = new Element(this.options.captionType, {
    'html': captionText,
    'styles': {
        'display': 'block',
        'width': width
    }
});
```

9. Finally, we perform our DOM manipulation, just like before.

```
addCaption: function(image){
    var captionText = image.getProperty(captionProperty) ||
image.getProperty('title') || ' ';
    var width = image.getProperty('width').toInt() || 'auto';
    var wrapper = new Element(this.options.wrapperType, {
        'class': this.options.wrapperClass,
        'styles': {
            'display': 'block',
            'width': width
        }
    });
    var caption = new Element(this.options.captionType, {
        'html': captionText,
        'styles': {
            'display': 'block',
            'width': width
        }
    });
    wrapper.wraps(image);
    caption.inject(image, this.options.captionPosition);
}
```

10. Here is our entire plugin's code; review it to make sure you
understand how we converted our script into a plugin.

```
var ImageCaption = new Class({
    Implements: [Options],
    options: {
        wrapperClass: 'imageCaption',
        wrapperType: 'span',
        captionType: 'span',
        captionPosition: 'after'
    },
    initialize: function(images, options){
        this.setOptions(options);
        images.each(function(image){
            this.addCaption(image);
        }, this);
    },
    addCaption: function(image){
        var captionText = image.getProperty(captionProperty) ||
image.getProperty('title') || ' ';
        var width = image.getProperty('width').toInt() || 'auto';
        var wrapper = new Element(this.options.wrapperType, {
            'class': this.options.wrapperClass,
            'styles': {
                'display': 'block',
                'width': width
            }
        });
        var caption = new Element(this.options.captionType, {
            'html': captionText,
            'styles': {
                'display': 'block',
                'width': width
            }
        });
        wrapper.wraps(image);
        caption.inject(image, this.options.captionPosition);
    }
});
```

What just happened?

We converted the script that we built earlier into a flexible class (plugin) which we can reuse and share with other MooTools developers.

In the next section, we shall test our plugin by instantiating it.

Instantiating the plugin

Now that we have successfully converted our ImageCaption script into a plugin, it's time to give it a test run.

Time for action – basic instantiation of the ImageCaption plugin

We will see how our plugin works under various circumstances.

1. Create an HTML document (or modify the example we used earlier).

    ```
    <body>
    <h1>ImageCaption Script</h1>
    <p><img src="lake_mead.jpg" width="300" height="201" alt="Lake
    mead in a speeding car." /></p>
    <p><img src="clouds.jpg" width="150" height="101" /></p>
    <p><img src="red_rocks.jpg" width="300" height="201" title="A
    photo of Red Rock Mountain near Las Vegas, Nevada." /></p>
    </body>
    ```

2. In the `<head>` section of your HTML document, reference the MooTools Core library and the ImageCaption plugin, and create a section where we will instantiate our Caption class.

    ```
    <script type="text/javascript" src="mootools.js"></script>
    <script type="text/javascript" src="ImageCaption.js"></script>
    <script type="text/javascript">
    $(window).addEvent('domready',function(){
       // Instantiate here.
    });
    </script>
    ```

3. Finally, let's instantiate our ImageCaption plugin. We do this by creating a class object called `captionMyImages` (the name doesn't matter). We provide the class instance its one required argument, which is the target elements: in this instance `$$('img')`.

```
<script type="text/javascript" src="http://ajax.googleapis.com/
ajax/libs/mootools/1.2.2/mootools-yui-compressed.js"></script>
<script type="text/javascript" src="ImageCaption.js"></script>
<script type="text/javascript">
$(window).addEvent('domready',function(){
    var captionMyImages = new ImageCaption($$('img'));
});
</script>
```

4. Test your work in a web browser; you should see something like the following screenshot. As you can see, it's not at all different from our original script, which is a good thing.

What just happened?

We created a basic class instance of our ImageCaption plugin. Now that we know how to instantiate our plugin, we'll go into more advanced implementations of the plugin.

Creating a more complex instance of the plugin

It's time to see our plugin's capability. We'll start by creating multiple instances of it.

Time for action – creating new instances of the plugin

Imagine that you'd like several instances of the ImageCaption class. We'll create a situation where one of the images will have its caption at the top of the image instead of before.

1. First, modify the HTML markup in such a way that the last image has an ID of #caption-on-top.

   ```
   <body>
   <h1>ImageCaption Script</h1>
   <p><img src="lake_mead.jpg" width="300" height="201"
           alt="Lake mead in a speeding car." /></p>
   <p><img src="clouds.jpg" width="150" height="101" /></p>
   <p><img id="caption-on-top" src="red_rocks.jpg"
           width="300" height="201"
           title="A photo of Red Rock Mountain near Las Vegas,
           Nevada." /></p>
   </body>
   ```

2. Next, let's create a class instance of the ImageCaption class. This time, we limit the image caption to only the image with the ID of #caption-on-top. Also, we use one of our options, captionPosition, to change the default value of 'after' to 'before'.

   ```
   var captionOnTop = new ImageCaption($$('#caption-on-top'), {
       captionPosition: 'before'
   });
   ```

3. Finally, test your work in a web browser. You should see something like the following screenshot. Note that only the last photo has an image caption because we limited the plugin implementation to the image with the ID of `#caption-on-top`.

Creating multiple instances of the plugin

Another great thing about creating a plugin that is flexible is that it gives us the ability to create multiple instances of it in one web page without a lot of code and duplication. We'll now create two instances of the class.

Time for action – multiple instances of the ImageCaption plugin

We are going to create two instances of our `ImageCaption` class on the same web page to outline just how powerful creating plugins can be.

1. We're still going to use the same HTML markup and just build on top of the code we already have from the preceding example. We create a new instance called `captionNormal`, and then use this instance for all other images that don't have the ID of `#caption-on-top`.

    ```
    var captionOnTop = new ImageCaption($$('#caption-on-top'), {
        captionPosition: 'before'
    });
    var captionNormal =
        new ImageCaption($$('img[id!=caption-on-top]'), {
        captionPosition: 'after'
    });
    ```

2. Test your work in a web browser. You should see that the other images will have their caption text after the `img` element.

What just happened?

In the previous two examples, we learned how to create a more complex instance of our ImageCaption plugin, as well as how to create multiple instances of it in the same web page. By doing so, we can see the advantages of using plugins, in terms of reducing code duplication and the ability to customize easily.

Now that we have our plugin finished and we know how it works, it's time to document our code and prepare it for sharing with the public.

Preparing your plugin for the public

If you'd like to make your plugin available to the public for use in their own projects, there are a few tips and guidelines you can follow. In the following section, we will obey, as much as we can, MooTools standard documentation. Though there isn't an official standard method for documentation yet, we can use the official MooTools docs and coding styles in MooTools More plugin so that our documentation will be familiar to MooTools developers, making it easy for them to understand and learn how to implement our work.

Documenting your plugin with comments

At the top of `ImageCaption.js`, we should put some meta information about our plugin so that people studying its working can know a little bit more about it. In MooTools More plugin, here is the format of this comment block.

```
Script: Plugin file name
    Brief description of the plugin

    License:
        Licensing type and copyright information

    Authors:
        FirstName-1 LastName-1 - Website URL
        FirstName-2 LastName-2 - Website URL
        ...
        FirstName-n LastName-n - Website URL
*/
```

Let's modify `ImageCaption.js` with the above information.

Time for action – documenting the ImageCaption plugin

Let's document the ImageCaption plugin with the standard MooTools More plugin documentation block comment (sometimes abbreviated as **docblock** comments).

1. Open `ImageCaption.js` in your source code editor.

2. At the very top of the file, insert the following docblock comment.

```
Script:
...

...


    License:


    Authors:


*/
var ImageCaption = new Class({
    Implements: [Options],
    options: {
        wrapperClass: 'imageCaption',
        wrapperType: 'span',
        captionType: 'span',
        captionPosition: 'after'
    },
...
```

3. Finally, fill in the information. This is where our design sheet comes in handy for the description of the script; we can simply take what we wrote down in the "What it will do" column of the design sheet we developed, and modify it as necessary. Use tab spaces to indent the docblock comment items.

```
Script: ImageCaption.js
    Takes the alt property (or title property) of an image,
and insert it as HTML text to serve as a photo caption (its
description).


    License:
        MIT-style license

    Authors:
```

```
            Jacob Gube - http://sixrevisions.com

*/
var ImageCaption = new Class({
    Implements: [Options],
    options: {
        wrapperClass: 'imageCaption',
        wrapperType: 'span',
        captionType: 'span',
        captionPosition: 'after'
    },
    ...
```

What just happened?

We documented our plugin with the standard docblock comment that MooTools More plugin uses. This enables others to better understand our code.

To provide greater context, you might consider also leaving comments on your code to help others better understand what's going on in the plugin. This will also serve as a reminder for you when you modify the plugin.

External documentation

When you offer a plugin for download, it's a good idea to give people context on what it does and how to implement it into their work. For this, we can use the Official MooTools More structure for documenting MooTools More plugins.

Let's create a simple download page template for our plugin. Here's the information we'll need if we were to follow the official MooTools docs style of external documentation.

- PluginName—name of the plugin
- Description
- Notes—any special requirements or things the user needs to know up-front
- Extends—any MooTools Core or More classes that our plugin extends
- Syntax—basic structure of instantiating the class
- Arguments—required parameters that the class instance needs in order to work, listed down in an ordered list to denote the parameter order
- Options—all the available options
- Examples—example usage
- Returns—after the class has been instantiated, what will the instance object get back?

Besides the above items, we should also have download information and a section where we document any changes and updates we make to the plugin (called **changelog**).

Time for action – creating a basic download page for the ImageCaption plugin

We're going to create a simple HTML web page where we can offer the ImageCaption plugin for download. We will borrow the content structure from the Official MooTools docs, so that MooTools users will be familiar with the documentation we're about to write.

1. Create a new HTML document. You can use the following markup as an HTML template of your plugin's download page.

```
<body>
<h1>PluginName</h1>
<p>Description of the plugin.</p>
<h2>Notes: </h2>
<ul>
  <li>Note #1</li>
  <li>Note #2</li>
</ul>
<h2>Extends: </h2>
<p>MooTools classes that plugin extends.</p>
<h2>Syntax: </h2>
<pre>example code usage
</pre>
<h2>Arguments:</h2>
<ol>
  <li>argument #1 - (data type) Brief description.</li>
  <li>argument #2 - (data type) Brief description.</li>
</ol>
<h3>Options:</h3>
<ul>
  <li>option #1 - (data type: defaults to somevalue) Brief
description.</li>
  <li>option #2 - (data type: defaults to somevalue) Brief
description.</li>
```

```
</ul>
<h2>Examples: </h2>
<pre>example usage
</pre>
<h2>Returns:</h2>
<ul>
  <li>(data type) Description of what it returns..</li>
</ul>
<h2>Download</h2>
<ul>
  <li><strong>Latest version</strong>: <a href="#download-
link">PluginName.js</a></li>
  <li>Previous versions:
    <ul>
      <li><a href="#download-link">PluginName-version.number1.js</
a></li>
      <li><a href="#downloadlink">PluginName-version.number2.js</
a></li>
    </ul>
  </li>
</ul>
<h2>Changelog</h2>
<ul>
  <li><strong>version.number1</strong> - Brief description of
updates</li>
  <li><strong>version.number2</strong> - Brief description of
updates</li>
</ul>
</body>
```

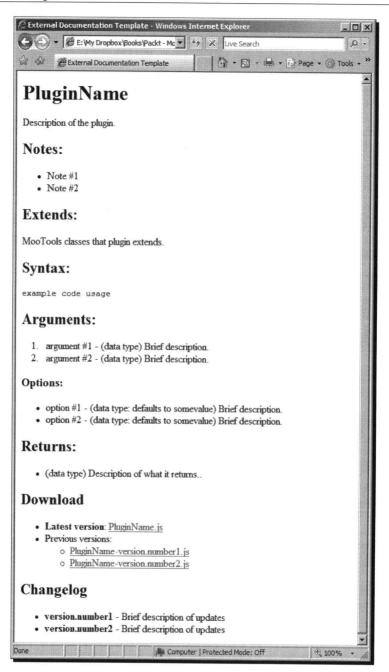

2. Now, modify the template with the **ImageCaption** information. Remove any sections that aren't pertinent. In the following screenshot, I've written the information regarding the ImageCaption plugin.

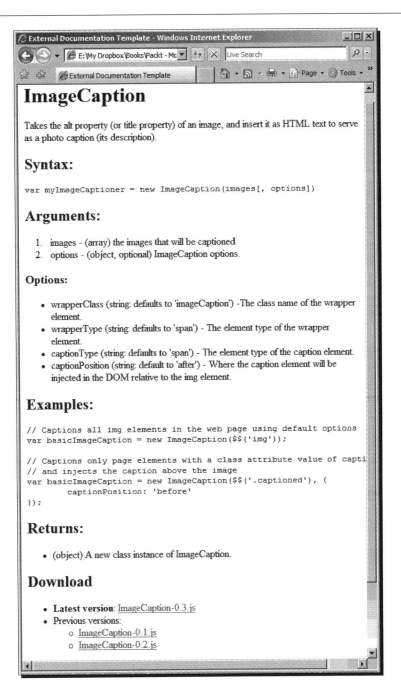

External Documentation Template - Windows Internet Explorer

E:\My Dropbox\Books\Packt - Mc   Live Search

External Documentation Template   Page ▾   Tools ▾

ImageCaption

Takes the alt property (or title property) of an image, and insert it as HTML text to serve as a photo caption (its description).

Syntax:

```
var myImageCaptioner = new ImageCaption(images[, options])
```

Arguments:

1. images - (array) the images that will be captioned
2. options - (object, optional) ImageCaption options.

Options:

- wrapperClass (string: defaults to 'imageCaption') -The class name of the wrapper element.
- wrapperType (string: defaults to 'span') - The element type of the wrapper element.
- captionType (string: defaults to 'span') - The element type of the caption element.
- captionPosition (string: default to 'after') - Where the caption element will be injected in the DOM relative to the img element.

Examples:

```
// Captions all img elements in the web page using default options
var basicImageCaption = new ImageCaption($$('img'));

// Captions only page elements with a class attribute value of capti
// and injects the caption above the image
var basicImageCaption = new ImageCaption($$('.captioned'), {
        captionPosition: 'before'
});
```

Returns:

- (object) A new class instance of ImageCaption.

Download

- **Latest version**: ImageCaption-0.3.js
- Previous versions:
  - ImageCaption-0.1.js
  - ImageCaption-0.2.js

What just happened?

In the above example, we constructed a download page for our plugin so that we can easily share it with other developers in an easy-to-understand fashion, giving them the information that they need in order to understand how to implement the plugin.

Summary

In this chapter, we learned how to build a plugin; a plugin that automatically captions images in a web page with their respective `alt` (or `title`) property.

This is what we covered in this chapter:

◆ Designing a plugin: We created a design sheet that we can easily reference as we build our plugin, and when we document it for public use.

◆ How to convert a script to a flexible MooTools class: We converted an image captioning script that we wrote into a class (plugin) with various options that allow its class instance to be customized.

◆ Instantiating our plugin: We learned how useful plugins can be in allowing us to customize instances to reduce the amount of code we have to write (and re-write).

◆ How to properly document our plugin: We followed documentation and used the MooTools coding style and plugin documentation to let other MooTools developers quickly learn how to implement our plugin into their own projects.

At this point, you're now officially a MooTools rockstar!

Index

Symbols

$$() function
about 55
errors 61, 62
using 56
working with 55
$arguments() function 106
$= attribute selector
using 73, 74
$chk function 93
$clear() function
about 98
exploring, with periodical() 99
$defined function 94
$each() function
about 103
exploring 104
$empty() function 106
$extends() function 101
$() function
about 55
errors 61
working with 55
$lambda() function 106
$merge() function 102
$pick function 95
$random() function 105
$splat() function 105
$time() function 96
$try function 95
$type() function 105
$() versus document.getElementByID() 59, 60

^= attribute selector
using 72, 73
!= attribute selector
using 71
= attribute selector
using 69, 70
.delay() method 98
.dispose() method 92
.inject() method 92

A

addEvent method 113
advantages, MooTools
cross-browser compatibility 10
DOM, working with 11
elegant code 9
JavaScript, extending 9
open-source projects, using 11
API concept, MooTools 22
arguments
returning, $lambda() used 106
attribute selector operators
^= 69
!= 69
= 69
$= 69
about 69
attribute selectors
about 68
case sensitivity 75
example 69
operators 69
working with 68

B

browser component
  about 78
  Adobe Flash plugin, determining 82
  browser rendering engine 78
  client's operating system, determining 83
  client's rendering engine, determining 79-82
  client with specific feature, determining 78
Browser.Features.xhr 78
Browser.Features.xpath 78
Browser.Platform property
  about 83
  example scenarios 84
  uses 83
browser rendering engine 78

C

cancel() method 166
chainabilityt 44, 51
Chain class
  about 45
  .callChain() method 45
  .chain() method 45
  .clearChain() method 45
changelog 248
Core 77
Core component
  $chk function 93
  $clear() function 98, 99
  $clear() function, exploring with
      periodical() 99, 101
  $defined function 94
  $pick function 95
  $time() function 96
  $try function 95
  about 77, 92
  browser 78
  objects, checking 93
  time and intervals, dealing with 96
  utility functions 101
CSS property
  animating, Fx.Tween used 143
CSS property, animating
  elements, fading 151
  elements, highlighting 155

  Fx.Tween used 143
  hide/show FAQ page, creating 143-147
  hide/show transition effect, modifying 149
  tweening, tween() method used 149
CSS property, tweening
  div visibility, toggling 149, 150
  tween() method, using 149
CSS selectors 54
CSS style rule
  property 54
  property value 54
  selector 54
custom events
  creating 122
  creating, for showing help tips 123-125

D

data
  requesting, from server files 171
  sending 180-183
data type
  determining, $type() used 105
Date plugin
  about 201
  date calculator tool, building 201-208
design sheet 222
docblock comments 246
domready event listener 15
downloading options, MooTools
  JSMin 15
  uncompressed 15
  YUI Compressor 15
Drag.Move plugin
  about 212
  drag-and-drop game, creating 212-220
Drag plugin
  about 212
  drag-and-drop game, creating 212-220

E

element
  selecting, with $$() function 58
  selecting, with $() function 57
elements, CSS property
  blank form fields, indicating 155-157

fading 151
highlighting 155
image, fading in and out 152, 153
event listeners
adding to, web page elements 113
focused fields of web forms,
highlighting 113-117
multiple event listeners, adding 117
single event listener, adding 113
tooltips, adding to web form 117-121
event object methods
about 132
preventDefault method 132
stop method 138
stopPropagation method 134
event properties
about 138
alt 139
client.x 139
client.y 139
code 138
control 139
key 139
meta 139
page.x 139
page.y 139
relatedTarget 139
shift 139
target 139
wheel 139
events
about 109
cloning, from elements 130
firing off 130, 131
form events 110
keyboard events 111
MooTools custom mouse events 112
mouse events 112
removing, from elements 127
single event, removing from elements 127-129
window events 110

blur 111
change 111
focus 111
reset 111
select 111
submit 111
function placeholder
creating, $empty() used 106
Fx.Accordion options
about 198
alwayshide 198
display 198
fixedHeight 198
fixedWidth 198
height 198
initialDisplayFx 198
opacity 198
show 198
trigger 199
width 199
Fx.Accordion plugin
about 192
accordion, creating 192-198
downloading 188, 190
options 198
Fx methods
about 165
cancel() method 166
pause() method 166
resume() method 166
set() method 165
start() method 165
Fx.Morph 158
Fx options
about 142
duration 142
fps 142
link 142
transition 143
unit 142
Fx.Tween 143

F

fade() method 151
form events
about 110

G

getHeader() method 184
getProperty method 227

H

hide/show FAQ page
creating 143
hide/show transition effect
modifying 149
HTML data
loading 176
web page, updating 174, 175
working with 174
HTTP headers
about 183
getting 184, 185
setting 183, 184

I

ImageCaption plugin
creating 234-238
documenting, with comments 245-247
download page, creating 248-252
external documentation 247, 248
instantiating 239-241
multiple instances, creating 243, 245
new instances, creating 241
preparing, for public 245
ImageCaption script
converting, to flexible plugin 233
creating 225
pitfalls 233
writing 226-233

J

JSON data
working with 178

K

keyboard events
about 111
keydown 111
keypress 111
keyup 111

L

list Item element

tweening 60

M

mooforum 23
MooTools
about 8
advantages 9
API concept 22
domready event listener 15
downloading 12
downloading options 15
features 8
installing 12
MooTools Core 16
MooTools More 16
Request class 168
resources 22
unobtrusive JavaScript, writing 26
MooTools class
.bark() method 35
classes, extending 40
class inheritance 43
creating 33, 34
custom options 39
custom options value, determining 40
Implements property 34
initialize method 35
instance of Dog, creating 36-38
options property 35
ShowDog class, extending with dog class 41-43
.sit() method 35
MooTools classes, using
chainability 44
Chain class 45
Chain example 45
Fx.Tween class, chaining 45
Fx.Tween methods chain, creating 46-50
MooTools Core
about 16
downloading 12
installing 13, 14
MooTools Core Builder, exploring 16-18
MooTools Core Builder
exploring 16-18
output, exploring 19, 20
MooTools custom mouse events

about 112
mouseenter 112
mouseleave 112
mousewheel 112
MooTools Docs 22
MooTools event object
about 132
default behavior, preventing 132-134
default behavior, stopping 138
event bubbling, preventing 134-137
event object methods, using 132
event propagation, stopping 138
event properties, using 138
MooTools Fx class
about 141
basic syntax 142
Fx options 142
MooTools More
about 20, 187
eMooTools More Builder, exploring 21
MooTools More Builder
about 21
exploring 21
MooTools More plugins
about 188
Date plugin 201
discovering 192
downloading 188-200
Drag.Move plugin 212
Drag plugin 212
Fx.Accordion plugin 192
Fx.Accordion plugin, downloading 188, 190
Overtext plugin 208
MooTools plugins
installing 190
MooTools plugins installation
about 190
Fx.Accordion, installing 190, 191
MooTools resources
about 22
mooforum 23
MooTools Docs 22
MooTools Users Google groups 22
MooTorial 23
MooTools Users Google groups 22
MooTorial 23
More Builder 188

mouse events
about 112
click 112
dbclick 112
mousedown 112
mousemove 112
mouseout 112
mouseover 112
mouseup 112
multiple CSS properties
animating, Fx.Morph used 158
image, enlarging 158-161
morph() method, experimenting with 162-164
morph() method, using 162
transition type, modifying 162
multiple sets, of elements
selecting 60
selecting, with $$() function 58

O

object, Core component
checking, $chk function used 93
checking, $defined function used 94
checking, $pickfunction used 95
converting, $splat() used 105
extending, $extend() used 101
iterating, $each() used 103
merging, $merge() used 102
selecting, $pick function 95
obtrusive JavaScript example
about 26
limitations 27-31
onSuccess method 181
Overtext plugin
about 208
web form, creating 208-211

P

pause() method 166
plugin
creating 222
designing 222
design sheet, creating 223-225
preventDefault method 132
properties, Browser.Platform

ipod 83
linux 83
mac 83
name 83
other 83
pseudo-class
about 63
HTML table, zebra striping 63
using, for zebra striping a table 64-66
pseudo-class selectors
about 67
:contains 67
:empty 67
:enabled 67
:even 67
:first-child 67
:last-child 67
:not 67
:nth-child 68
:odd 68
:only child 68

R

random number
generating, $random() used 105
remote data
requesting 171-173
removeEvent() method 127
Request class
about 168
cancelling 179
creating 168
events options 170
options 168
Request class options
about 168
async 169
data 169
emulation 169
encoding 169
evalResponse 169
evalScripts 169
headers 169
isSuccess 169
link 169
method 169

noCache 169
url 169
urlEncoded 169
Request events options
about 170
onCancel 170
onComplete 170
onException 171
onFailure 171
onRequest 170
onSuccess 171
resume() method 166

S

setHeader() method 183
set() method 165
start() method 165
stop method 138
stopPropagation method 134
SuperSoftware CSS 85
SuperSoftware download page
customizing, Browser.Platform used 86-91
SuperSoftware HTML 84

T

time and intervals
dealing with 96
toggleClass method 159
tween() method 149

U

unobtrusive JavaScript
about 26
event handling, DOM used 32
inline event handlers, removing 32
rewriting 32
wirtting, MooTools used 26
utility functions, Core component
$arguments() 106
$each() 103
$empty() 106
$extends() 101
$lambda() 106
$merge() 102

$random() 105
$splat() 105
$type() 105
about 101

W

window events
about 110
load 110
unload 110

Thank you for buying
Mootools 1.2 Beginner's Guide

Packt Open Source Project Royalties

When we sell a book written on an Open Source project, we pay a royalty directly to that project. Therefore by purchasing Mootools 1.2: Beginner's Guide, Packt will have given some of the money received to the Mootools project.

In the long term, we see ourselves and you—customers and readers of our books—as part of the Open Source ecosystem, providing sustainable revenue for the projects we publish on. Our aim at Packt is to establish publishing royalties as an essential part of the service and support a business model that sustains Open Source.

If you're working with an Open Source project that you would like us to publish on, and subsequently pay royalties to, please get in touch with us.

Writing for Packt

We welcome all inquiries from people who are interested in authoring. Book proposals should be sent to author@packtpub.com. If your book idea is still at an early stage and you would like to discuss it first before writing a formal book proposal, contact us; one of our commissioning editors will get in touch with you.

We're not just looking for published authors; if you have strong technical skills but no writing experience, our experienced editors can help you develop a writing career, or simply get some additional reward for your expertise.

About Packt Publishing

Packt, pronounced 'packed', published its first book "Mastering phpMyAdmin for Effective MySQL Management" in April 2004 and subsequently continued to specialize in publishing highly focused books on specific technologies and solutions.

Our books and publications share the experiences of your fellow IT professionals in adapting and customizing today's systems, applications, and frameworks. Our solution-based books give you the knowledge and power to customize the software and technologies you're using to get the job done. Packt books are more specific and less general than the IT books you have seen in the past. Our unique business model allows us to bring you more focused information, giving you more of what you need to know, and less of what you don't.

Packt is a modern, yet unique publishing company, which focuses on producing quality, cutting-edge books for communities of developers, administrators, and newbies alike. For more information, please visit our website: www.PacktPub.com.

Learning Dojo

ISBN: 978-1-847192-68-4   Paperback:264 pages

A practical, comprehensive tutorial to building beautiful, scalable interactive interfaces for your Web 2.0 applications with Dijits

1. Learn real-world Dojo programming with detailed examples and analysis of source code

2. Comprehensive guide to available Dojo widgets (dijits) and how to use them

3. Extend Dojo by creating your own dijits

4. Highly practical, with hands on examples and short, clear explanations right from the start.

Ext JS 3.0 Cookbook

ISBN: 978-1-847198-70-9   Paperback: 376 pages

Clear step-by-step recipes for building impressive rich internet applications using the Ext JS JavaScript library

1. Master the Ext JS widgets and learn to create custom components to suit your needs

2. Build striking native and custom layouts, forms, grids, listviews, treeviews, charts, tab panels, menus, toolbars and much more for your real-world user interfaces

3. Packed with easy-to-follow examples to exercise all of the features of the Ext JS library

4. Part of Packt's Cookbook series: Each recipe is a carefully organized sequence of instructions to complete the task as efficiently as possible

Please check **www.PacktPub.com** for information on our titles

Google Web Toolkit GWT Java AJAX Programming

ISBN: 978-1-847191-00-7   Paperback:248 pages

A practical guide to Google Web Toolkit for creating AJAX applications with Java, fast.

1. Create rich Ajax applications in the style of Gmail, Google Maps, and Google Calendar

2. Interface with Web APIs create GWT applications that consume web services

3. Completely practical with hands-on examples and complete tutorials right from the first chapter

Learning jQuery 1.3

ISBN: 978-1-847196-70-5   Paperback: 444 pages

Better Interaction Design and Web Development with Simple JavaScript Techniques

1. An introduction to jQuery that requires minimal programming experience

2. Detailed solutions to specific client-side problems

3. For web designers to create interactive elements for their designs

4. For developers to create the best user interface for their web applications

5. Packed with great examples, code, and clear explanations

6. Revised and updated version of the first book to help you learn jQuery

\

Please check **www.PacktPub.com** for information on our titles